KB060624

충청도 옥천

동학농민혁명

충청도 옥천 동학농민혁명

성강현 채길순 임형진 정을경 이상면 김정희 도종환

동학학회 엮음

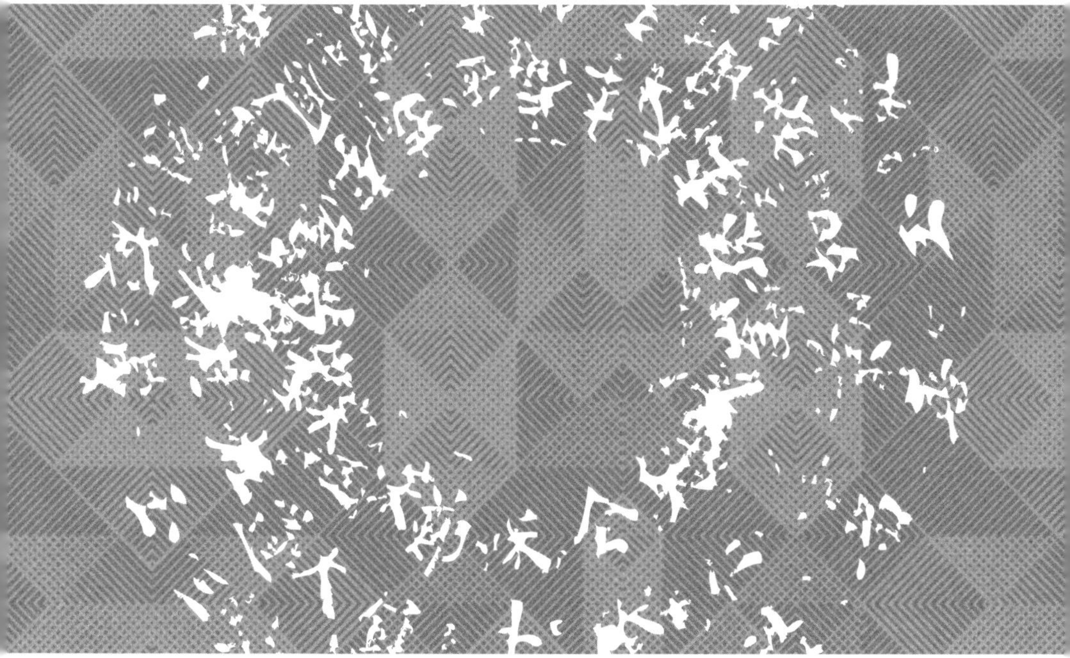

동학총서 14

충청도 옥천 동학농민혁명

등록 1994.7.1 제1-1071
1쇄 발행 2020년 10월 10일

엮은이 동학학회
지은이 성강현 채길순 임형진 정을경 이상면 김정희 도종환
펴낸이 박길수
편집장 소경희
편 집 조영준
관 리 위현정
디자인 이주향
펴낸곳 도서출판 모시는사람들
03147 서울시 종로구 삼일대로 457(경운동 수운회관) 1207호
전 화 02-735-7173, 02-737-7173 / 팩스 02-730-7173
홈페이지 http://www.mosinsaram.com/

인 쇄 (주)성광인쇄(031-942-4814)
배 본 문화유통북스(031-937-6100)

값은 뒤표지에 있습니다.
ISBN 979-11-6629-004-6 94900
SET 978-89-97472-72-7 94900

이 도서의 국립중앙도서관 출판예정도서목록(CIP)은 서지정보유통지원시스템 홈페이지(http://seoji.nl.go.kr)와 국가자료공동목록시스템(http://www.nl.go.kr/kolisnet)에서 이용하실 수 있습니다.(CIP제어번호: CIP2020040023)

* 이 책은 옥천군의 지원으로 출간되었습니다.

머리말

1998년 창립 이래 동학학회는 동학에 대한 학제적 연구를 통하여 한국사상의 정체성을 확립하는 데 기여해 왔습니다. 동학 연구의 범위도 협의의 동학에만 국한시키지 않고 근대사와 근대사상을 포괄하는 것은 물론 동서고금의 사상 및 현대 과학의 사상과도 비교하는 광의의 동학으로 그 외연을 확대하였습니다. 그동안 동학학회는 서울과 지역을 순회하며 46차에 걸친 학술회의를 개최함으로써 동학의 글로컬리제이션(Glocalization)에 총력을 기울여 왔습니다. 지역 순회 학술대회는 2011년 경주 추계학술대회를 시작으로 2012년 정읍 춘계학술대회와 고창 추계학술대회, 2013년 보은 춘계학술대회와 예산 추계학술대회, 2014년 영해 춘계학술대회와 남원 추계학술대회, 2015년 대구 춘계학술대회와 홍천 추계학술대회, 2016년 구미 춘계학술대회와 김천 추계학술대회, 2017년 청주 춘계학술대회와 수원 추계학술대회, 2018년 영동 춘계학술대회와 원주 추계학술대회, 2019년 전주 춘계학술대회와 여주 추계학술대회를 개최하였습니다. 그리고 2020년 옥천 춘계학술대회를 개최하였으며, 태안 추계학술대회를 개최할 예정입니다. 또한 연 2회 단행본 발간과 더불어 등재학술지인 동학학보를 연 4회 발간함으로써 학회지의 질적 제고와 양적 성장의 기틀을 마련하였으며, 홈페이지 개편 및 온라인 논문투고시스템의 구축으로 『동학학보』가 명실공히 권위 있는 학술지로 발돋움하게 되었습니다.

2020년 6월 26일 동학농민혁명 제126주년을 맞이하여 동학농민혁명의 전개 과정에서 매우 중요한 위치를 차지하는 옥천에서 「동학의 글로컬리제이션: 동학농민혁명과 충청도 옥천」을 대주제로 춘계학술대회가 개최되었습니다. 학술대회에서 발표된 다섯 편의 논문과 기조강연 및 두 편의 추가 논문, 그리고 부록을 추가하여 단행본으로 발간하게 된 것을 매우 뜻깊고 또한 기쁘게 생각합니다. 옥천군 주최, 동학학회 · 동학농민혁명 옥천기념사업회 주관, 그리고 동학농민혁명기념재단 · 옥천문화원 · (사)옥천향토사연구회 · 동학학회후원회가 후원한 옥천 춘계학술대회는 1894년 동학농민혁명이 옥천의 청산기포를 계기로 전국화되었다는 사실을 규명함으로써 청산지역 동학농민혁명의 역사적 의의와 가치를 21세기 글로컬 시대의 시각으로 재조명하고 옥천 지역 문화의 세계화와 옥천 지역의 진취적인 정체성 확립 및 문화적 역량 제고에 기여하였습니다. 특히 동학농민혁명사에서 옥천이 차지하는 역사적 위상을 사료 연구를 통해 실증적으로 규명함으로써 한국 근대사의 전환기에 옥천 일대의 주민들이 기여한 실상을 밝혀낸 뜻깊은 학술대회였습니다.

충청도 옥천은 근대 사회로 전환하는 과정에서 변혁운동의 중심지로서 역할을 했던 지역입니다. 옥천과 동학의 관계에서 가장 중요한 것은 갑오년 9월 18일 해월 최시형에 의한 청산기포입니다. 옥천군 청산면의 문바위골에 은신해 있던 해월은 전봉준의 9월 재기포에 맞춰 기존의 소극적 입장에서 벗어나 전국의 동학도들에게 총기포할 것을 명령하였습니다. 이른바 2차 기포에 대한 명령이 떨어진 곳이 청산의 문바위골이었다는 사실은 동학농민혁명사에서 가장 중요한 변곡점입니다. 동학농민혁명의 진정한 전국화는 청산기포를 계기로 비로소 완수되었다고 할 수 있기 때문입니다. 동학농민혁명은 전국에서 동시다발적으로 똑같은 구호를 외치며 일어난 혁명적 거사였음에도 전라도 지역을 제외한 타 지역에서는 크게 주목받지 못했습니다. 특히 동학농민혁명의 전국화를 이야기하면서 그 계기가 되었던 충북 옥천 지역에 대한 연구가 제대로 이뤄지지 않았다는 점은 애석한 일입니다. 따라서 이번 학술대회에서는 동학의 최고 지도자인 해월 최시형의 행적은 물론 동학농민혁명 과정에서 옥천 지역의 역할과 활동상을 종합적으로 검토함으로써 옥천 동학의 실상에 대한 새로운 연구 성과를 학계에 제공하는 계기를 마련하였습니다. 역사학, 정치학, 철학, 종교학, 국문학 등 다양한 분야의 동학 전문가들이 모여 개최한 옥천 춘계학술대회는 경주, 정읍, 고창, 보은, 예산, 영덕, 남원, 대구, 홍천, 구미, 김천, 청주, 수원, 영동, 원주, 전주, 여주에 이어 열여덟 번째로, 충청도 옥천에서 지역민들과 전문 연구자 및 대학생들의 참여를 통해 학문적 교류와 소통의 장을 마련하고 후속 연구를 촉발시키며, 지역적 정체성과 애향심을 고취시켜 애국 · 애족 · 애민의 정신을 함양하고, 동학정신과 동학혁명의 가치를 후속세대에 전승하며, 아울러 국내외 전문가를 포함한 인적 인프라 구축을 통해 동학의 글로컬리제이션에 기여할 수 있었다는 점에서 그 의의가 크다 하겠습니다.

동학은 진정한 의미에서의 인간학이고, 동학학회는 이러한 진정한 인간학을 연구하고 그것을 삶 속에 투영시키는 학회입니다. 동학은 상고시대 이래 면면히 이어져 온 민족정신의 맥을 살려 주체적으로 개조 · 통합 · 완성하여 토착화시킨 것으로 전통과 근대 그리고 탈근대를 관통하는 '아주 오래된 새것'입니다. 동학의 즉자대자적(卽自對自的) 사유체계는 홍익인간 · 광명이세의 이념을 현대적으로 구현하는 원리를 제공하고 나아가 평등하고 평화로운 세계를 창조하는 토대가 될 수 있게 한다는 점에서, 백가쟁명의 사상적 혼란을 겪고 있는 오늘의 우리에게 그 시사하는 바가 실로 크다 하겠습니다. 문명의 대전환이라는 맥락에서 볼 때 동학은 새로운 문명의 패러다임, 즉 전일적인 새로운 실재관을 제시함으로써 데카르트-뉴턴의 기계론적 세계관의 근저에 있는 가치체계의 한계성을 극복할 수 있게 한다는 점에서 서구적 근대를 초극하는 의미가 있다 하겠습니다. 특수성과 보편성, 지역화와 세계화, 국민국가와 세계시민사회의 유기적 통일성을 핵심 과제로 안고 있는 오늘의 우리에게 이번에 발간하는 단행본이 해결의 단서를 제공해 주기를 기대해 봅니다.

끝으로, 옥천 춘계학술대회 개최와 이번 단행본 발간을 위해 지원과 배려를 아끼지 않으신 옥천군 김재종 군수님, 김외식 옥천군의회 의장님과 이용수 행정운영위원장님, 그리고 류제구 동학농민혁명 옥천기념사업회장님께 충심으로 감사드립니다. 그리고 이 책을 발간해 주신 '도서출판 모시는사람들'에도 감사의 마음을 전합니다.

2020년 10월

동학학회 회장 최민자

차례

옥천 지역 동학의 전파와 조직화 과정 고찰

성 강 현
동의대학교 역사인문교양학부 겸임교수

I. 서론

옥천(沃川)[1]은 지리적으로 충청북도의 남쪽에 위치한 지역으로 동쪽으로는 경상북도 상주시, 서쪽으로는 대전광역시, 남쪽으로는 영동군과 충청남도 금산군, 북쪽으로는 보은군과 접해 있다. 역사적으로는 군북면 용호리에서 뗀석기가 발견되어 구석기 시대부터 인류가 생활했음을 알 수 있다. 신석기 유물과 유적도 금강 지류인 보청천 유역에서 발견되었다. 특히 동이면 석탄리 안터의 고인돌 무리에서는 북방식과 남방식이 모두 발견되어 이 일대에서 남방과 북방의 청동기문화가 교차하였음을 알 수 있다. 이는 옥천 지역이 청동기 시대 때부터 문명 교류의 중심지였음을 보여준다.

삼한시대 마한(馬韓)에 속했던 옥천은 백제와 신라의 접경지로 군사적 요충지였다. 관산성(管山城)과 굴산성(屈山城)을 비롯해 옥천읍의 산성터는 이를 보여주는 유적이다. 옥천은 옥천(沃川)·청산(青山)·이원(伊院)·안읍(安邑)의 네 고을을 합친 군으로 오랜 기간 각각의 군현으로 유지되어 오다가 1313년 고려 충선왕(忠宣王) 때 지옥주사(知沃州事)로 승격되어 경산부 관할

1 옥천은 1914년 행정 개편으로 청산현과 통합해 현재까지 이르고 있지만 본 논문의 시기는 통합 이전이므로 이 글에서 옥천과 청산의 동학 활동은 별도로 정리하고자 한다.

의 이산(伊山)·안읍(安邑)·양산(陽山) 등 3현이 분속되었고 청산현(青山縣)은 그대로 명맥을 이어왔다. 조선 태종기인 1413년 옥천군(沃川郡)으로 개칭되었고 청산현과 함께 경상도에서 충청도로 이관되었다. 청산현은 황간(黃澗)과 합쳐 황청현(黃青縣)으로 불렸다가 다시 청산으로 복구되었다. 1895년의 근대 행정조직 개편 시에도 옥천군과 청산군으로 존속하였으나 1914년에 청산군이 옥천군에 통합되었고 일부 군면 지역은 다른 지역으로 분화하거나 통합되어 지금까지 이어지고 있다.

옥천은 동학(東學)의 역사에서도 중요한 위치를 차지하고 있다. 동학이 옥천과 본격적으로 인연을 맺게 된 것은 1885년경이었다. 1874년 해월이 충청도 단양군 대강면 절골에 자리를 잡으면서 동학교단의 중심지가 경상도와 강원도에서 충청도로 이동하였다. 영해교조신원운동의 여파로 1871년 말 동학교단은 강원도의 정선·양양·인제·영월을 합쳐 80여 호(戶), 충청도 단양에 10여 호, 그리고 경상북도 청송에 5호 등 전국적으로 총 100여 호에 불과할 정도로 위축됐다.[2] 이후 해월은 강원도의 인제·정선·영월 등 험준한 태백준령을 넘나들면서 교단을 되살리기 위해 노력하던 중 새로운 근거지로 단양을 선택하였다. 단양은 충청도에 속해 있으면서도 강원도의 영월군, 경상북도의 봉화군, 예천군과 연결되어 있어서 양도(兩道)로 다니기에 편리한 지리적 이점이 있어 근거지로 알맞았다.

해월의 단양 구상은 성공하여 1880년대에 들어서면서 충청도에서 동학교도가 증가하였다. 이들 중 손병희, 손천민, 박인호 등 충청도 출신의 인물은 1880년대 후반부터 교단의 핵심적 역할을 담당하였다. 옥천과 청산의 동

2 표영삼, 『동학2』, 통나무, 2005, 74쪽.

학 전파는 충청도 교세가 확산하던 1880년대 중반 이후에 이루어졌다. 옥천 지방의 동학 전파에는 보은의 임규호와 황하일 그리고 황간의 조재벽이 주도적인 역할을 한 것으로 보인다. 옥천과 청산의 동학 지도자로 박석규와 박원칠이 보이지만 이들에 관한 본격적인 연구는 없는 상태이다. 특히 옥천 청산의 문바위골은 동학혁명 직전의 해월이 동학교단 운영을 위해 도소(都所)를 설치하고 교조신원운동으로 성장한 교세를 종교적으로 고양하려 하였고, 교조신원운동의 여세를 몰아 정부로부터 공인을 받기 위한 준비를 했던 곳으로 동학사에서 차지하는 비중이 적지 않음에도 불구하고 아직까지 본격적인 연구가 이루어지지 않은 지역이다.

지금까지 옥천 동학에 관한 연구는 주로 동학혁명 당시 북접농민군 중심으로 이루어졌다.[3] 그리고 지난 2018년과 2019년 옥천에서 2차에 걸친 옥천과 청산의 동학농민혁명에 관한 학술발표회가 진행되었다.[4] 또한, 동학군 후손으로 옥천동학농민혁명유족회장인 류제규 옹은 2017년 옥천의 동학 관련 기사를 정리한 『동학농민혁명사』를 발간하였다. 그러나 기존의 연구 성과는 동학혁명 전사(前史)로서의 옥천과 청산의 동학을 간략하게 서술

3 신영우, 「북접농민군의 충주 황산 집결과 괴산 전투」, 『한국근현대사연구』 제55집, 한국근현대사연구회, 2010.12; 「북접농민군의 충청도 귀환과 영동 용산전투」, 『동학학보』 제24호, 동학학회, 2012.3; 「북접농민군의 공주 우금치 · 연산 · 원평 · 태인전투」, 『한국사연구』 제154집, 한국사연구회, 2011.9; 배항섭, 「충청지역 동학농민군의 동향과 동학교단-『홍양기사』와 『금반집략』을 중심으로-」, 『백제문화』 제23집, 공주대학교 백제문화연구소, 1994; 양진석, 「충청지역 농민전쟁의 전개양상」, 『백제문화』 제23집, 공주대학교 백제문화연구소, 1994.

4 2018년 9월 18일 천도교중앙총부 주최의 "해월신사순도 120주년 옥천학술대회"와 2019년 10월 16일 (사)옥천향토사연구회 · 동학농민혁명옥천기념사업회 주최의 "동학농민혁명옥천기념사업회 창립기념식 및 학술대회"가 열렸다. 여기에서 채길순이 「옥천 청산 지역 동학농민혁명사의 전개 과정과 역사적 의미」를 발표하였다.

하는 것에 지나지 않아 옥천과 청산의 동학 유입에 관한 심도 있는 연구에까지는 미치지 못하였다. 따라서 옥천과 청산의 동학 유입과 조직화 과정에 관한 연구의 필요성이 제기된다.

이 글에서는 동학교단의 사료[5]와 관변사료[6] 및 그 밖의 사료[7]를 통해 충청도의 동학 유입의 과정 및 교조신원운동에서의 충청도의 동학 세력의 활동을 살펴보고, 옥천과 청산의 동학 유입의 과정 및 동학 조직화 과정을 구조화하며, 특히 옥천접주 박석규와 청산접주 박원칠의 행적을 밝히는 것을 목적으로 한다.

II. 충청도의 동학 확산과 교조신원운동

충청도의 동학 유입은 교조인 수운(水雲) 최제우(崔濟愚) 시기부터 이루어졌다. 이와 관련해서는 두 개의 근거가 있다. 하나는 단양접주(丹陽接主) 민사엽(閔士葉)의 존재이다. 수운은 확장된 교세를 효율적으로 관리하기 위해 지역의 책임자를 접주(接主)로 임명하는 접주제(接主制)를 1862년 12월 29일에 시행하였다. 이때 임명된 16명의 접주 가운데 충청도에서는 유일하게 단양의 민사엽이 포함되었다. 다른 하나는 『최선생문집도원기서』의 계해년(癸亥年)의 기사이다. 여기에는 1863년 12월 10일 수운이 체포되어 서울로

5 『本敎歷史』, 『시천교종역사』, 『천도교서』, 『천도교회사초고』, 『해월선생문집』, 『운수재문집 · 통장』, 『청암권병덕선생자서전』, 『천도교창건록』, 『갑오동학란』.

6 『東學書』, 『聚語』, 『갑오군정실기』, 『사범품보』.

7 『駐韓日本公使館記錄』, 『東學黨視察日記』, 『白石書牘』.

압송될 때 보은을 경유했는데 "보은의 이방이 도인이어서 아침과 저녁 식사를 공양하고 5민(緡)의 돈을 드렸다"[8]라고 적혀 있다. 이처럼 민사엽과 보은의 이방을 통해 창도 시기에 충청도에 동학이 유입되었음을 확인할 수 있다.[9] 민사엽은 최제우의 참형 이후 최제우의 가족을 돌볼 정도로 신앙심이 깊었던 동학접주였다. 그러나 1865년 민사엽이 갑자기 환원하자 충청도의 동학은 쇠약해졌다.

명맥만 유지하던 충청도의 동학을 다시 되살린 이는 해월(海月) 최시형(崔時亨)이었다. 해월에 의한 충청도 동학 세력 회복은 1869년에 시작되었다. 당시 해월은 경상북도 영양 일월산 윗대티에 은거하고 있었는데, 강원도 양양도인 최혜근(崔惠根)과 김경서(金慶瑞)가 찾아와 동학의 수행 절차를 묻고, 강원도 포덕을 요청하였다. 이들은 1863년 12월 10일 용담에서 수운과 같이 체포되었다가 영월에 유배와 있던 이경화(李京化)의 권유로 입도하였지만, 수도의 절차를 몰라 해월을 찾아왔다. 이들의 요청을 받은 해월은 1869년 3월에 박춘서(朴春瑞)를 대동하고 강원도 순회에 나서서 양양·인제·정선·영월·평창 등지를 방문해 30여 호를 포덕하였다. 그런데 해월이 방문한 양양과 인제는 이경화접에 속해 있었고, 정선·영월·영춘·단양은 단양접주 민사엽접에 속해 있었다. 정선과 영월의 도인들을 통해 민사엽접의 도인들을 소개받아 해월이 수운이후 쇠잔한 충청도의 도맥을 이었다.

8 『최선생문집도원기서』, 계해년조, "忠清道報恩宿所其邑吏房卽道人也故朝夕支供善待錢五緡奉上"

9 황현의 『오하기문(梧下紀聞)』에는 수운이 "지례(知禮)·김산(金山)과 호남의 진산(珍山)·금산(錦山)의 산골짜기를 오가며 양민을 속여 하늘에 제사를 지내고 계를 받게 하고는"라는 내용이 있어 경상도와 충청도의 경계에 동학교도들이 있었다고 기록하고 있다.

충청도가 본격적으로 동학의 중심지로 자리잡은 것은 해월이 단양으로 이주한 1874년 이후였다. 1873년 말 정선 갈래사 적조암 49일 기도 시 주지 철수자(哲秀子)가 해월에게 단양(丹陽) 도솔봉(兜率峯) 아래를 추천했다.[10] 해월은 철수자의 권유를 받아들여 1874년 4월초에 단양 도솔봉 아래의 절골의 안뜰[11]마을로 이사했다. 그러나 안뜰의 집이 좁아서 이듬해인 1875년 2월에 해월은 절골 인근 송두둑[12]에 새 집을 지어 옮겼다. 단양에 정착한 해월은 이후 1884년까지 약 10년간 단양을 구심점으로 하여 충청도, 강원도, 경상도 일대로 교세를 확장해 나갔다.

해월이 충청도 단양에 정착했지만 1880년대 초반까지 교단 운영은 강원도 도인들을 중심으로 이루어졌다. 사적(『최선생문집도원기서』)의 간행은 정선의 방시학(方時學)의 집에서, 『동경대전』의 간행은 인제의 김현수(金顯洙)의 집에서 이루어졌다. 한글 경전인 『용담유사』는 단양 샘골 여규덕(呂圭德)의 집에서 이루어졌지만, 자금은 강원도 인제접에서 내었다.[13] 이처럼 단양 은거 초기의 교단의 핵심 사업은 강원도의 도인들을 중심으로 운영되었다.

충청도에 동학의 교세가 본격적으로 성장하게 된 것은 1882년에 들어와서였다. 이 해 가을부터 청주와 목천 등지에서 입도자가 늘어났다.[14] 이렇게

10 「本敎歷史」, 『天道敎會月報』통권제14호, 1911.9, 16쪽, "神師ㅣ 曰雲遊此身이 漂迫東西ᄒᆞ야 尙無寄身之所ᄒᆞ니 爲我一籌ᄒᆞ라 僧이 曰 丹陽 兜率峯下ㅣ 幽靜可居하니 公이 往寓焉이 似可라ᄒᆞ더라."

11 현재 단양군 대강면 장정리 안뜰마을.

12 현재 단양군 대강면 장정리의 장정초등학교 서쪽편 산등. 표영삼에 의하면 송두둑의 해월이 살던 집은 동학혁명 이후 이 지역의 유생에 의해 불타버렸다고 한다. 해월은 1882년 송두둑 인근의 장정리로 이주하였다.

13 『시천교종역사』, 신사년조.

14 표영삼, 앞의 책, 108쪽.

늘어난 충청도 도인들은 1883년의 경전 간행 사업부터 본격적으로 교단 사업에 참여하였다. 이 해 2월 해월은 『동경대전』 간행을 위한 인간소(印刊所)를 충청도 목천군 구내리 김은경(金銀卿)의 집에 설치하여 『동경대전』 1천부를 찍어 각 포(各布)에 배부하였다. 이때 경전 간행의 경비를 목천의 김용희(金鏞熙) 접주와 김화성(金化成), 김성지(金成之) 등이 부담했다. 교단의 핵심 사업인 경전 판각 작업을 충청도의 도인들이 주관했다는 것은 그만큼 교단에서의 비중이 높아졌음을 의미한다. 이 시기 충청도의 충주(忠州)·청풍(清風)·괴산(槐山)·연풍(延豐)·목천(木川)·진천(鎭川)·청주(清州)·공주(公州)·연기(燕岐) 등지에서 입도자들이 늘어났다. 대표적인 인물은 손천민(孫天民)을 비롯해 손병희(孫秉熙)·황하일(黃河一)·서인주(徐仁周)·안교선(安敎善)·김영식(金永植)·김상호(金尙浩)·김은경(金恩卿)·안익명(安益明)·윤상오(尹相五)·이일원(李一元)·여규덕(呂圭德)·여규신(呂圭信)·유경순(柳敬順)·이성모(李聖模) 등이었다.[15]

1883년 5월에는 공주접 주도로 경주판 『동경대전』을 중간해서 배포한 사실로 보아 동학교단의 재정적 뒷받침을 충청도의 접에서 맡았음을 알 수 있다. 물론 경주판 『동경대전』과 『용담유사』의 간행에는 많은 경비가 들어 공주접뿐만 아니라 영남과 강원의 접에서도 자금을 내었지만, 중심은 충청도의 공주접이었다.[16] 경주판은 목각활자 방식을 채용하였고 책의 크기도 이전의 경전에 비해 키우는 등 공을 들였기 때문에 경비가 전에 비해 많이

15 『시천교종역사』, 계미년조.

16 경주판 『동경대전』과 『용담유사』의 간행은 목천의 성우용, 공주의 윤상호, 인제의 이만기, 영양접주 황재민, 공주접주 김선옥, 정선접주 전시봉 등이 주도했다. 특히 경주는 동학의 발상지라는 의미를 살리기 위해 충청도와 강원도, 경상도 3도의 지도자들이 동참해 간행하였다.

들었다. 경전 간행이라는 교단의 핵심 사업에 충청도 접주들이 다수 참여했다는 점은 충청도 지도자의 역할이 커졌음을 의미한다.

이렇게 충청도의 교세가 커지자 탄압도 심해졌다. 1884년은 6월 들어 단양현에서 지목이 일어나자 해월은 급히 전라도 익산 사자암으로 피신하였다. 4개월간 은신했던 사자암에서 내려온 해월은 손천민, 손병희, 박인호 등과 공주 가섭암에서 21일 기도에 들어갔다. 지목이 지속되자 해월은 단양 장정리에서 경상북도 상주 앞재로 은신처를 옮겼다. 1885년 심상훈(沈相薰)이 충청도관찰사로 부임하였고, 그 수하인 최희진(崔喜鎭)이 단양군수로 임명되자 5월부터 교졸을 풀어 동학 지도자들을 잡아들이기 시작하였다. 해월은 보은 장내리로 피신했지만 도차주(道次主)인 강시원(姜時元)과 이경교, 김성집 3명이 체포되었다. 상주 앞재에 은거하던 해월은 1887년 2월에 다시 보은 장내리로 와서 육임소를 설치하였다. 충청도에서 동학에 대한 탄압이 강화되던 이 시기 전라도 지역에서도 동학이 확산되기 시작하였다.

1889년 정선, 인제에서 민란이 일어나자 해월은 보은의 육임소를 파하고 괴산 신양동으로 피신하였다. 이때 서인주와 강한형 등이 체포되었고 강무경 등은 피살되었다. 이렇게 각지에서 민란이 일어나면 동학도들에 대한 탄압도 같이 일어나 희생자가 발생하였다. 해월은 인제 갑둔리로, 임규호와 임신준 등은 홍천으로 피신하였다는 것으로 보아 당시 주요 두목들이 모두 피신하였던 것으로 보인다. 해월은 미시령을 넘어 간성 왕곡마을에서 겨울을 났다. 이듬해인 1890년 1월 해월은 손병희의 주선으로 충청도 충주 외서촌 보뜰[17]에 집을 마련해 가족을 이사시켰다. 그러나 지목이 심해져 해월은

17 현 충청북도 음성군 금왕읍 도청리.

4월 강원도 양구, 공주 활원, 진천 초평면 용산리 금성동, 공주 동막 등지를 전전하며 은신했다.

충청도관찰사에 임명된 조병식(趙秉式)은 1892년 1월부터 대대적으로 동학 탄압에 나섰다. 조병식의 탄압 활동은 1885년 당시 충청도관찰사 심상훈이 주도한 동학 탄압에 이은 것이었다. 다른 지역이 아닌 충청도에서 동학에 대한 탄압이 연이어 일어났다는 것은 충청도의 동학 세력이 확장하고 있었음을 반증하는 것이었다. 1884~1885년의 탄압은 동학의 세력이 충청도에서 확장되는 시기에 일어나 동학 세력의 충청도 확산을 방지하려는 의도였다면, 1892년의 탄압은 충청도에서 동학의 교세가 탄탄한 세력을 형성하자 더 이상 묵과할 수 없는 상황에서 벌어진 것이었다.

해월은 조병식의 탄압이 시작되자 금성동을 떠나 손병희가 주선한 진천군 초평면 부창리로 갔다. 그러나 부창리가 진천 관아와 멀지 않아 은거에 위험이 뒤따르자 해월은 다시 권병일의 주선으로 경상도 상주 공성면 효곡리 윗왕실로 이사했다. 윗왕실은 서쪽으로는 보은과 통하고, 동쪽으로는 옥산과 통하고, 남쪽으로는 황간과 통하고, 서남쪽으로는 영동 용산과 통하는 곳으로 동학 세력의 거점인 충청도와 멀지 않은 곳이었다. 해월은 윗왕실에 머무르면서 1892~1893년에 있었던 4차례의 교조신원운동을 지도하였다. 그러나 교조신원운동을 현장에서 주도한 인물들은 대부분 충청도 지역 출신의 교도들이었다.

1893년 4월 초 보은취회를 해산한 해월은 인동(仁同), 왜관(倭館), 금산(金山) 등지를 순회하며 경상도 지역의 도인들을 다독이다가 7월 말에 윗왕실 마을의 집으로 돌아왔다. 그러나 동학도들이 자주 드나드는 윗왕실 마을은 이미 관에서 주목을 하고 있었다. 윗왕실이 관에 알려지자 8월 들어 조재벽(趙在壁)이 해월에게 청산군 문암리[18] 김성원(金聖元)의 집으로 이사하기를 권했다. 조재벽은 황간 사람으로 일찍부터 영동, 청산, 진산, 고산 지역을 주무대로 포덕을 한 대접주(大接主)였다. 해월은 조재벽의 권유를 받아들여 청산의 문바위골로 이주했다. 이때부터 청산은 동학의 대도소 구실을 하였다. 훗날 동학혁명이 일어나자 청산은 관군들의 주요 공격 대상이 되었고 그때 해월이 머물렀던 김성원의 집도 불타고 말았다. 동학혁명 후에 그 집은 복구되었고 오늘날 김성원의 집 뒤뜰에는 동학혁명 당시 관군들이 이곳을 불질렀을 때 타다 남은 나무가 남아 있다.

문바위골로 들어온 해월은 교조신원운동을 거치면서 크게 확장된 교단을 조직적으로 정비하고 교도들을 신앙적으로 고양시키기 위한 방책을 강구하였다. 교조신원운동을 통해 동학교단이 세상에 모습을 드러내 본격적으로 세간의 주목을 받기 시작했지만, 신앙의 자유 획득이라는 본래의 목적을 달성하지 못했다. 교조신원운동을 여러 차례 전개하는 동안 동학은 교조인 수운 최제우의 신원뿐만 아니라 반외세와 국정 쇄신을 요구하였고, 이에 더 많은 사람들이 동학에 입도해 동학의 교세는 폭발적으로 증가했다. 그래서 이들을 관리할 필요가 생겼다. 어윤중과의 대담에서 동학 지도부는 당당하게 전국의 동학교도가 80만 명이 넘다고 주장할 정도로 동학 세력은 급증했다.[19]

한편 해월은 일련의 교조신원운동을 전개하는 동안 일부 동학교도들이 시천주의 인격을 갖추지 못한 점을 안타까워했다. 그래서 해월은 이 시기에 입도한 많은 도인들이 좀 더 철저하게 동학 진리를 터득하고 새로운 사람으

18 현 충청북도 옥천군 청산면 한곡리.

19 표영삼, 앞의 책, 327쪽.

로 거듭나야 한다고 생각했다. 즉, 양적으로 팽창한 교단을 질적으로 도약시키려고 구상했다. 동학교도들이 신분제의 해체와 유무상자를 실천할 수 있는 인격을 갖추기 위해서는 종교적인 수행이 필요하다고 생각했다. 그렇게 되면 세간의 동학에 대한 인정은 물론 조정으로부터의 교조 신원을 통한 동학 신앙의 자유화도 빨리 이루어질 수 있다고 해월은 판단했다.

11월 들어 해월은 이를 실현하기 위해 각 포(包)에 도소(都所)와 법소(法所)를 두어 각각 육임을 설치하고 역할을 나누어 관내 교인들을 더 잘 지도할 수 있게 했다. 각 포에는 법소를 두고 본포 소재지에는 도소를 두었다. 법소는 포의 제일 어른이 있는 곳으로 장석(丈席)이라고도 했다. 즉 법소는 종교적인 공간으로 각포의 도인을 신앙적으로 교육하는 곳을 의미한다. 도소는 대접주의 소재지에 두었다는 것으로 보아 각 포의 행정의 중심 기관임을 알 수 있다. 해월은 교단의 규모가 커지자 행정 업무와 교화(교육) 업무를 분리해 교단을 좀 더 체계적으로 운영하려고 했다. 이러한 해월의 문바위골 구상은 1894년의 동학혁명으로 실현하지 못한 채 미완으로 남겨졌다.

이 시기에 충청도에 동학이 확산할 수 있었던 사회적 동인은 개항 이후 나타난 사회경제적 위기 의식 때문으로 보인다. 개항 이후 일본으로의 쌀 유출과 당오전 남발 등으로 물가가 상승하였다. 또 정부는 개화 정책을 위한 부서의 신설 등에 따른 재정 부담을 농민들에게 전가시켜 세금 부담이 늘어났다. 그러자 이에 저항하는 민란이 각지에서 일어났고 충청도도 예외가 아니었다. 이러한 사회경제적 위기 상황에서 동학은 정신적 위안을 주었을 뿐 아니라 동학의 사회개혁적 모습과 세력의 성장이 충청도의 민초들에게 영향을 주어 동학에 들어오는 사람이 더욱 늘어났다. 또한, 권병덕의 사례에서 보듯이 『동경대전』과 『용담유사』의 간행은 지식인들의 동학 수용의 기폭제가 되었다.

요컨대 해월은 1874년 충청도 단양에 은거하여 본격적으로 충청도에서의 생활을 시작하였다. 해월은 이후 10여년 간 단양을 거점으로 강원도, 충청도, 경상도, 전라도의 삼남 일대로 교세를 확장시켜 나갔다. 이 기간 동안 전국의 어느 지역보다 충청도의 교세가 성장한 시기였다. 이는 1880년대 중반 이후 동학교단의 핵심 세력으로 충청도의 지도자들이 활동한 것으로 확인할 수 있다. 이러한 충청도에서의 동학 확산은 1892년 10월의 공주 교조신원운동과 1893년의 보은취회 개최로 결실을 맺었다. 그리고 1893년의 광화문복합상소와 보은취회도 충청도 동학 세력을 바탕으로 이루어졌다. 그만큼 1880년대부터 1890년대 초 동학혁명 시기까지 동학교단의 중심은 충청도였다. 교조신원운동을 이끌었던 서인주와 서병학, 해월 이후 동학교단을 이끌었던 손병희와 박인호 등은 모두 충청도의 인재들이었다. 이 밖에도 임규호, 박석규, 권병덕, 임정준, 조재벽 등의 대접주들이 충청도 동학의 동량이었다. 이들은 교조신원운동의 선두에 서서 수운 최제우의 신원을 통한 동학 신앙의 자유 획득과 외세의 침탈에 대응한 척왜양창의를 외쳤다. 이는 충청도 교도의 현실 개혁적인 성향이 그대로 반영된 결과라고 할 수 있다.

Ⅲ. 옥천의 동학 전파와 조직화

옥천은 지리적으로 영동군과 금산군, 보은군 및 경상북도 상주와 연결되어 있어 동학의 유입도 이 지역과 연관되어 있다. 그러나 동학의 옥천 유입에 관한 명확한 기록이 나타나지 않기 때문에 시기를 단정하기 어렵다. 앞장에서 살펴보았듯이 해월 시기 충청도의 동학 유입은 1869년 단양과 영춘에서 시작되었지만, 확산이 본격화된 것은 1880년대 들어와서였다. 충청도로의 동학의 유입은 소백산맥을 따라 단양·괴산·청주 방면의 경로와 차령산맥을 따라 제천·충주·진천·연기·공주 등을 잇는 두 경로로 이루어졌다. 소백산맥의 끝자락에 있는 옥천과 영동은 두 경로가 만나는 지점에 위치하였지만 동학의 유입은 소백산맥 줄기의 단양·괴산·청주 경로로 이루어졌다.[20] 1882년 청주와 목천, 1883년의 공주에 유입된 이후 옥천에도 동학이 유입된 것으로 보인다.

이러한 사실은 동학교단의 문서로도 확인된다. 1936년에 발간한 천도교인 인명록인 『천도교창건록』에는 동학혁명 이전에 입교한 동학도인들의 정보가 담겨 있다. 〈표 1〉은 『천도교창건록』에서 동학혁명 이전에 입교한 충청도의 입교자를 정리한 것이다.

〈표 1〉 『천도교창건록』에 수록된 동학혁명 이전 충청도 입교자[21]

순번	이름	출신지	입교연도	경력
1	김종희(金鍾熙)	청주	1893	대정 도사
2	김상일(金相一)	청주	1892	도집 접주 수접주
3	김석일(金錫一)	청주	1891	접주 집강
4	최동석(崔東錫)	청주	1888	중정 대정 접사
5	한창덕(韓昌德)	청주	1884	접사 대정 수접주 경도사
6	김세희(金世熙)	정주	1893	
7	장명각(張明珏)	보은	1891	교장 교령 도사
8	김성구(金聖九)	보은	1891	도사
9	김익성(金翼性)	보은	1892	
10	이근상(李根尙)	고산	1890	도집 접주 수접주 대접주
11	신일균(申一均)	서천	1891	중정 교수 교장

20 임형진, 「해월 최시형의 동학 재건과 영동 지역의 포덕」, 『충청도 영동 동학농민혁명』, 모시는사람들, 2018, 81쪽.

21 『천도교창건록』, 572~591쪽.

순번	이름	출신지	입교연도	경력
12	박정하(朴貞夏)	서천	1892	중정 대정 접주
13	오태근(吳泰根)	서천	1893	중정 집강
14	이중도(李重道)	부여	1893	대정 도집 집강 교장
15	장기준(張基俊)	부여	1893	중정 도집 교장
16	신홍선(辛鴻善)	부여	1893	중정 대정
17	유광열(劉廣烈)	부여	1893	중정 집강
18	조정덕(趙正德)	부여	1893	중정 대정 교장 교수
19	최경준(崔景俊)	부여	1893	중정 대정
20	박재심(朴在心)	부여	1892	집강 교수 접주
21	문재신(文載信)	부여	1892	중정 교수 접주

〈표 1〉을 보면 동학혁명이 일어난 1894년 이전의 입교자는 총 21명이다. 그러나 21명 가운데 옥천과 청산 출신은 보이지 않는다. 이들 중 가장 이른 시기의 입교자는 1884년에 입교한 청주의 한창덕(韓昌德)이다. 그는 접사(接司), 접주(接主), 수접주(首接主)의 직책을 맡았던 것으로 보아 주요 지도자로 활동한 인물임을 알 수 있다. 한창덕의 출신지인 청주는 단양에서 소백산맥을 통해 보은, 옥천으로 연결되어 충청도 동학 전파의 주요 경로였다. 청주 출신인 손천민(孫天民)이 1882년에 입교하였다는 기록이 나오는 것으로 보아 청주는 1880년대 초반에 동학이 유입되었다. 따라서 〈표 1〉을 통해 옥천은 1884년 이후에 동학이 전파되었을 것으로 추정할 수 있다.

다음으로 옥천의 동학 전파와 연관된 인물들의 활동을 통해 옥천의 동학 유입 시기를 알아보고자 한다. 옥천 지역의 동학 유입과 관련한 인물로 보은의 임규호(任奎鎬)와 영동의 조재벽(趙在壁)이 대표적이다. 먼저 임규호의 입교 시기는 1885년 이전인데 이를 확인할 수 있는 자료는 권병덕(權秉悳)[22]

22 권병덕은 1867년 청원군에서 태어나 18세인 1885년에 동학에 입도하였다. 청주접주로 활동하였고 1893년의 광화문복합상소 당시 봉소인으로 참여하였으며, 보은취회에

의 자서전이다. 권병덕은 자서전에서 1885년 4월 27일 임규호의 권유로 동학에 입도하였다고 적고 있다.[23] 임규호가 처음에 권병덕에게 입교를 권하였는데 듣지 않자 『동경대전』과 『용담유사』를 보여주었다는 점에서, 임규호는 1885년에 이미 동학교단의 중요한 직책을 맡고 있었다고 추정할 수 있다. 권병덕에게 입교를 권했다는 점에서 임규호는 당시 보은지역의 접주급 지도자로 활동하였을 것으로 추정된다. 권병덕은 입도한 이듬해인 1886년 3월 상주 화서 전성리에 머물고 있던 해월을 찾아가 수행의 절차를 듣고 독실한 수련을 체행하였고 그 결과 종교 체험을 하는 경지에 올라 임규호와 함께 경상도 포덕을 명받았다. 당시 권병덕은 충청 · 경상 두 개 도에 걸쳐 약 2백 명을 포덕하여 청주접주(淸州接主)로 임명되었다는 점도 이에 앞서 임규호는 이미 접주로 활동하고 있었을 것으로 추정할 수 있는 근거가 된다.

권병덕은 1889년의 대대적인 관의 지목이 있을 당시 임규호(任奎鎬), 임정준(任貞準)과 함께 강원도 홍천 등지로 피신하였다는 기록으로 보아 입교 이후 임규호와 같이 활동하였음을 알 수 있다.[24] 따라서 청주와 보은의 동학 세력은 서로 연결되어 있음을 알 수 있다. 권병덕과 임규호의 관계는 1893년의 보은취회까지 이어졌는데, 당시 임규호는 충경대접주(忠慶大接主)로, 권병덕은 충경차접주(忠慶次接主)로 활동하였다. 이는 임규호와 권병덕이

서는 임규호의 충경포에서 부접주로 활동하였다. 동학혁명에도 참여하였으며, 1919년의 3 · 1독립운동의 민족대표 33인 중 1인으로 독립운동에도 참여하였다.

23 『청암권병덕선생자서전』, 포덕27년조. "布德27年 乙酉에 任奎鎬에게 漢文을 學習한지 1월에 任奎鎬ㅣ 曰 亂世에 介福하는 東學에 入ᄒᆞ자 ᄒᆞ거늘 淸菴이 不聽ᄒᆞ더니 東經大全과 龍潭遺詞를 見ᄒᆞ고 4월 27일에 任奎鎬의 薦으로 東學에 入道式을 行ᄒᆞ다."

24 위의 책, 포덕27년조. "是時에 淸菴이 忠淸慶尙兩道에 布德한 人이 二百餘人이라 神師ㅣ 淸州接主로 差定ᄒᆞ시고 敎中事를 善爲看旋ᄒᆞ라 ᄒᆞ시다."

1886년경부터 서로 함께 움직이며 충청도와 경상도 일대에 포덕 활동을 하였고, 이러한 관계가 1893년 보은취회까지 이어졌음을 의미한다. 옥천과 인접한 보은의 임규호와 청주의 권병덕이 경상도로 포덕을 하러 가기 위해서는 옥천을 지나야 하기 때문에 옥천의 동학 유입은 임규호의 활동을 통해 1886년경에 이루어진 것으로 추정할 수 있다.

옥천의 동학의 유입과 확산 과정에서 조재벽(趙在壁)을 빼놓을 수 없다. 황간(黃澗) 출신인 조재벽은 1887년에 청주의 서장옥(徐長玉)을 통해 동학에 입도하였다고 알려져 있다.[25] 조재벽은 옥천 · 영동 · 청산 지역에서 포덕을 하였고, 1890년대에 들어와서는 금산(錦山) · 진산(珍山) · 고산(高山) · 용담(龍潭) 지역으로 활동 반경을 넓혀 나갔다. 이처럼 조재벽은 여러 지역에서 동학의 확산에 힘썼지만, 서장옥 휘하에 있었기 때문에 대접주로 임명되지 못하였다. 차접주(次接主)로 있던 조재벽은 1893년 2월의 광화문 교조신원운동 이후 호서대접주(湖西大接主) 서장옥이 교단 활동에서 이탈하자 호서대접주가 되었다고 추정된다.[26] 〈표 1〉과 서장옥 · 임규호 · 조재벽의 활동을 통해 볼 때 옥천 지방의 동학 유입은 1886~1887년경으로 보는 것이 합리적이다.

이렇게 1886~1887년경에 동학이 전해진 옥천과 청산 지방은 조재벽의 활동으로 교세가 급속하게 확장하여 1890년 전후로 해월이 옥천을 방문할 수 있을 정도로 세력을 키웠다. 1891년 5월에 해월은 "김연국(金演局) · 장한주(蔣漢柱) · 장세원(張世遠)과 그의 큰아들 최양봉(崔陽鳳)을 데리고 옥천군(沃

25 표영삼, 「충청도 금산 지역의 동학혁명운동」, 『표영삼의 동학혁명운동사』, 모시는사람들, 2018, 90쪽.

26 위의 논문, 90~91쪽.

川郡)을 거쳐 호남의 여러 주(州)를 돌아보았다."[27]라는 기사가 나온다. 해월이 호남을 방문할 때 옥천을 거쳐갔다고 한 것으로 보아 갈 때와 올 때 모두 옥천을 지나갔을 것으로 추정할 수 있다. 당시 해월은 관의 지목을 받고 있었기 때문에 안전한 곳이 아니면 방문하지 않았다. 1886~1887년경에 옥천에 유입된 동학은 짧은 기간에 활성화되어 1891년에 해월이 방문할 정도로 교단에서 입지가 커졌다.

충청도 일대의 동학의 성장은 탄압의 증가로 나타났고 옥천도 피해갈 수 없었다. 이 시기 동학도들은 관료배의 수탈 대상으로 가장 선호하던 대상이었다. 동학은 나라에서 금하고 있었기 때문에 동학도들의 재산을 함부로 몰수해 착복해도 동학도들은강력하게 저항할 수 없었다. 아래의 손병희의 일화는 이 시기 충청도 동학도의 피해상을 보여준다.

> 布德32年(1892년) 壬辰에 道人 韓榮錫이 金 3千 兩과 牛 一頭를 前兵使 權用哲에게 被奪하였다는 말을 듣고 聖師(손병희) ㅣ 親히 權家에게 이르러 "그대 萬一 不義로 사람의 財物을 奪取할진대 내 또한 不義로써 그대에게 갚을지니 그대는 後悔를 두지마라." 하고 怒髮이 上指하니 權用哲이 그 威嚴에 눌리워 곧 謝過하고 그 奪財를 韓榮錫에게 返還주었다.[28]

손병희는 도인 한영석이 3천 냥의 돈과 소 한 마리를 전 병사였던 권용철에게 빼앗겼다는 소식을 듣고 권용철을 찾아가 윽박질러 돌려받아 한영석

27 『侍天教宗繹史』, 辛卯年條. "五月師率金演局蔣漢柱張世遠及長子陽鳳由沃川郡歷湖南諸州."

28 『천도교창건사』, 제3편, 6쪽.

에게 되돌려주었다. 한영석이 당한 것과 같은 사례가 1890년대 들어와서 충청도와 전라도 지역에 급증하였다. 충청도와 전라도 지역의 수탈은 삼례에서의 교조신원운동이 끝난 직후인 1892년 12월 초순에 동학도들이 조정에 제출한 「도소 조가회통(都所 朝家回通)」에서 확인할 수 있다.

> 永同 泳川[29] 青山之守 虐民奪財 各以萬數 蕩敗離散 亦各有餘 全羅則 金堤 萬頃 茂長 井邑 勵山 等邑 偏被貪官之禍 葬亡相續.[30]

충청도에서는 영동과 옥천, 청산의 수령들이 동학도를 학대하고 재산을 빼앗았는데 그 수가 만 명에 달하였고 관에 재산을 빼앗겨 흩어진 사람들이 수도 없다고 할 정도였다. 그리고 전라도 지역에서는 김제 만경 무장 정읍 여산 등지에서 탐관오리의 수탈이 심해 죽는 자가 속출하였다. 옥천과 영동, 청산 지역에 동학도의 수탈이 심했다는 것은 이 지역에 그만큼 동학도인의 수가 많았음을 반증한다. 이는 1886~1887년에 옥천에 유입된 동학은 몇 년 만에 수령의 수탈 대상이 될 정도로 성장했음을 의미한다. 옥천 청산 영동은 특히 조재벽의 주무대였기 때문에 조재벽의 활약이 눈부셨음을 알 수 있다.

이런 조재벽의 활동은 해월의 청산 은거로 이어졌다. 조재벽의 활동의 결과로 옥천과 청산 일대에 단단하게 형성된 동학 조직을 바탕으로 보은 교조신원운동 직후인 1893년 여름에 해월은 청산 문바위골에 은거할 수 있었다. 당시 청산 문바위골 김성원(金聖元)의 집을 소개한 인물도 조재벽이었다. 이

29 沃川의 오기임.

30 「都所 朝家回通」, 『東學書』 券2.

것으로 조재벽이 옥천과 청산의 동학 세력을 총괄하고 있었음을 알 수 있다. 1894년 해월의 총기포령으로 호서동학군의 집결지가 청산으로 선정된 이유도 옥천과 청산의 동학 세력이 왕성했기 때문이었다.

이렇게 성장한 옥천과 청산 출신 지도자가 1892~1893년의 교조신원운동 시기에 큰 역할을 맡았다. 대표적인 인물이 박원칠(朴元七)과 박석규(朴錫奎)였다. 박원칠은 옥천접주이고 박석규는 청산접주이다. 이들은 교조신원운동을 거치면서 대접주로 세력을 키워 갔다. 박원칠과 박석규의 이름이 본격적으로 등장하는 것은 1893년 2월 서울에서 전개한 광화문복합상소(光化門伏閤上疏) 때였다. 그런데 앞에서 언급한 1892년 삼례에서의 교조신원운동 직후 조정에 올린 상소인 「도소 조가회통(都所 朝家回通)」에 옥천과 청산이 언급된 것으로 보아 박원칠과 박석규는 충청감사에게 교조신원을 요구한 1892년 10월의 공주 교조신원운동부터 참여한 것으로 보인다.

먼저 옥천접주(沃川接主) 박석규(朴錫奎)에 대해 살펴보면 다음과 같다. 동학교단 및 관변자료 중 동학혁명 이전의 박석규에 관한 기사는 6회가 나타난다. 먼저 동학혁명 이전의 활동을 살펴보면 다음과 같다.

> (A) (1893) 二月에 時亨이 姜時元, 金演局, 孫秉熙, 孫天民 等을 命하야 教徒 數萬人을 領率하고 初八日 隆熙主 誕辰科科儒를 扮作하고 一齊이 赴京하야 十一日에 光化門前에 奉疏進伏하니 疏首는 朴光浩요 製疏는 孫天民이오 書疏는 南弘源이오 奉疏는 朴錫奎, 任局鎬, 孫秉熙, 金洛鳳, 權秉悳, 朴元七, 金錫道 等이러라.[31]

31 『갑오동학란』, 高完三十年(開國五百二年) 癸巳年條. 『시천교종역사』에는 봉소인으로 "박석규(朴錫奎) · 임규호(任奎鎬) · 박윤서(朴允瑞) · 김영조(金永祚) · 김낙철(金

(B) 이때(1893년 3월)에 신사가 각 포(包)의 대접주와 포 이름을 명하시니 충의대접주(忠義大接主)에 손병희, 충경대접주(忠慶大接主)에 임규호(任奎鎬), 청의대접주(淸義大接主)에 손천민, 문청대접주(文淸大接主)에 임정준, 옥의대접주(沃義大接主)에 박석규(朴錫圭), 관동대접주(關東大接主)에 이원팔, 호남대접주(湖南大接主)에 남계천(南啓天), 상공대접주(尙公大接主)에 이관영(李觀永) 등이 장차 묘당(廟堂)에 건백(建白)하여 선사의 억울하고 분함을 펴고자 할 새….[32]

(C) 이때(1894년 1월) 교문을 활짝 열었다. 어른이 계신 곳을 법소(法所)라고 하며 또는 법헌(法獻)이라고 하였다. 김연국은 법소를 문암리에 정했으며 손병희와 이용구는 충주군 외서촌 황산리(음성군 삼성면 능산1리)에 정했으며 손천민은 청주 송산리에 정했다. 그 나머지 박석규(朴錫奎)는 옥천에, 임규호(任奎鎬)는 보은에, 박희인(朴熙寅)은 예산에, 박인호는 홍성에, 임정준(任貞準)은 문의에, 박원칠(朴元七)은 청산에, 김낙철은 부안에, 손화중(孫華仲)은 무장에, 김개남(金開南)은 남원에, 성두한(成斗漢)은 청풍에, 차기석(車基錫)은 홍천에, 김치운(金致雲)은 인제 등에 법소를 정하였다. 각자 해군(該郡)에 조직한 본포에는 도소를 두었다. 전봉준은 교도를 모아 전라도 금구군 원평에 주재했다.[33]

洛喆) · 권병덕(權秉悳) · 박원칠(朴元七) · 김석도(金錫道) · 이문찬(李文瓚)"으로 기록되어 있다.

32 『천도교서』, 포덕34(1893년)조.

33 『시천교종역사』, 第十章 爲師訟冤.

(A)는 박석규가 1893년 2월의 광화문복합상소에서 봉소인으로 참여했음을 보여준다. (B)는 1893년 3월 보은 교조신원운동에서 박석규가 옥의대접주(沃義大接主)로 활동하였음을 보여주는 자료이다. (C)는 1894년 1월에 해월이 청산 문바위골에서 동학교단의 조직을 도소와 법소로 운영할 때 옥천의 도소와 법소를 박석규가 책임자라고 하였다는 자료이다. 위의 세 자료를 보면 박석규는 교조신원운동기에 본격적으로 동학교단의 중심부에서 활동하였다. 그리고 보은 교조신원운동에서 옥의대접주로 임명된 것으로 보아 수천 명의 교도를 관할하고 있었음을 알 수 있다.

다음으로 동학혁명이 시작된 이후 박석규의 활동을 보여주는 기사로 세 가지가 보인다.

> (D) 이때(1894년 10월)에 박석규(朴錫奎) · 조재벽(趙在璧) · 유병주(柳丙柱) · 오성서(吳聖瑞) · 이복록(李福祿) · 유현주(柳賢柱) 등은 각각 옥천(沃川) 지방에서 군대를 일으켰다. 이장회는 크게 군대를 발동하여 멋대로 초토(剿討)하였고, 또한 각각 민보(民堡)를 쌓고 별도로 유회(儒會)도 설치하여 크게 계엄(戒嚴)을 가하였다.[34]

> (E) (11월 17일) 일본군 문경병참부의 소좌 테와(出羽)가 인천병참사령부의 이토 중좌에게 보낸 보고문에서 충청도의 동학접주 명단 보은 최시형(崔時亨) · 황하일(黃河一) · 강영석(姜永奭), 회인 유일수(柳日秀), 회덕 김복천(金福天), 충주 성두환(成斗煥), 옥천 박석규(朴石奎), 문의 오일상(吳一相),

34 『시천교종역사』, 第十一章 甲午敎厄.

청산 이국빈(李國賓), 청주 서일해(徐一海), 영동 손광오(孫光五), 황간 조경환(趙景煥)과 함께 청주에서 지난달 23일부터 서일해가 수십만 군중을 인솔하고 성을 포위하고 있으며, 최법헌은 지금 청산 문암리에 살고 있는데 보은 장안에 모여 40여 리를 연락하고 있는 사실을 보고하였다.[35]

(F) (1894년) 12월 12일에 거괴 최시영(崔時榮), 임규호, 황하일(黃河一), 박원칠(朴元七), 이국빈(李局賓), 박석규(朴碩圭) 등이 영동에 모여 있었는데, 그 수가 6, 7만 명이 되었기 때문에 박정빈과 청주의 군사 2백 명, 경병(京兵) 70명과 함께 그곳 지역으로 달려가서 우선 적진으로 쳐들어갔습니다. 그런데 적진은 산 위에 진을 치고 있고, 관군은 평지에 있었기 때문에 산에 있는 적들은 개미처럼 포탄을 사방에다 아래로 퍼부어 관군이 어려운 지경에 놓이게 되었습니다. 이에 박정빈이 의병들에게 지시하여 서북쪽의 모퉁이로 군사를 벌여서 펼쳐서 진을 쳐서 적의 세력을 분산시키고 자신은 전면에 나서서 교대로 적들에게 총을 쏘게 하였더니 적들 가운데 죽은 자들이 셀 수 없을 만큼 많았습니다. 한쪽 길이 열려서 풀리면 관군이 한 번에 에워싸서 서로 종일토록 전투를 벌여 화약과 탄환이 모두 떨어지게 되었습니다. 또한 고립된 병사들을 가지고 끝까지 좇아갈 수도 없어서 금속이 부딪히는 소리를 내면서 퇴군하였습니다. (이 싸움에서) 참모 1인, 관군 2인, 의병 1인이 총에 맞아 죽었고, 부상자는 7, 8인이 되었습니다. 적들 가운데 죽은 자의 수는 셀 수 없을 만큼 많았습니다. 청산에 돌아오자 읍리들과 동도가 또 봉기하였기 때문에 관군과 의병이 분격하여 길을 트고 방향을 바꾸

35 『駐韓日本公使館記錄』 1, 報恩東學黨에 관한 報告, 173쪽.

어 보은으로 갔습니다. 밤새 달려가는 바람에 사람도 말도 지쳐서 하룻밤을 머물고 다음날 그곳 고을의 수령과 관군이 함께 청주로 향하였습니다.[36]

(D)는 박석규가 조재벽 등과 같이 해월이 총기포령이 내린 1894년 10월에 옥천에서 기포하였다는 자료이다. (E)는 동학혁명에 참여한 박석규 등이 10월 23일부터 11월 17일까지 청주성을 포위하고 있었다는 자료이다. (F)는 12월 12일 영동 용산시 전투에 참여하였음을 보여주는 자료이다. 이상의 자료를 통해 박석규는 1894년 9월 해월의 총기포령으로 옥천에서 조재벽 등과 같이 기포한 이후 10월 23일부터 11월 17일까지 청주성에서 포위하였으나 전투에서 패배한 후12월 12일의 영동 용산시전투에 참여하였음을 확인할 수 있다. 그러나 그 후로는 박석규의 활동 기록이 보이지 않는다.

그러다가 박석규의 죽음에 관한 기사가 두 개가 등장한다.

> (G) 고부(古阜) 전봉준(全琫準), 태인(泰仁) 김개남(金開南), 부안(扶安) 손화중(孫華仲), 양지(楊枝) 고재동(高在東), 전주(全州) 성두환(成斗煥), 차기석(車基錫) · 강시원(姜時元) · 박석규(朴錫奎) 형제 · 오성서(吳聖瑞) · 강기만(姜基萬) · 김연순(金演淳) · 유병주(柳炳柱) · 이복록(李福祿) · 박태은(朴泰殷) · 성재호(成在鎬) · 유근호(劉根浩) · 성재석(成在錫) · 김윤경(金允卿) 등 두령(頭領) 19명이 살해를 당할 때에 각 포의 접주들 가운데 아내와 자식을 빼앗기고 집이 불타며 싸움터에서 죽은 자를 이루 다 적을 수가 없다.[37]

36 『갑오군정실기』 권9, 군관 육상필이 보고함.

37 『동학도종역사』, 제12장 갑오동학당혁명급청일전쟁. "古阜全琫準泰仁金開南扶安孫華仲楊枝高在東全州成斗煥車基錫姜時元朴錫奎兄弟吳聖瑞姜基萬金演淳柳炳柱李福

(H) 전봉준(全琫準)은 순창(淳昌)의 구로리(龜老里)에서 잡혀서 이내 압슬(壓膝)이 가해졌고, 김개남(金開南)은 태인(泰仁)의 종성현(鍾城縣)에서 잡혔으며, 손화중(孫華仲)은 무장(茂長)의 선은사(宣恩寺) 석굴(石窟) 속에서 잡혔다. 전봉준과 손화중은 함거(檻車)로 경사(京司)에 압송되어 처형되었고, 김개남은 즉시 전라감에서 효수(梟首)되었으며, 그 나머지 임규호(任奎鎬)는 병으로 인해 저절로 죽었고, 고재당(高在堂)·성두환(成斗煥)·차기석(車基錫)은 모두 포형(砲刑)에 처해졌고, 강시헌(姜時憲)과 박석규(朴錫奎) 형제는 청주(淸州)의 병영(兵營)에서 피살되었고, 오성서(吳聖瑞)와 강기만(姜基萬)은 거창(居昌)의 민보(民堡)에게 피살되었고, 김연순(金演淳)·유병주(柳炳柱)·이복록(李福祿)은 옥천(沃川)의 민보(民堡)에게 피살되었고, 박태은(朴泰殷)은 청산군(靑山郡)에서 피살되었으며, 강령(康翎) 사람 성재호(成在鎬)와 연안(延安) 사람 유근호(劉根鎬)는 경사(京司)에서 복주(伏誅)되었고, 성재석(成在錫)은 거열형(車裂刑)에 처해져 조리돌림되었고, 김윤경(金允卿), 연순(演淳)의 아들은 순창(淳昌)의 민보(民堡)에게 피살되었다. 그 나머지 각 포의 접주(接主)와 접사(接司) 등 여러 사람들은 처자를 빼앗기고 가옥이 불태워졌다. 전장터에서 죽은 자는 이루 다 기록할 수가 없다.[38]

(G)는 동학혁명 이후의 전사자를 기록하는 가운데 박석규 형제가 피살되었다는 사실만 적혀 있는데 비해 (H)는 박석규 형제가 강시헌과 함께 정주 병영에서 참형되었다고 기록되어 있다. 위의 두 자료를 살펴보면 용산시 전

祿朴泰殷成在鎬劉根浩成在錫金允卿等以上頭領十九名被殺時各包接主等諸人見奪妻孥延燒家屋死於戰地者不可勝紀."

38 『시천교종역사』, 第十一章 甲午敎厄.

투 이후 체포된 박석규 형제는 강시헌과 함께 청주병영에서 피살되었음을 확인할 수 있다. 그리고 위의 자료에서 "박석규 형제"라고 기록되어 있는 것으로 보아 그의 동생 또한 동학에 입도하여 박석규와 함께 동학혁명에 참전하였다가 박석규와 같이 청주에서 참형되었음을 알 수 있다.

또 보은취회 당시 옥천의 접주로 『동학사』 초고본에는 정원준(鄭元俊)이 등장한다. 오지영이 지은 『동학사』 초고본의 '남북조화' 장에서 정원준은 1894년 9월의 2차 봉기에 옥천에서 강채서와 함께 동학군 10만 명을 이끌고 참가해 청주로 회집하여 손병희의 영솔을 받고 남쪽의 논산으로 향하였다고 하였다. 그러나 『동학사』 인쇄본의 '보은취회' 장에서는 정원준의 이름은 사라지고 옥의대접주 박석규 등 대접주의 이름만 보인다. 이러한 사실을 볼 때 정원준과 강채서는 옥의대접주 박석규 휘하의 접주로 보는 것이 합당하다고 판단된다.

다음으로 청산접주 박원칠(朴元七)에 대해 살펴보고자 한다. 박태현(朴泰鉉) 또는 박태호(朴泰鎬)로도 불렸던 박원칠이 언제 동학에 입도했는지 정확하게 알려지지 않았다. 기록상으로 박원칠은 박석규와 마찬가지로 1893년 2월 서울의 광화문복합상소의 봉소인으로 처음 등장한다.

> 癸巳二月各道道儒有伏閤伸冤之議 先生不得已許之 疏首姜時元 幹事徐丙鶴孫天民金演局 忠淸道儒生 朴禹鉉朴光浩朴根瑞林貞準金汝三朴元七趙在壁黃河一孫秉熙任奎浩 湖南儒生 金錫允金洛鳳南啓天張敬夏趙東賢孫華中裵奎贊 嶺南儒生李文贊金敬化金文入金君五 餘不盡記[39]

39 『해월선생문집』, 포덕34년조.

『해월선생문집』에는 1893년 2월의 서울 광화문복합상소에 박원칠이 충청도 대표 10명 가운데 한 명으로 참석하였다고 기록하였다. 충청도 대표는 곧 충청도 지역의 접주라는 의미이다. 『해월선생문집』에는 옥천접주 박석규가 참석하지 않은 것으로 기록되어 있으나 『동학란기록』과 『청암권병덕선생자서전』에서는 박석규와 박원칠이 함께 봉소인으로 참여하였다고 기록된 것으로 보아 박석규와 박원칠 둘 다 참석한 것으로 보인다. 위의 자료들을 바탕으로 살펴보면 청산접주 박원칠은 옥천접주 박석규와 함께 1892년부터 동학교단의 핵심 인물로 활동하였음을 알 수 있다.

또한 박원칠은 1894년 1월 해월이 청산의 문바위골에서 법소와 도소를 정할 때 청산의 대접주로 임명되었다. 이는 위의 박석규의 (C)를 보면 확인할 수 있다. 박원칠은 청산접주로 해월의 문바위골 생활을 후원하며, 나아가 해월의 안위를 책임지는 위치에 있었다. 박원칠은 이렇게 해월이 청산 문바위골에 은거한 이후에는 교단에서 더욱 핵심적인 역할을 하였다. 1895년 1월 해월은 문바위골에서 강석(講席)을 열어 지도자를 불러 동학의 교의를 공부시켰는데, 강석 중 고부기포가 일어나 강석은 중단되었다. 박원칠은 청산접주로 이때의 강석에 참여했을 것으로 보인다.

동학혁명 시기 박원칠의 활동은 일본 천우협의 우미우라 아쯔야[海浦篤彌]가 쓴 『동학당시찰일기(東學黨視察日記)』의 1894년 7월 10과 11일 기사에 등장한다. 당시 우미우라는 "청주에서 보은으로 향하다가 보은에서 30리 떨어진 오남(五南)에 동학 선생이 있다는 소식을 들었는데 그의 이름이 박원칠"이라고 하였다. 그는 다음날인 11일 행상인 1명을 오남으로 보내 박원칠을 찾았지만 박원칠은 이미 청산으로 갔다는 내용이 보인다. 이로 보아 박원칠은 일본에서도 주목하고 있었음을 알 수 있다.[40] 이 기사에서 박원칠이 주변 사람들에게 동학 선생이라고 불렀다는 점은 곧 박원칠이 청산접주였음을 확인시켜 주는 내용이라 하겠다. 박원칠은 동학혁명 2차 기포시에 청산에서 기포하였음이 『갑오동학란』에 나타난다. 당시 박원칠은 황하일・임규호・박석규・이원팔 등과 같이 행동하였다는 내용이 위의 박석규의 (F) 사료에 기록되어 있다.

이상의 자료를 종합하면 박석규와 박원칠은 1897년 9월 18일의 청산에서의 2차 기포 이후 손병희 휘하로 편성되어 공주 공방전에서 공주 동쪽 30리 지점의 대교(大橋)로 진출했다. 그러나 관군에 패한 손병희 부대는 이인의 전봉준부대와 합류해 우금치를 차지하기 위해 혈전을 벌였으나 관군과 일본군의 저지선을 넘지 못하였다. 특히 일본군의 신식 무기에 속절없이 무너졌다. 이후 고산, 논산 황화대, 원평 구미란, 태인전투에서 연패하고 호남의 동학군은 해산하였다. 손병희의 북접군은 전북 임실에서 해월을 만나 북행을 감행하였는데, 이때 박원칠과 박석규도 함께한 것으로 보인다. 이들은 청주성전투와 청산, 보은 북실, 영동 용산시 전투 등지에서 추격하는 관군과 일본군을 이기지 못하고 12월 24일 충주의 무극 전투를 끝으로 해산하였다. 그러나 박석규와 마찬가지로 청산접주 박원칠의 행적도 그 이후에는 보이지 않을 뿐 아니라 생사 여부에 관한 내용도 등장하지 않는다.

청산의 동학접주로 권병덕이 기록된 자료도 있다. 『동학도종역사』에는 청산접주 권병덕이 전봉준과 함께 황토현전투에 참전하였다는 기록[41]이 있

40 『東學黨視察日記』, 7월10~11일조.

41 『동학도종역사』, 제12장 갑오동학당혁명급청일전쟁. "是時湖西大接全琫準茂長接主孫華仲扶安接主金開南南原接主金洛喆清風接主成斗煥洪川接主車基錫青山接主權秉

는데 이는 청주접주의 오기로 보인다. 권병덕의 자서전에서 해월이 청주접주로 임명하였다고 기록하였다. 또 자서전에는 권병덕이 동학혁명의 2차 기포시에 참전하여 보은에서 첫 전투를 치렀다고 하였다. 그리고 자신을 여전히 충경포차접주라고 지칭하고 있는 것으로 보아 '청산접주 권병덕'은 잘못 적은 것으로 보인다.

임규호와 조재벽의 활동으로 옥천과 청산 지역에 동학의 교세가 확장된 이후 옥천은 박석규, 청산은 박원칠이 접주로 임명되어 교세를 더욱 키워나갔다. 이는 이후의 옥천과 청산을 중심으로 한 동학 지도부의 활동을 보면 확인할 수 있다.

서울에서의 광화문복합상소 직후인 1893년 3월 10일의 수운의 순도 향례를 청산에서 거행하였음을 아래의 기사를 통해 확인할 수 있다.

> 3월에 신사(해월)는 청산군(青山郡)으로 가서 향례를 행하였다. 그때에 참례한 자는 손병희(孫秉熙) · 박용호(朴龍浩) · 이관영(李觀永) · 권재조(權在朝) · 임정준(任貞準) · 이원팔(李元八) 등이었다. 향례가 끝날 때 여러 도유들이 틈을 타서 고하였다. "선사의 지극 원통함을 풀지 못하고 각 지방에서 도유라고 하는 사람들이 모조리 도탄(塗炭)에 빠졌으니 원컨대 선생은 보호할 계책을 지시해 주십시오"라고 하였다. 신사는 대답했다. "내가 지금 장내마을로 갈 것이니 제군들은 각처에 글을 보내서 팔도의 도인으로 하여금 일제히 장내마을로 모이게 하라"고 하였다.[42]

悳火砲領將李相瑨仝李裕馨同金德明仝崔景善仝車致九仝鄭進九等道儒數."

42 「본교역사」, 『천도교회월보』 통권제31호, 1913.2, 22쪽, "三月에 神師ㅣ往青山郡ᄒᆞ사 設行享禮러시니伊時 參禮者는 孫秉熙朴龍浩李觀永權在朝任貞準李元八 諸子ㅣ也라

당시 해월의 최측근 중 한 명인 김연국이 청산에 거주하였다. 『천도교서』에서는 "三月十日에 神師ㅣ 青山郡 浦田里 金演局家에 往하사"[43]라고 하여 김연국의 집 위치를 정확하게 기록하였다. 김연국의 집이 있던 포전리는 현재 옥천군 청성면 거포리 포전(浦田)마을이다.

해월은 이날 수운의 순도향례를 마치고 보은취회를 명령하였다. 해월의 명령으로 전국의 동학도들이 보은으로 모여들었다. 당시 보은취회의 모습을 보은군수는 다음과 같이 보고하였다.

> 계속 별도로 사람을 보내 자세히 탐문하니, 또한 각각 깃발마다 칭호가 있는데, 큰 깃발은 "왜와 서양을 물리치기 위해 창의하였다[斥倭洋倡義]"라고 하였고, 다섯 가지 색깔의 깃발을 각각 다섯 방위에 세웠으며, 깃발의 모양은 작습니다. 중앙에 세운 깃발에는 충의(忠義)·선의(善義)·상공(尙功)·청의(淸義)·수의(水義)·광의(廣義)·홍경(洪慶)·청의(青義)·광의(光義)·경의(慶義)·함의(咸義)·죽의(竹義)·진의(振義)·옥의(沃義)·무경(茂慶)·용의(龍義)·양의(楊義)·황풍(黃豊)·금의(金義)·충암(忠岩)·강경(江慶)이라고 썼고, 그 나머지 작은 깃발은 헤아릴 수가 없습니다.[44]

享禮畢에 諸道儒ㅣ 乘問告曰 先師至寃을 未伸ᄒᆞ고 各地方以道儒로 爲名者ㅣ 盡人塗炭ᄒᆞ니 願先生은 指示保維之策ᄒᆞ쇼서 神師ㅣ曰吾方前往帳內ᄒᆞ니 諸君은 發文各處ᄒᆞ야 使八路道人으로 一齊來會于帳內也ᄒᆞ라."

43 『천도교서』, 포덕34(1893년)조.

44 『聚語』, 「癸巳三月二十日 探知 二十一日 發報」. "連爲別遣詳探則又有各旗號大旗斥倭洋倡義 五色 旗各立五方旗樣小中旗忠義 善義尙功 淸義 水義 廣義 洪慶 青義 光義 慶義 咸義 竹慶 振義 沃義 茂慶 龍義 楊義 黃豊 金義 忠岩 江慶其餘旗 小小者不可計數."

관의 보고에 나오는 큰 깃발 가운데 옥의(沃義)는 옥천의 포를 이름한 것으로 대접주 박석규가 지휘하였다. 또 청의(靑義)는 청산의 포를 이름한 것으로 대접주 박원칠[45]이 지휘하였다. 이렇게 옥천과 청산의 동학도들은 박원칠과 박석규의 지휘 아래 보은 교조신원운동에 참여하였다. 옥천과 청산의 동학도의 활동은 관의 기록을 통해서도 확인할 수 있다.

> 3월 24일 보고함. 성 담[城堞]과 깃발의 호칭[旗號]은 그 전과 같지만, 사람의 수는 22일에 비하여 300여 명이 더 많아졌다고 합니다. 망기(望旗)는 북산(北山)과 남산(南山)에 있고, 한 층 아래에도 망기(望旗)를 설치하였으며, 깃발 아래에 있는 사람이 거의 40~50명 정도가 되는데, 각각 동학의 주문을 외우면서 성안으로 몰려 들어가 주둔하고 있습니다. 오늘은 청산(靑山)에서 온 동학 무리들이 북쪽 성 바깥쪽 몇 십 보의 자리에 배치되었고, 장난치던 사람들도 전보다 배나 엄격하게 차단하며, 두목이 아침저녁으로 머물던 집과 성의 땅을 출입할 때에는 무리들을 좌우에 나열시켜 에워싼 채 왕래하고 있습니다.[46]

위의 3월 24일 기록에 청산의 동학도 무리가 보은 장내리에 만든 북쪽 성

45 청의대접주 박원칠은 기록에는 나와 있지 않으나 『갑오동학란』에 청의(靑義)라는 깃발이 있었다는 점에서 청의포는 청산의 동학 조직으로 보인다. 그리고 청산의 대접주는 박원칠이었다.

46 『聚語』, 癸巳三月二十四日 發報. "二十四日發報 城堞與旗號如前人名數比於二十二日則加數爲三百餘名云云望旗北山南山有之而一層之下又置望旗旗下所有之人幾近四五十名各誦東學之文城堞內沒數入據而今日則靑山學徒置于北邊城堞之外數十步之地所翫之人倍前嚴禁頭目之人朝夕出入於所家與城堞之地羅立于左右擁衛來往事."

바깥쪽에 주둔하였다고 하였다. 그런데 청산의 동학도들이 들어온 이후 동학도들의 규율이 엄격해졌고, 또 두목인 대접주의 출입시에는 도중이 좌우로 도열하여 에워싸고 있는 모습을 목격하였다고 보고하였다. 이를 통해 청산의 동학도들이 보은에 대규모로 참여하였으며, 특히 규율을 잘 지켜 장내리 전체 동학도들의 기강을 바로잡을 정도로 강력한 조직임이었음을 알 수 있다.

보은취회를 마치고 해산하는 옥천접과 청산접의 규모에 관한 기록도 보인다.

> 하나, 남면(南面) 원암(元巖)의 장리들이 기록하여 보고한 내용에는 이 달 초 3일 아침부터 저녁까지 동학의 무리들로 돌아간 사람들은 전라도 한 도에서 빠진 고을이 거의 없어 이를 합하면 5,600여 명이 됩니다. 도내에는 옥천접(沃川接)이 150여 명, 청산접(青山接)이 30여 명, 비인접(庇仁接)이 8명, 연산접(連山接)이 13명, 진잠접(鎭岑接)이 30여 명, 공주접(公州接)이 5명, 영남의 김산(金山) 사람이 2명이라고 합니다. 하나, 동면(東面) 관리의 장리들이 … 충청도 도내에는 옥천접이 30여 명, 영동접(永同接)이 50여 명입니다.… 하나, 서면(西面) 무서(畝西)의 장리들이 보고한 내용에는 옥천접이 800여 명인데, 초 2일 오후에 지나갔다고 합니다.[47]

47 『聚語』, 宣撫使再次狀啓魚允中兼帶. "一南面元巖將吏錄告內今初三日自朝至暮黨民歸去者全羅一道闕邑無幾合爲五千六百餘名道內沃川接一百五十餘名青山接三十餘名庇仁接八名連山接十三名鎭岑接三名公州接五名嶺南金山人二名云…一西面畝西將吏錄告內沃川接八百餘名初二日午後過去云."

위의 기사는 4월 3일 장리들의 보고인데, 보은 장내를 떠나는 동학도 가운데 남면 방향에서 옥천접 150여 명, 청산접 30여 명이 보은을 빠져나갔다고 하였다. 또 동면 장리의 보고에 옥천접 30여 명, 그리고 서면의 장리들의 보고에 옥천접 800여 명이 보은 장내를 빠져나갔다고 하였다. 위의 기록을 종합하면 옥천접에서는 980여 명으로 약 1천 명의 교도들이 보은으로 집결했었다. 그리고 이전인 3월 29일에도 옥천, 영동, 공주의 동학도 15명이 보은에서 빠져나왔다는 보고[48]가 보인다. 이에 비해 청산접에서는 30여 명이 집결한 기록만 보인다. 그러나 위의 청산접의 활동을 보면 그 규모가 옥천접에 비해 적지 않았을 것으로 보인다. 결국 보은취회에 옥천과 청산에서 각각 1천여 명의 교도들이 참여한 것으로 추정된다.

보은취회가 끝난 1893년 8월 해월이 청산 문바위골의 김성원의 집에 도소를 마련[49]하고 난 이후 급증하는 도인들을 효과적으로 관리하고 지도할 수 있도록 조직을 정비하기 위한 방책을 마련하였다. 해월은 11월에 각포(各布) 안에 법소(法所)와 도소(都所)를 따로 두는 조직의 이원화를 시행하였다. 신설한 법소(法所)는 포의 가장 어른이 있는 곳으로 교화의 중심 기구임을 뜻한다. 그리고 각포의 중심지인 본포(本布)에는 도소(都所)를 설치해 포의 행정업무를 총괄하게 하였다. 법소와 도소의 설치는 늘어나는 동학교도를 교화 조직인 법소와 행정 조직인 도소를 분리하여 효율적으로 관리하려는 의도였다. 당시 각포의 도소는 다음과 같다.

48 『聚語』, 癸巳三月二十九日 探知 三十日 發報(寅時). "公州沃川文義等地人退散者爲十五名."

49 『천도교서』에는 10월에 문암리로 이사하였다고 기록되어 있다.

報恩帳內에 任奎鎬오 淸州松山에 孫天民이오 忠州黃山에 孫秉熙오 沃州에 朴錫奎오 禮山에 朴熙寅이오 洪城에 朴寅浩오 文義에 任貞準이오 靑山에 朴元七이오 扶安에 金洛喆이오 淸風에 成斗煥이오 洪川에 車基錫이오 麟蹄에 金致雲이오 尙州功城에 李觀永이오 茂長에 孫華仲이오 南原에 金開南이오…[50]

위의 자료를 보면 옥천의 도소는 박석규가 주관하고 청산의 도소는 박원칠이 주관하도록 하였다. 해월이 기거하는 청산 문암리에 김연국이 법소를 설치하였다.

해월이 청산에 자리잡은 1893년 8월 이후 옥천과 청산은 동학의 중심지로 자리 잡았다. 해월은 1894년 1월 처음으로 강석을 열어 각 포의 장석(丈席), 즉 대접주를 문암리에 모이게 하여 직접 지도하였다. 해월은 교조신원운동을 전후하여 폭발적으로 성장한 동학의 세력을 질적으로 고양시키려는 청산 구상을 마련하였다. 그러나 해월의 이 청산 구상은 동학혁명의 발발로 실현되지 못하였다.

동학혁명기에도 옥천과 청산의 동학도들의 활동은 지속되었다. 동학혁명이 일어나자 이 지역의 양반들과 토호들은 동학도의 활동에 대해 우려하는 모습을 보였는데 그 내용이 『백석서독(白石書牘)』에 잘 드러나 있다.

동도(東徒)가 황간(黃澗)·영동(永同)·청산(靑山)·보은(報恩)·옥천(沃川) 등지에서 크게 난리를 일으켜서 경내의 사대부 중에 곤욕을 겪고 낭패

50 『갑오동학란』, 갑오년조.

를 당하는 집들이 많이 있었고, 동서로 피신하여 숨는 숫자가 많다는 소식을 듣고 매우 두렵고 한탄스러울 뿐이다.[51]

1894년 3월의 이 기사는 노론 계열의 후예로 전형적인 유생으로 충청도 영동 보은에 살았던 이용목(李容穆)이 아들 이중필과 주고받은 서신이다. 당시 경상도 상주에 거주하고 있던 이용목은 이 서신에서 황간, 영동, 청산, 보은, 옥천 등지에서 동학도들이 크게 난리를 부렸다고 하였는데, 이는 이 지역의 동학도들이 호남에서 동학혁명이 발발하자 호응해 활발하게 활동하였음을 보여준다.

박석규와 박원칠 이외에도 옥천과 청산의 동학접주들이 보인다. 동학혁명 당시 옥천의 주요 동학 지도자들로 확인된 인물로는 김치옥(金致玉)과 오승서(吳升西)가 있다. 김치옥은 옥천 서화리에 거주하였는데 공주 산내면 일대에서 교세를 확장하여 이원보 등 산내면 상조전리에 거주하는 사람들을 동학에 입도시켰다. 오승서는 목수로 접장을 맡고 있었다. 오승서는 김치옥과 같이 산내면 일대를 다니면서 골남리와 신촌리 일대의 사람들에게 동학을 전하였다.[52] 오승서와 김치옥은 아래 동학농민혁명참여자 명단에 등재된 인물들이다.

2020년 5월 현재 옥천과 청산의 동학혁명 관련 인물을 동학농민혁명기념재단의 동학농민혁명참여자를 검색하면 총 62명(옥천 37명, 청산 25명)이 검

51 『白石書牘』 十四卷, 寄元芝令 三月二十九日 孫先伊上去便. "東徒黃永青報沃川等地大起作亂境內士夫家多有見辱逢敗東避西隱爻象駭然聞極悚歎耳"

52 「충청관찰사 이건하보고서 1897년 4월 6일 제41호」, 『사범품보』 17책, 『동학농민혁명신국역총서』 10, 동학농민혁명기념재단, 247~255쪽 참조.

색된다. 이를 정리하면 〈표 2〉와 〈표 3〉과 같다.

〈표 2〉 동학농민혁명 옥천 관련 인물[53]

순번	성명	참여내용	참여지역	출생	사망
1	강채서(姜采西)	1894년 9월~10월경 충청도 옥천, 대전 등지에서 활동하였고 동년 10월 하순경 효포전투에 참여한후 11월 초순경 초포(草浦), 논산에서 주둔함	충청도 옥천 · 공주 · 논산		
2	고경일(高敬一)	충청도 옥천에서 포군(砲軍)으로서 동학농민혁명에 참여하여 전라도 금산을 공격하였으며 1895년 1월 9일 충청도 옥천 오정동에서 체포되어 처형됨	충청도 옥천 전라도 금산		1895.01.09
3	고덕현(高德賢)	접주로서 충청도 옥천에서 동학농민혁명에 참여하여 전라도 금산을 공격하였으며 1895년 1월 9일 충청도 옥천 오정동에서 체포되어 처형됨	충청도 옥천 전라도 금산		1895.01.09
4	고원행(高遠行)	접사(接司)로서 충청도 옥천에서 동학농민혁명에 참여하여 전라도 금산을 공격하였으며 1895년 1월 9일 충청도 옥천 오정동에서 체포되어 처형됨	충청도 옥천 전라도 금산		1895.01.09
5	권금봉(權今奉)	1894년 충청도 옥천에서 동학농민혁명에 참여하였다가 1897년 3월 충청도 공주에서 체포됨	충청도 옥천 · 공주	1868	
6	김고미(金古味)	포수(砲手)로서 충청도 영동에서 동학농민혁명에 참여하여 전라도 금산을 공격하였으며 1895년 1월 9일 충청도 옥천 오정동에서 체포되어 처형됨	충청도 옥천 · 영동 전라도 금산		1895.01.09
7	김낙현(金樂賢)	동학농민혁명 기간 동안 최시형에게 은거지를 제공했으며 이후 피신하던 중 밀고로 체포되어 보은으로 압송된 후 처형됨	충청도 보은 · 옥천	1853.11.06	1895.04.02
8	김연순(金演淳)	동학농민혁명에 참여하였다가 1894년 12월 충청도 옥천민보군에게 살해됨	충청도 옥천		1894.12.
9	김철중(金哲仲)	접사(接司)로서 충청도 영동에서 동학농민혁명에 참여하여 전라도 금산을 공격하였으며 1895년 1월 9일 충청도 옥천 오정동에서 체포되어 처형됨	충청도 옥천 · 영동 전라도 금산		1895.01.09
10	김치옥(金致玉)	1894년 충청도 옥천에서 동학농민혁명에 참여함	충청도 옥천		

53 동학농민혁명기념재단의 동학농민운동 참여자 검색.

11	김태평 (金太平)	성찰(省察)로서 충청도 영동에서 동학농민혁명에 참여하여 전라도 금산을 공격하였으며 1895년 1월 9일 충청도 옥천 오정동에서 체포되어 처형됨	충청도 옥천 · 영동 전라도 금산		1895.01.09
12	박석구 (朴錫球)	1894년 충청도 옥천에서 이권용과 함께 동학농민혁명 지도자로 활동함	충청도 옥천		
13	박석규 (朴錫奎)	(異名: 石奎), 옥의대접주(沃義大接主)로서 1894년 10월 충청도 옥천에서 동학농민혁명에 참여하고 청주병사 이장회와 교전하여 패한 뒤 같은 해 12월 충청도 청주병영에서 처형됨	충청도 옥천		1894.12.
14	박승춘 (朴升春)	충청도 공주 출신으로 1894년 충청도 옥천에서 동학농민혁명에 참여하였다가 1897년 3월 체포됨	충청도 공주 · 옥천	1867	
15	박추호 (朴秋浩)	성찰(省察)로서 충청도 영동에서 동학농민혁명에 참여하여 전라도 금산을 공격하였으며 1895년 1월 9일 충청도 옥천 오정동에서 체포되어 처형됨	충청도 옥천 · 영동 전라도 금산		1895.01.09
16	배순안 (裵順安)	접주로서 충청도 영동에서 동학농민혁명에 참여하여 전라도 금산을 공격하였으며 1895년 1월 9일 충청도 옥천 오정동에서 체포되어 처형됨	충청도 옥천 · 영동 전라도 금산		1895.01.09
17	송병호 (宋秉浩)	8도대장으로 장군재전투에 참여한 후 경북 상주군에 거주하는 딸의 집으로 피신하였으나 관군에게 체포된 후 서울로 압송 후 처형됨	충청도 옥천 · 청성	1850.03.21	1895.03.05
18	오승서 (吳升西)	1894년 충청도 옥천에서 동학농민혁명에 참여함	충청도 옥천		
19	원준상 (元準常)	충청도 은진 육곡, 옥천포에서 동학농민혁명에 참여하였다가 1894년 11월 20일 대관 김명환, 교장 정재원에게 체포되어 총살됨	충청도 은진 · 옥천포		1894.11.20
20	유병주 (柳炳柱)	동학농민혁명에 참여하였다가 1894년 12월 충청도 옥천민보군에게 살해됨	충청도 옥천		1894.12.
21	유상열 (柳商烈)	동학도로서 1894년 보은 · 옥천 · 증약전투 등에 참여하였고 동학농민군에게 식량과 소를 제공함	충청도 보은 · 옥천	1831.05.05	1905.10.15
22	유재손 (柳在孫)	충청도 공주 출신으로 1894년 충청도 옥천에서 동학농민혁명에 참여하였다가 1897년 3월 체포됨	충청도 공주 · 옥천	1858	
23	유현주 (柳賢柱)	1894년 10월 충청도 옥천에서 동학농민혁명에 참여함	충청도 옥천		

24	이관봉 (李寬奉)	접주로서 충청도 영동에서 동학농민혁명에 참여하여 전라도 금산을 공격하였으며 1895년 1월 9일 충청도 옥천 오정동에서 체포되어 처형됨	충청도 옥천·영동 전라도 금산		1895.01.09
25	이권용 (李權容)	1894년 충청도 옥천에서 박석구와 함께 동학농민혁명 지도자로 활동함	충청도 옥천		
26	이대철 (李大哲)	성찰(省察)로서 충청도 옥천 이원역에서 동학농민혁명에 참여하여 전라도 금산을 공격하였으며 1895년 1월 9일 충청도 옥천 오정동에서 체포되어 처형됨	충청도 옥천 전라도 금산		1895.01.09
27	이만영 (李晩榮)	접사(接司)로서 동학농민혁명에 참여하였다가 1894년 11월 충청도 청산, 옥천 등지에서 체포되어 갇힘	충청도 청산·옥천		
28	이복록 (李福祿)	동학농민혁명에 참여하였다가 1894년 12월 충청도 옥천민보군에게 살해됨	충청도 옥천		1894.12.
29	이오룡 (李五龍)	포군(砲軍)으로서 충청도 옥천에서 동학농민혁명에 참여하여 전라도 금산을 공격하였으며 1895년 1월 9일 충청도 옥천 오정동에서 체포되어 처형됨	충청도 옥천 전라도 금산		1895.01.09
30	이판석 (李判石)	접주로서 충청도 영동에서 동학농민혁명에 참여하여 전라도 금산을 공격하였으며 1895년 1월 9일 충청도 옥천 오정동에서 체포되어 처형됨	충청도 영동·옥천 전라도 금산		1895.01.09
31	이흥서 (李興西)	1894년 충청도 공주, 옥천에서 동학농민혁명에 참여하였다가 1897년 3월 체포됨	충청도 공주·옥천	1870	
32	장명용 (張命用)	성찰(省察)로서 충청도 옥천 이원역에서 동학농민혁명에 참여하여 전라도 금산을 공격하였으며 1895년 1월 9일 충청도 옥천 오정동에서 체포되어 처형됨	충청도 옥천 전라도 금산		1895.01.09
33	전성근 (田聖根)	1894년 10월 옥천전투에 참여하였다가 부상을 입고 귀가함	충청도 옥천	1864	1952.08.07
34	정원준 (鄭元俊)	1894년 9월 동학농민혁명 2차 봉기 때 충청도 옥천에서 강채서와 함께 동학농민군을 이끌고 참여함	충청도 옥천		
35	정윤서 (鄭允瑞)	옥의포(沃義包) 대장(大將)으로서 충청도 옥천에서 동학농민혁명에 참여하여 1894년 11월 전라도 금산 등지에서 관군 및 일본군과 전투한 뒤 1894년 12월 4일 충청도 옥천에서 체포되어 같은 달 5일 총살됨	충청도 옥천 전라도 금산		1894.12.05
36	황구현 (黃龜顯)	동학농민혁명 당시 충북 옥천, 금산, 공주 일원에서 군자금 담당. 동학사로 피신함	충청도 공주	1879.07.12	
37	황학현 (黃鶴顯)	동생 황구현과 함께 동학농민혁명 당시 충북 옥천, 금산, 공주 일원에서 군자금 담당으로 활동함	충청도 옥천·공주	1852.04.17	

〈표 3〉 동학농민혁명 청산 관련 참여자

순번	성명	참여내용	참여지역	출생	사망
1	김순여 (金順汝)	경상도 상주에서 동학농민혁명에 참여한 뒤 충청도 청산에서 기포를 준비하다가 체포되어 1894년 12월 14일 경상도 상주에서 처형됨	경상도 상주 충청도 청산		1894.12.14
2	강경중 (姜敬重)	동학농민군 지도자로서 동학농민혁명에 참여하였다가 체포되어 1894년 11월 29일 충청도 청산에서 총살됨	충청도 청산		1894.11.29
3	김경연 (金景淵)	포덕장(布德將)으로서 동학농민혁명에 참여하였다가 1894년 12월 2일 충청도 청산에서 체포되어 총살됨	충청도 청산		1894.12.02
4	김경윤 (金璟潤)	1894년 충청도 청산에서 박태용과 함께 동학농민혁명 지도자로 활동함	충청도 청산		
5	김성칠 (金成七)	동학농민군 지도자로서 충청도 충주에서 동학농민혁명에 참여하였다가 체포되어 1894년 11월 29일 충청도 청산에서 총살됨	충청도 충주·청산		1894.11.29
6	김유성 (金有成)	동학농민군 지도자로서 충청도 청산에서 동학농민혁명에 참여하였다가 경상도 상주에서 체포되어 1894년 12월 22일 총살됨	충청도 청산 경상도 상주		1894.12.22
7	박기준 (朴基俊)	동학농민군 지도자로서 충청도 청산에서 동학농민혁명에 참여하였다가 경상도 상주에서 체포되어 1894년 12월 22일 총살됨	충청도 청산 경상도 상주		1894.12.22
8	박부만 (朴富萬)	동학농민혁명에 참여하였다가 1894년 11월 16일 충청도 청산에서 총살됨	충청도 청산		1894.11.16
9	박원칠 (朴元七)	1894년 10월 전봉준의 동학농민혁명 제2차 봉기시 충청도 청산에서 동학농민군을 이끌고 참여함	충청도 청산		
10	박태용 (朴泰鎔)	1894년 충청도 청산에서 김경윤과 함께 동학농민혁명 지도자로 활동함	충청도 청산		
11	박태은 (朴泰殷)	동학농민혁명에 참여하였다가 1894년 12월 충청도 청산에서 살해됨	충청도 청산		1894.12.
12	박해수 (朴海壽)	동학농민혁명에 참여하였다가 1894년 11월 충청도 청산 월남(月南)에서 최시형에게 은신처를 제공함	충청도 청산		
13	배학수 (裵學秀)	운량도총관(運糧都總管)으로서 동학농민혁명에 참여하였다가 1894년 11월 29일 충청도 청산에서 김석중이 이끄는 소모영 부대에게 체포됨	충청도 청산		
14	서오덕 (徐五德)	선봉장(先鋒將)으로서 동학농민혁명에 참여하였다가 1894년 12월 2일 충청도 청산에서 체포되어 총살됨	충청도 청산		1894.12.02

15	송치삼(宋致三)	도집강(都執綱)으로서 1894년 충청도 청산에서 동학농민혁명에 참여하였다가 체포됨	충청도 청산		
16	안소두겁(安小斗劫)	동학농민군 지도자로서 충청도 청산에서 동학농민혁명에 참여하였다가 경상도 상주에서 체포되어 1894년 12월 22일 총살됨	충청도 청산 경상도 상주		1894.12.22
17	여성도(呂聖度)	충경포(忠慶包) 접사(接司)로서 충청도 충주에서 동학농민혁명에 참여하였다가 체포되어 1894년 11월 29일 충청도 청산에서 총살됨	충청도 충주·청산		1894.11.29
18	윤경오(尹景五)	경상도 상주에서 동학농민혁명에 참여한 뒤 충청도 청산에서 기포를 준비하다가 체포되어 1894년 12월 14일 경상도 상주에서 처형됨	경상도 상주 충청도 청산		1894.12.14
19	이국빈(李國賓)	접주로서 1894년 11월(음 10월) 충청도 청산에서 동학농민혁명에 참여하였다가 같은 해 12월 충청도 보은에서 살해됨	충청도 청산·보은		1894.12
20	이만영(李晩榮)	접사(接司)로서 동학농민혁명에 참여하였다가 1894년 11월 충청도 청산, 옥천 등지에서 체포되어 갇힘	충청도 청산·옥천		
21	전명숙(全明叔)	경상도 상주에서 동학농민혁명에 참여한 뒤 충청도 청산에서 기포를 준비하다가 체포되어 1894년 12월 14일 경상도 상주에서 처형됨	경상도 상주 충청도 청산		1894.12.14
22	지상록(池尙?)	동학농민군 지도자로서 충청도 청산에서 동학농민혁명에 참여하였다가 경상도 상주에서 체포되어 1894년 12월 22일 총살됨	충청도 청산 경상도 상주		1894.12.22
23	최인숙(崔仁叔)	최인숙은 경상도 상주에서 동학농민혁명에 참여한 뒤 충청도 청산에서 기포를 준비하다가 체포되어 1894년 12월 14일 경상도 상주에서 처형됨	경상도 상주 충청도 청산		1894.12.14
24	허용(許用)	허용은 부성찰(副省察)로서 동학농민혁명에 참여하였다가 1894년 11월 30일 충청도 청산에서 김석중이 이끄는 소모영 부대에게 총살됨	충청도 청산		1894.11.30
25	황도원(黃道元)	황도원은 접주로서 1894년 11월 충청도 청산에서 동학농민혁명에 참여함	충청도 청산		

〈표 2〉의 옥천 관련 인물 37명 가운데 옥천 출신으로 접주로 등록된 인물은 고덕현과 박석규 2명, 다른 기록에서 접주로 기록된 인물은 오승서와 정원준이 있다. 또 정윤서는 옥의포 대장, 송병호는 8도대장의 직책에 있었기

때문에 접주로 보인다. 강채서도 정원준과 함께 기포하였다는 것으로 보아 접주로 보인다. 이밖에 접사로 고원행, 김철중, 이만영, 성찰에 김태평, 박추호, 이대철, 장명용, 군자금 담당에 황구현과 황학현 등 17명이 동학군의 간부로 활동하였다. 이외에 포수 김고미, 포군에 고경일, 이오룡 등은 군사적으로 중요한 역할을 담당한 인물들이다. 또 영동지역의 접주인 배준인과 이관봉이 옥천에서 활동했던 것으로 보아 옥천과 영동의 동학도들이 함께 전투에 참여했음을 확인할 수 있다.

〈표 3〉은 청산과 관련된 인물들이다. 이들 가운데 박원칠은 청의대접주, 이국빈과 황도원은 접주, 김경연는 포덕장, 김경윤, 김성칠, 김유성, 박기준, 박태은, 안소두겁, 지상록은 동학군지도자, 배학수는 운량도총관, 서오덕은 선봉장, 송치삼은 도집강, 여성도, 이만영는 충경포 접사, 허용은 부성찰 등으로 동학군의 지휘부에 있었던 인물들이었다. 김경윤을 김익균(金翼均)으로도 불리는데 선무사 정경원이 일본군 충주 병참사령관 후쿠토쿠 다카모토(福富孝元)에게 보낸 '집강망'에 각 지역의 접주 명단이 기록되어 있는데 청주의 접주로 박태현(朴泰鉉), 즉, 박원칠과 함께 기록되어 있다. 이 기록에 옥천의 접주는 박석구(朴錫球)와 이룡용(李龍容)라고 되어 있는데 박석구는 옥의대접주 박석규이고 이룡용은 〈표 2〉의 이권용이다.[54] 이를 통해 동학군 지도자는 모두 접주라고 할 수 있다. 〈표 2〉와 〈표 3〉을 종합하면 당시 동학군의 조직은 대접주 밑에 접주, 접사, 도집, 집강, 성찰, 부성찰 등의 조직이 이루어져 접주제와 육임제가 혼용되었음을 알 수 있다. 그리고 운량감총관, 선봉장, 군자금 담당, 포수, 포군 등 전투와 관련된 직책도 운용되었음을

54 배항섭, 「충청지역 동학농민군의 동향과 동학교단-『홍양기사』와 『금반집략』을 중심으로-」, 『백제문화』 제23집, 공주대학교 백제문화연구소, 1994, 96쪽.

알 수 있다. 위의 내용을 바탕으로 포의 조직을 도표화하면 〈표 4〉와 같다.

〈표 4〉 동학 포의 조직도

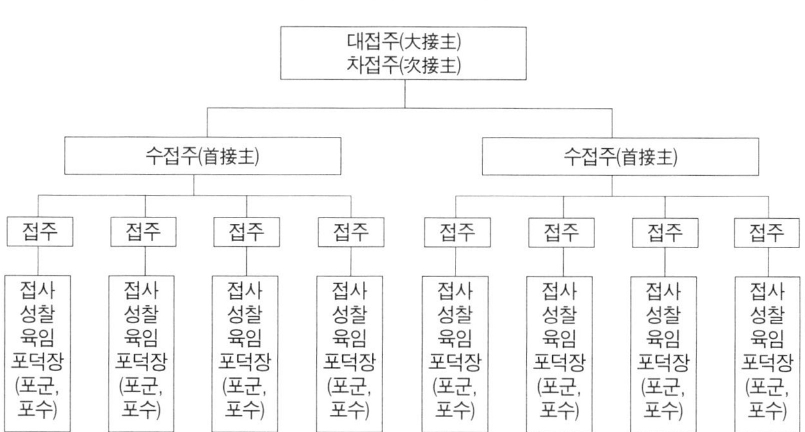

〈표 4〉는 옥천과 청산의 동학농민혁명 참여자 명단을 바탕으로 작성한 동학 포의 조직도이다. 동학 교단의 최고 책임장인 교주 밑에 수십 명의 대접주가 있는데 그 곁에는 대접주를 보좌하는 차접주가 있었다. 옥천포과 청산포의 차접주의 이름은 나타나지 않는데, 차접주는 충경포차접주 권병덕의 사례에서 확인할 수 있다. 청산의 대접주는 박원칠, 옥천의 대접주는 박석규였다. 각각의 수접주는 수백 명의 교도를 관할하는 중간 관리자였다. 옥천의 옥의포대장 정윤서와 8도대장 송병호가 수접주로 보인다. 청산에서는 이국빈과 황도원이 수접주로 보인다. 그리고 수접주 아래 여러 접이 있었고 접에는 접주, 접사, 성찰, 부성찰과 동학도의 확산을 담당하는 포덕장, 그리고 육임의 직을 가진 도집, 집강 등이 있었다. 그리고 포군이나 포수를 두었는데 이는 접주 등 지도부를 보호하는 책임을 맡은 것으로 보인다. 이렇게 보면 대접주는 수천 명의 교도들의 교화와 통솔을 책임지고 있었다.

〈표 4〉는 평소의 포 조직이었다. 동학혁명 이후 포의 조직은 군사적 직책이 추가되었다. 이런 군사적 직책은 대접주와 수접주 휘하의 중대 규모 조직을 기준으로 설치하였을 것으로 보인다. 옥천과 청산의 경우에는 식량을 책임지는 운량도총관, 전투를 위한 선봉장, 군자금 담당 등을 두었다. 동학혁명 이후 각 포는 전투를 위한 기능을 강화하였음을 알 수 있다.

Ⅳ. 결론

이상에서 옥천 동학의 유입과 조직화 과정에 대해 살펴보았다. 주요 내용을 정리하면 첫째, 충청도의 동학 유입은 수운 최제우의 창도기 때부터 시작되었다. 이는 단양접주 민사엽과 수운의 서울 압송시 보은군 이방이 동학도였다는 사실로 확인된다. 그러나 민사엽의 사후 충청도의 동학은 지하로 잠복하였으나 해월이 강원도를 거쳐 충청도로 진출하면서 민사엽접의 교도를 수습하여 충청도의 도맥을 이었다. 본격적인 충청도의 동학 유입은 1874년 해월의 단양 이주로부터 시작되었다. 해월은 이후 10여년 간 단양을 거점으로 충청도와 전라도, 경기도까지 교세를 넓혀 나갔다. 1883년 시점이후로 충청도의 도인들이 동학교단의 핵심적인 역할을 하기 시작하였다. 손병희 · 손천민 · 박인호 · 서인주 · 서병학 · 조재벽 · 임규호 · 권병덕 등이 당시 입도한 인재로, 이들은 이후 동학교단을 이끌어가는 주류가 되었다. 그리고 이들은 1892~1893년의 4차에 걸친 교조신원운동에서 핵심적인 역할을 하였다.

둘째, 옥천에 동학이 유입된 시기는 1886~1887년 경인 것으로 보인다. 『천도교창건록』과 여러 사료를 통해 옥천은 1884년 이후에 동학이 전파되었음을 알 수 있다. 특히 조재벽이 입도한 1887년을 전후한 시기에 동학이 유입되었다고 보는 것이 합리적이다. 옥천과 청산은 충청도에서 비교적 늦은 시기에 동학을 받아들였지만 빠른 성장세를 보여 1890년대에 들어와서 관의 집중적인 수탈 대상이 될 정도로 교세가 급신장하였다.

셋째, 옥천 동학의 중심인물은 박석규이고, 청산 동학의 중심인물은 박원칠이었다. 박석규와 박원칠은 1893년 2월의 광화문복합상소에서 봉소인으로 참여할 정도로 교단에서 핵심적인 역할을 맡았다. 이들은 1892년의 공주 교조신원운동 시기부터 교단의 핵심 인물로 활동하였다. 박석규는 보은취회에서 옥의대접주로, 박원칠은 청의대접주로 활약하였다. 이들은 동학혁명 2차 기포에 동참하여 손병희 휘하에서 우금치, 청주, 청산, 보은 북실, 영동 용산시전투에 참전하였으며, 박석규는 체포되어 청주에서 처형되었다는 기록이 마지막이고 박원칠은 그 이후의 기록이 나타나지 않는다.

넷째, 지금까지 확인된 옥천과 청산의 포 조직은 박석규와 박원칠을 대접주로 그 밑에 수접주, 접주를 두었고 접에는 접사, 성찰, 부성찰 등 육임인 도집, 집강, 포덕을 담당하는 포덕장과 접의 호위를 담당하는 포군을 두었다. 청산의 수접주로는 정윤서, 송병호, 이국빈, 황도원 등이 확인된다. 오승서, 정원준, 강채서, 김경윤, 김성칠, 김유성, 박기준, 박태은, 안소두겁, 지상록 등은 접주로 보인다. 그러나 동학혁명 시기에는 운량관총관, 선봉장, 포군 등 군사적 직책도 나타나는데 이로써 동학혁명 과정에서 접의 조직이 전투를 위한 조직으로 개편되어 감을 알 수 있다.

옥천과 청산은 교조신원운동 과정에서 핵심적인 역할을 한 지역이었으며 지도자들 역시 출중하였다. 그러나 자료의 한계로 이 지역의 동학교도의 면면을 더 이상 살필 수 없어 아쉽다. 옥천에서 동학 관련 활동을 좀 더 자세히 밝히기 위해서는 미시적 접근이 필요하다. 옥천과 청산은 동학 유입

이후 교조신원운동 과정과 동학혁명의 시기 동안 해월을 중심으로 동학 교단의 조직을 정비하고 전국의 동학교도를 총궐기시킬 때 핵심적 역할을 수행하였던 지역으로, 동학사 및 우리나라 민주주의 역사에서도 중요한 위치를 차지한다고 하겠다.

충청북도 중남부 지역
동학농민혁명 전개 과정

채 길 순
명지전문대학교 교수

Ⅰ. 들어가며

보은, 청산, 영동, 황간 지역에는 동학이 비교적 빠르게 유입되었다. 특히 보은 장내리에 대도소가 설치되어 보은취회와 광화문복합상소 등을 전개하는 중심지가 되면서 동학교도의 활동이 어떤 지역보다 활발했다. 동학혁명 시기에는 경기, 강원, 충청, 경상 지역의 북접 동학군이 보은 대도소에 집결하여 공주로 이동했으며, 전라도까지 피신했다가 올라온 동학군이 북실에서 집단 학살 당한, 역사 현장의 중심지였다. 그럼에도 현재까지 지역 역사 연구가 미흡할 뿐만 아니라 기념사업도 극히 미미한 수준이다. 이 글은 충북지역 동학혁명사 기초 연구의 성격을 지닌다.

Ⅱ. 충청북도 지역 동학혁명사 전개 과정과 특징

1864년 3월, 최제우가 혹세무민의 죄로 대구 장대(將臺)에서 처형되자 최시형은 관에 쫓겨 강원도로 피신하여 천신만고 끝에 교세를 회복할 기운을 회복하고 강원도에 인접한 충청도 단양으로 넘어오면서 세력권을 넓힌다. 최시형은 충북지역을 교두보로 경기 충남 전라 지역 경계를 넘나들며 활발한 포교 활동을 벌이게 된다. 말하자면 충북 지방은 동학이 유입되고 유출하는 중심 통로가 되었던 것이다. 이렇게 충북이 동학 포교의 중심지로 부각되면서 동학 지도부는 '공주집회' '삼례집회'(1892), '광화문복합상소' '보은취회'(1893) 등 사회 활동적인 역량을 펼치게 된다. 1894년 3월 전라도에서 동학혁명이 일어나자 동학 지도부는 전라도 지방의 동학혁명의 흐름을 주시하면서 긴박하게 대응하고, 급기야 9월 18일 재 기포령을 내림으로써, 동학혁명이 제2기로 나아가게 된다. 2차 기포 시기에는 손병희가 북접 동학군을 이끌고 전봉준과 논산에서 연합하여 공주전투에 참여하고, 참패를 당한 북접군은 남접군과 함께 남원 새목터까지 후퇴했다가 그곳에서 후일을 도모하며 헤어지게 된다. 북접 동학군은 소백산맥을 따라 북상하면서 18차례의 크고 작은 전투를 치른 뒤 보은 북실에서 대학살의 참극을 만나게 된다. 즉, 충청북도는 동학혁명의 시작과 끝이 있는 역사의 현장인 것이다.

Ⅲ. 지역별 고찰

1) 청주 · 청원, 회인 · 문의 지역

(1) 청주 · 청원

청주 · 청원 지역은 일찍부터 손병희, 서장옥, 손천민 등 많은 동학 지도자들을 배출했으며, 광화문복합상소의 총본부였던 솔뫼 마을[1], 강외면 병마

1 박맹수, 〈최시형 연구〉, 한국정신문화연구원, 1995, 196쪽.

산 전투지, 두 차례에 걸쳐 전개된 청주성 전투지 등 많은 사적이 있다.

특히 손병희 생가가 있던 청원군 금암면 대주리를 중심으로 많은 동학 지도자들이 배출되었다. 이곳은 2세 동학교주 최시형이 관아의 감시를 피해 '잠행포교'할 때 수시로 머물렀으며 거물급 동학 지도자들이 드나들던 마을이다. 이 지역 출신의 대표적인 12인의 동학 지도자 중 서우순, 서장옥이 먼저 입도하고 손천민, 손병희가 입도한다. 서장옥은 남접 동학 지도자의 스승이었으며, 강경파에 속한 인물이면서도 최시형의 절대 신임을 받았다. 그러나 갑오년 9월 이후 동학혁명의 폭풍 때 홀연 자취를 감췄다가 1900년에 체포되어 교수형에 처해진다. 손병희는 1897년 12월 최시형으로부터 도통을 이어받아 3대 교주가 되었다. 손병희는 동학의 재건에 나서 1905년에 천도교라는 근대종교의 명칭을 내걸며 체제를 개편하고, 3.1운동을 이끈다. 이 밖에 손천민, 서우순, 최동석, 정필수, 음선장, 정석복, 이종묵, 김자선, 권병덕, 강영휴 등 동학 지도자들은 동학혁명 시기를 전후하여 광화문복합상소 공주집회 삼례집회 보은집회 등 교단의 집회와 전투를 이끈 핵심 인물들이다.

솔뫼(신송리)에 조상 대대로 터 잡고 살아온 동학 후손 강순원 씨에 의하면 당시 진주 강씨들은 동학 가계를 이루고 있었다. 동학교도가 가난하고 천한 핍박받는 신분이라는 인식과 달리 강씨의 고조할아버지는 오위장 벼슬을 지낸 양반 출신이었다. 강 씨 집안은 가산을 털어 무기를 대었고, 세 형제가 죽음을 당하는 참화를 입었다.

1893년 광화문복합상소의 총본부 격인 동학대도소는 현재 신송교회 자리인데, 손천민, 서병학 등 지도자들이 모여 상소문을 짓고 참가자들을 선발하는 등 복합상소 활동의 중심지가 되었다. 강씨 집안은 복합상소와 두 차례의 청주성 전투에 주도적인 역할을 했다. 당시 동학군들은 솔뫼 마을

뒷산 새터(新垈)에서 무기를 제작하고 군사 훈련을 했다.

강외면 병마산(兵馬山) 전투는 청주성 전투가 끝나고 나서 10월 1일 동학 두령 세 사람이 무심천변에서 효수된 이틀 뒤인 10월 3일에 치러졌다. 청주 영관 염도희와 대관 이종구, 교장 박춘빈 등 69명의 청주영 장졸군사는 대전 방면에 집결해 있던 동학군을 진압할 목적으로 대전지방을 순찰하고 돌아오던 중 강외면 병마산에서 동학군과 맞닥뜨렸다. 영관 염도희는 윤음(綸音 · 임금의 편지)을 가지고 동학군을 달래려고 접근했다가 전투가 벌어져 69명의 장졸 전원이 몰살한다. 그러나 이런 기록과 달리 야사(野史)에는 관군들이 술에 취해 곯아떨어진 상태에서 동학군의 공격을 받았다고 전한다. 사실을 규명하기 어렵지만 무심천변에서 두령들이 효수 당한 데 따른 동학군의 보복일 가능성이 크다. 이들이 어느 지역의 동학군 세력인지는 알 길이 없다. 그러나 영병군사의 장례에 부조(扶助)한 청주, 청안, 문의 등 근동의 양반 사대부 이름과 물목(物目)이 전해지고 있어서 정황으로 미루어 이 근동의 동학 세력임이 분명하다.

강외면 병마산 전투에서 희생된 장졸에 대해 일제 때 모충사를 지어 위무했지만 이곳 저곳으로 전전하다가 오늘날 모충동 고개에 쇠락한 시설로 밀려나 있다. 청주성 전투는 두 차례에 걸쳐 일어났는데, 9월 24일 이 지역 동학군의 공격, 11월 23일 호남의 김개남 장군이 이끄는 5천여 명의 호남 동학군이 공격 등으로 각각 전개되었다. 동학군 쪽에서는 서울을 공략할 교두보를 확보한다는 점에서 청주성은 중요한 의의가 있는 요충지였다.

첫 번째 청주성 전투는 9월 24일 쌍다리 장터(현 북일면 세교리) 싸움과 청주성 공격이 동시에 일어난 것 같다. 9월 28일 관보에 "청주 읍성(현 도청 부근)을 닷새 동안이나 연일 공격했으나 28일 패퇴했다." "충청도 관찰사의 장계에 의하면 9월 24일 동학교도 수만 명이 청주를 습격하여 병마절도사 이장회가 친히 전투하여 수십 명을 살해하였다." "9월 30일 동학군이 청주성을 습격했으나 성공치 못했다." "10월 1일 병마절도사 이장회, 군관 이용정 등이 동학두령 이종묵, 정필수, 정석복을 체포하여 무심천변에서 군중 앞에 효수하여 경계했다." 등의 기록이 이를 뒷받침한다. 각각의 전투를 이끈 주체도 서로 다른 동학군 세력으로 보인다. 뒷날 상주 화령에서 체포된 김자선 두령이 쌍다리 전투에 대해서 자백하고 있고, 대주리 출신 최동석 장군도 쌍다리 장터 싸움에서 활약했다는 증언이 이를 뒷받침한다. 앞으로 연구 보완할 부분이지만, 청주성 전투는 이 지역 동학 지도자들의 치밀한 계획에 의해 치러졌을 가능성이 크다.

김개남 장군이 이끄는 동학군은 금산을 우회하여 공주성으로 들어가려다 진잠에서 남북접 연합군이 공주 우금치에서 패했다는 전보를 접하고 청주성 공격으로 목표를 바꾼 것으로 보인다. 11월 13일 기록에 "김개남이 이끄는 5천여 호남 동학군이 성 밖 3리 지경까지 진격해 와서 청주 영병과 왜군이 출동하여 1백 명을 살상하는 전과를 올리면서 물리쳤다"와 "김개남의 주력은 전부 흩어지고 김개남은 홀몸으로 물러났다"는 기록으로 미루어 김개남이 이끄는 동학군은 청주성에서 완전히 전투력을 상실한 것으로 보인다. 이는 충주(가흥)와 수안보에 주둔해 있던 신식무기로 무장한 일본군이 청주성에 집중 투입되었기 때문에 벌어진 일이다.

청주에서 증평 가는 큰 도로 가에 손병희 생가터 작은 안내판이 눈에 들어온다. 넓은 터에 3세 교주 손병희의 생가와 동상을 세웠지만 공허하기 짝이 없다. 필자의 견해로는 기념관에, 최시형의 "며느리가 베를 짜는 것이 아니라 한울님이 베를 짠다하라"는 직포설법(織布說法)과 같은 정신적 유산도 함께 담아야 한다. 뿐만 아니라 근동 동학 지도자들의 행적을 연계시켜 풍부한 역사적 의미를 전할 수 있어야 한다.

(2) 회인 · 문의

회인과 문의는 동학의 본부인 대도소가 있었던 보은 청산의 이웃 고을이어서 동학교도의 활동이 초기부터 치열했다. 청주에서 가파른 피반령을 넘으면 바로 회인이다. 이 고을은 깊은 골짜기 아래 평평한 들이 넓고 기름져서 옛적부터 양반 토호들이 터 잡고 살아서 민중과의 충돌이 잦았다. 예컨대, 회인은 갑오년(1894)보다 한 해 전인 계사년(1893)에 '회인 민란'이 일어나 민중들이 관아를 점령했고, 조정에서 안핵사를 파견하여 주동자를 색출하여 처형했던 고을이다. 우리 역사에서 아직 조선 후기의 민란과 동학혁명의 연결고리를 규명하지 못하고 있지만, 회인 민란과 동학혁명은 그 연결고리가 뚜렷하다. 강병뢰(姜炳雷 · 증언 당시 73세) 노인의 증언에 따르면 "계사(1893)년 민란 때 탐학했던 원님을 묶어서 여러 마을로 끌고 다니다가 신궁리에서 풀어줬다"고 한다. 이어 "우리 증조부가 회북면 용곡리 사람인데, 갑오년 동학 때 싸움을 했다는데 늘 늘씬한 말을 타고 댕겼다는 말을 들었다"고 증언한다. 이 밖에도 "회인에 동학 접주는 박만갑 장군이었다" 등의 증언으로 조선 후기의 민란과 동학혁명의 연결고리를 엿볼 수 있다.

문의 지방에 동학교도의 활동 기록은 보은취회 뒤인 1893년 10월경에 교단 조직을 대대적으로 개편하는 시기에 "문의에 임정재(任貞宰 · 任貞準) 포"가 나온다. 이는 충청 · 호남 · 강원에 걸친 전체 16개 지역 중 하나인데, 그만큼 문의 지역 동학 교세가 컸다는 사실을 보여준다. 이들은 보은취회에 주도적인 활동을 벌인 기록이 보이고, 〈동비토록(東匪討錄)〉과 〈주한일본공사관 기록〉에 "소사전(小巳田 · 청산 작은뱀골)에 집결한 동학교도들이 4월8일에는 회덕 관아를 공격하여 무기를 빼앗고, 4월 9일에는 진잠으로 향했다. 4월 10일 회덕 진잠 일대에 머물던 동학교도들은 청주 진남 영병과 옥천 병정의 공격을 받고 격파 당하였다. 그러나 이들 동학교도들은 4월

13-15일경에도 옥천 회덕 진잠 문의 청산 보은 목천 일대에 무리를 지어 이동하고 있었다"는 기록으로 미루어 문의 지역 동학교도들은 이 일대의 동학교도들과 연계하여 활동했던 사실을 보여준다. 또, "옛적부터 문의는 양반관료의 늑탈을 많이 받아 원한이 누적되어 왔던 고을이라 갑오년 4월 28일에 청산 보은 옥천 회인 진잠 목천 지역의 관아와 양반 토호의 집을 습격하고, 혹은 전곡(錢穀)을 빼앗아 농민들에게 나누어 주었다"는 기록도 보인다. 이는 갑오년 봄부터 문의 동학교도들이 관아를 점령하고 양반토호들을 공격하는 등 활동이 치열했음을 보여준다.

이 밖에 1894년 봄 초기의 구체적인 활동 기록도 보인다. 갑오년 4월에 작성한 문건에 "동학도들에게 습격을 받은 양반 토호들이 '동학 토벌대'를 조직하는 데 협력했다" 또, "문의 서면 등동(登洞) 신대(新垈) 검소(黔沼), 우모실(牛母實) 등지의 오씨, 최씨 등이 양곡을 조달했으며, 화산(花山)의 신 참판댁이 협력했다"는 기록으로 당시 문의 지역의 양반 토호 세력과 동학교도의 극단적인 대결 국면을 엿볼 수 있다. 이 같은 갑오년 봄의 충청도 동학 활동은 학계에 잘 알려지지 않은 사실이다.[2]

두 지역의 동학교도 활동이 치열했던 만큼 관군의 토벌전도 참혹하게 자행된다. 이두황의 초토 기록에 따르면 10월 13일 회인에서 유홍구(柳鴻九), 윤경선(尹敬善), 이승일(李承一), 우범손(禹範孫) 접주를 포박했고, 다음날인 14일에는 보은 대령(大嶺)과 풍취점(風吹店)에서 포살한다. 15일에는 보은 동학도 최윤백(崔允伯), 최명백(崔明伯)을, 16일에 다시 회인으로 들어와 보은 신촌(新村) 방갑준(方甲俊) 권망아지(權亡兒之) 이광직(李光直), 이천 노곡

2 『해월선생문집』, 81쪽. 박맹수, 앞의 논문 235쪽.

(老谷)의 홍복용(洪卜用), 안성 기좌촌(基佐村) 신덕보(申悳甫), 충주 모두원(毛豆院) 안재용(安在用), 17일에는 용인 접주 이청학(李青學) 등 많은 동학 지도자들을 붙잡아 학살한다. 이 시기는 주력의 북접 동학군이 논산으로 이동하여 전라도에서 올라온 전봉준 휘하 동학군과 연합하여 공주 대접전을 벌이던 시기다. 이로 미루어 동학군의 또 다른 세력들은 지역에 남아 방어 임무를 수행했던 것 같다. 당시 이두황이 지휘하는 관군은 토벌 전 초기인 한 달 동안은 꾸물거리다 일본군의 신병기 지원을 받은 뒤부터 민첩해지고 잔인한 학살이 자행된다.

문의 지역 역시 동학혁명 후기에 참혹한 토벌전이 벌어진다. 즉, "동학군 토벌전에 나선 일본군은 11월 10일 청산에서 동학군과 전투를 벌였고, 12일에 문의로 들어왔다. 당시 문의 지방에는 수많은 동학군이 집결해 있었는데, 마침내 13일 아침에 전투가 벌어졌다."

문의 전투의 구체적인 상황은 알 수 없지만, 일본군의 보고에 따르면 "동학군은 20여 명의 전사자와 무수한 부상자를 냈으며 대포 2문, 화승총 40여 정, 그밖에 화약과 창 등을 노획했다"는 기록으로 미루어 동학군은 관아에서 탈취한 군기로 무장하고 있었고, 전투가 어느 정도 치열했다는 사실을 짐작할 수 있다. 문의는 대청댐으로 삶의 터전이 물에 잠긴 고을이다. 당시의 관아와 향교가 산 아래 쪽으로 옮겨서 복원되어 있지만 동학혁명 사적은 아직 복원되지 못했다.

2) 보은 · 옥천 · 영동 지역

(1) 보은

보은은 1890년대 전후 시기에 전국 동학 포교의 중심지였고 1893년 보은취회와 1894년 9월 재기포에서 북실 마지막 전투에 이르기까지 동학혁명사의 폭풍 중심에 놓여 있었다.

1863년 창도주 최제우가 선전관 정운구에게 잡혀 서울로 압송될 때 호송 행렬이 상주 화령을 거쳐 보은 관아로 들어왔을 때 "동학교도인 이방이 최제우에게 예물을 바쳤다"는 기록으로 보아 보은 지역에 동학이 유입된 시기는 창도 초기인 듯하다. 수운이 순도하던 시기를 전후로 경주에서 핍박을 받은 동학교도 상당수가 상주 왕실촌으로 피신을 했는데, 이들이 속리산을 넘어와 포교한 것으로 보인다. 당시 보은은 상주에서 팔음산을 넘어 청산으로 통하는 길이나 추풍령을 넘어 황간 청산으로 통하는 길, 영동 · 무주로 통하는 사통팔달의 지리적인 조건 때문에 동학이 활발하게 유포되었을 것으로 보인다. 장내리는 최시형의 도피처였고 동학교단의 중심지가 되었다. 1886년에 육임제를 두어 포 조직 강화하면서 동학 교세가 확장되자 대도소가 있는 보은은 공주집회와 삼례집회, 광화문복합상소, 보은취회를 주도하는 교단의 핵심 근거지가 된다.

1893년 3월, 최시형은 창도주 최제우의 조난향례 날을 맞아 결단을 내려 보은취회를 개최한다는 통유문을 전국의 교도들에게 낸다. 장내리에는 충청 전라 경상 경기 강원 등 전국 각지에서 수만 명의 교도가 운집했는데, 그 기세가 이웃 고을 청산 문바위까지 뻗쳤다. 교도들은 "반 장 높이의 돌 성을 쌓았고, 각 포에는 대접주가 있어서 질서정연하게 포를 통솔하여 동학 주문을 암송하는 등 일사분란하게 움직였다. 그러면 보은취회는 그에 앞선 교조신원운동인 삼례 · 공주집회와 어떻게 다른가. 먼저, 군수에게 보내는 집회 통문과 충청감사에게 보낸 방문 내용이 지금까지의 교조신원운동과 달리 "보국안민", "척왜양창의"와 같은 민중들의 현실 문제를 다루고 있다는 점이다. 즉, 안으로는 부패한 탐관오리에 대한 저항과 밖으로 외세 침략에 대한 경계를 내세운 사회운동으로 발전하면서 사회적인 명분까지 얻게 되었다. 이렇게 보은취회는 당시 지배 계층의 부패와 무능에 대한 민중의 불만을 총체적으로 결집하여 봉건 지배 계층에 저항할 이념을 제공함으로써 민중운동의 전환기적 국면을 맞게 한 사건이었다.

1894년 9월 18일, 최시형이 마침내 "지금은 앉아서 죽음을 당하기보다는 일어나 힘을 합하여 싸울 때"[3]라며 무력 봉기를 선언하자 경기 충청 강원 지역에서 봉기한 동학군이 장내리에 집결한다. 1년 6개월 만에 다시 옥녀봉 아래 천변에 400여 개소의 초막을 짓고 유숙하게 된 것이다. 여기에 보은 문의 청주 동학군이 합류하여 2만 여 명으로 늘었고, 영동 옥천 청산 지역에서 1만여 명이 청산 작은뱀골에 모였다. 최시형은 손병희를 통령(統領)으로 임명한다. 손병희는 1만 명의 동학군을 이끌고 논산을 향해 출발하여 호남에서 전봉준이 이끌고 온 동학군과 합류한다.[4] 옥천 황간 영동의 동학군은 회덕 지명장터에서 관군을 물리친 뒤 공주 동북쪽 대교(大橋 · 한다리)로 진출하여 공주성을 포위 공격할 태세를 갖춘다.

주력이 보은 장내리를 떠난 뒤, 11월 5일에는 청산 석성리에서, 11월 8일에는 양산장터 싸움이 벌어지고 관-유회군의 토벌전이 벌어져 보은 일대는 참혹한 전화(戰禍)에 휘말리게 된다.

한편, 공주에서 합류한 남북접 동학 연합군은 공주성을 눈앞에 둔 우금치에서 애석하게 패하고 만다. 남접군은 금구-원평 전투를 끝으로 뿔뿔이 흩어지고, 손병희가 이끄는 북접군은 임실 새목터까지 후퇴한다. 여기서 최시

3 『시천교종역사』 第二編 下 第11章, 16張.
『東匪討錄』, 4月 9日字 錦伯報告, 『동학농민전쟁사료대계』 6, 161쪽.

4 『주한일본공사관기록』 1. 六 東學黨征討에 關한 報告書, 국사편찬위원회간, 219쪽.

형과 합류하여 근거지인 충청도를 향해 소백산맥을 따라 북상한다. 12월 9일 장수-무주를 거쳐 영동까지 올라오는 동안 18차례 싸움을 벌여 지칠 대로 지쳐 있었다. 이들은 13일 청산으로 들어가 15일까지 머물다가 관-일본군이 추격해 온다는 소식을 접하고 17일 저녁에는 비운의 땅 북실로 들어온다. 추위와 굶주림에 지친 동학군은 관-일본군의 습격을 받아 비참한 살육을 당한다. 동학군은 다음날 아침까지 저항했으나 총탄이 떨어져 바로 전투력을 상실했다. 전투가 끝난 뒤 일본군의 눈에 비친 참상을 "시체는 눈 덮인 북실 곳곳에 서로 베개를 삼듯 겹쳐져서 골짜기를 가득 메워 몇 백 명인지 그 수를 헤아릴 수가 없었다"라고 적었다. 그러면 동학군 희생자는 얼마나 될까. 일본군 기록은 전투 중에 총을 맞고 죽은 수를 300명으로, 『소모사실』에는 395명, 『토비대략』[5]에 "爲亂砲所斃者 二千二百餘人 夜戰所殺 爲三百九十三人(난포에 죽임을 당한 수가 2,200여 인이고 야간 전투에서 살해된 수는 393인)"이라 밝히고 있다. 이들의 시신은 고향으로 돌아가지 못한 채 북실 곳곳에 집단 매장되었다.

5 『토비대략(討匪大略)』: 상주의 유생 김석중이 동학농민군 토벌을 위한 소모영의 유격장으로 임명되어 농민군을 초토한 진중일기. 1893년 4월, 1894년 4월부터 12월 28일까지의 사실을 수록하고 있다. 김석중은 소모사에 의해 유격장으로 임명된 후 유격병대를 이끌고 농민군 세력이 뿌리깊은 충청도 접경지역의 외촌 각 면리를 순회하면서 농민군을 토벌해 나갔던 향반의 하나였다. 1894년 11월 말에서 12월 초에 걸쳐서는 도계를 넘어 북접의 근거지인 청산, 보은까지 원정하여 일본군과 합세해서 북접 농민군을 토벌했다. 이 자료에는 (1) 소모영의 농민군 진압 상황과 상주 보수 지배층의 동학농민군 활동 (2) 손병희가 이끄는 호서동학농민군의 우금치 전투 경로와, 장수와 무주를 거쳐 영동-보은으로 돌아오는 여정 (3) 영동 龍山전투와 보은 북실전투 상황 이 상세하게 실려 있다. 이 책의 필사본 한 부가 국립중앙도서관에 소장되어 있으며 또 하나의 필사본은 상주군 외서면 우산리의 진양 정씨 상우산 종가에서 보관해 왔다.(신영우 글 재인용, 요약)

보은군은 이런 비운의 땅 북실에 2003년부터 많은 공사비를 들여 역사와는 거리가 먼 이상한 '동학공원'을 조성하였다. 국적이 없는 돌성이 구축되고, 내구성이 없는 나무 계단을 만들어 오히려 자연을 심하게 훼손시켰다. 이에 대해 2006년 4월 충청지역 시민연대에서 의혹을 제기하고 군에 사업 중단을 요구하고 나섰지만 묵살된 채 공사가 진행되었다.

최근 충북지역 동학혁명 기념사업회가 발족되면서 보은군에 "장내리 취회지"와 "북실 동학군 집단매장지"가 국가 및 도 사적지로 지정되도록 이에 필요한 행정 절차에 임할 것을 촉구하고 나섰지만 군으로부터 "사료 부족으로 인한 사적 지정 불가"라는 회신이 왔다. 보은 장내리와 북실 두 곳은 학계에서 이미 사적(史蹟)은 물론 역사적 의의에 대한 평가를 완결한 곳이다. 특히 공주집회, 삼례집회는 보은취회의 전사(前史)로 사적지 지정은 물론 이미 기념사업이 진행됐다. 사적 지정이 늦어지는 사이 장내리는 묘지 조성사업, 우사 건축, 개인 주택에 이르기까지 역사 현장의 훼손이 심각하게 진행되었고, 북실 집단매장지는 개간 사업이 진행되었거나 돼지막사가 들어서 있다.

장내리와 북실은 동학농민혁명 역사의 중요한 사적지로 지정되어야 마땅하다. 그리고 이 지역의 역사적 특성을 살린 시민단체 및 주민들의 의견이 총체적으로 결집된 기념사업이 진행되어야 한다.

(2) 옥천

옥천 지방 동학은 창도 시기에 유입되었고, 장내리 보은집회 때 청산 문바위골은 '작은 장안'이라고 불릴 만큼 동학교도들의 출입이 빈번했다. 문바위는 동학교단의 주요 문제를 결정하던 곳이며, 9월 재기포령을 내렸던 역사의 현장이다. 현재 동학혁명 사적으로는 청산 문바위에 최시형이 은거했던 집터, 이 마을 저수지 위에 9월 재기포 시기에 동학군이 둔취하고 출정 준비를 했다는 훈련터, 최시형의 아들 '최봉주의 묘'가 전해지고 있다. 특히 9월 재기포 시기에 옥천 지역 곳곳에서는 관-일본군 혹은 유림 세력으로 구성된 민보군에 의해 많은 동학 지도자들이 참살되었다.

동학 창도 시기에 "최제우가 옥천 이웃 고을인 금산 진산 지례 김산 등지에 직접 포교"하였고, 창도기에 상주 왕실촌에 피신했던 동학교도들이 상주 모서(牟西) 팔음산(八音山)을 넘어 청산으로 넘나드는 통로였기 때문에 옥천과 청산은 일찍이 동학교도들의 왕래가 빈번했다.

옥천은 황간 조재벽(趙在壁) 대접주의 관할 지역이었는데, 동학혁명 초기인 4월에는 황간 영동 옥천 지역의 동학군을 이끌고 금산으로 진출하여 금산장 진산 싸움을 벌였다.

최시형이 청주 손병희와 황간 조재벽의 주선으로 문바위골 김성원(金聖元)의 집으로 들어온 시기는 1893년인데, "3월 최제우의 조난일을 맞아 청산군 포전리 김연국의 집에서 손병희 이관영 권재조 권병덕 임정준 이원팔 등과 제례(祭禮)를 지냈다"는 기록으로 보아 이미 문바위는 보은 장내리와 함께 동학교단의 중심지였음을 보여준다.

장내리 집회 때에도 이곳 문바위 골짜기는 전국의 동학교도들이 출입이 빈번하여 "물가에 버드나무 숲은 당시 전국 각지에서 말을 끌고 온 동학교도들이 고삐를 맸던 버드나무 말뚝이 살아 뒷날 버드나무 숲이 되었다"[6]고

6 1982년 당시 답사를 나갔을 때 작은뱀골 어귀에는 해묵은 버드나무 숲이 우거져 있었다. 마을 노인들이 "동학란 때 동학군들이 타고 온 말을 버드나무 말뚝을 박아 맸는데, 말뚝들이 살아나 저처럼 버드나무 숲이 되었다"고 증언했다 한다.(표영삼 상주 선도사 증언 재인용)

전한다. 1894년 3월 무장 기포가 일어나자 충청도에서도 산발적으로 동학 교도들의 활발한 움직임을 보였다. 이때, 문바위 작은뱀골 골짜기에도 동학 교도들이 모여 소요를 벌였고[7], 바위에 주동자인 박희근(朴晦根) 김정섭(金定燮) 박맹호(朴孟浩) 김영규(金永圭) 김재섭(金在燮) 박창근(朴昌根) 신필우(申弼雨) 7명이 이름을 음각하여 목숨을 건 투쟁을 결의한다. 이는 둥글게 돌아가며 이름을 적음으로써 주동자를 숨겼던 '사발통문'과는 비교도 되지 않을 만큼 '목숨을 건 매운 기개'를 보여주는 사례이다.

1894년 9월 18일 최시형이 문바위골에 동학 지도자들을 모아놓고 무력봉기를 선언하자 전국의 동학군이 장내리와 청산 문바위로 모여든다. 특히 영동 옥천 청산 동학군 1만 명이 청산 일대 여러 마을에 포진하고 있었다.[8] 청산 문바위 저수지 위 갯밭에서 충청 경상 경기 강원 지역에서 온 동학군들이 전라도 동학군과 논산에서 합류하러 갈 때까지 훈련했다고 전한다.

동학군 주력이 공주 대회전 중이던 11월 8일에는 양산장터 싸움이, 11월 5일에는 청산 석성리 싸움이 벌어져 이 일대는 전화(戰禍)에 휘말렸다. 당시 상주 소모영장 김석중은 정탐꾼이 옥천 고관리 등지에 최시형이 은거해 있다는 보고를 하자 큰 공을 세우려고 이 일대에 대한 토벌전에 나선다. 이와 동시에 옥천 지역 유림으로 구성된 민보군 12명의 지도자(김재빈 박주양 김규항 김재소 김중현 송병기 전맹호 김영희 민치용 유형로 박성환 박정빈)가 토벌전에 나선다. 이런 사실(史實)은 옥천 고을 양반 지배 세력과 동학교도 간 갈등의

7 4월9일자 錦伯報告, 東匪討錄, 『동학농민전쟁사료대계』6, 162쪽. 박맹수 앞의 논문 234쪽.

8 영동 황간 용산 청산 등지에 동학농민군이 주둔했다는 사실은 현장 답사를 통하여 확인했다.

골이 깊었다는 사실을 보여준다.

다음은 경리청군, 김석중이 이끄는 상주 소모영군, 일본 후비보병 19대대 병력, 민보군이 벌인 정토(征討) 기록이다.

① 1894.11.18, 화서 대골(垈谷)에서 청주 대접주 김자선(金子先) 접사(청주성 전투 지도자), 서치대(徐致大) 접주 정항여(鄭項汝)를 체포, 이튿날 화령에서 포살

② 1894.11.19, 보은 장내리 뒷동네에서 거괴(巨魁) 김민이(金民伊) 원성팔(元性八)을 체포

③ 1894.11.20, 광주원(廣周院) 장수리에서 김달문(金達文) 김철명(金哲命) 포살. 봉암동 연기군 서면에서 김민이 포살

④ 1894.11.23, 청산 박부만(朴富萬) 이치오(李致五) 김순천(金順天) 외3인을 청산에서 포살

⑤ 1894.11.24, 가항(駕項 · 멍어목이)에서 김항우(金項羽) 박여창(朴始昌) 체포, 묘막(墓幕)에서 정한(鄭汗) 체포

⑥ 1894.11.27, 와지(瓦池 · 청산면 대성리)에서 접사 여성도(呂聖度) 체포

⑦ 1894.11.28, 남진갑(南進甲)을 월남점(月南店)에서 포살

⑧ 1894.11.30, 팔로도성찰 강경중(姜敬重 · 副省察) 허용(許用)을 청산 동시(東市 · 청산면 법화리)에서 포살

⑨ 1894.12.2, 차남리(車南里 · 청산면 삼남리)에서 대장 서오덕(徐五德)을 체포, 전날 생포한 김경연과 서오덕을 소사동(小巳洞 · 작은 뱀티)에서 포살

⑩ 1895.1.9, 옥천 이대철(李大哲 · 利原驛 省察) 장명용(張命用) 이오룡(李五龍) 고덕현(高德賢, 梧井洞 接司) 고원행(高遠行, 接司) 고경일(高敬一)을 무주에서 포살

따라서 이 근동에는 동학 후손들이 많다. 큰뱀티(삼남리)에서 서오덕 대장의 후손 서정희 씨를 만나 "큰할아버지(서오덕)가 동학군으로 총을 맞아 고생 끝에 돌아가셨다"고 했다. 족보에 서석규(徐錫奎 · 자 元瑞 · 1856-1894)의 사망 일시는 12월 1일로, 상주 소모영의 포살 기록과 일치한다. 아마 서오덕은 동학군 주력이 공주로 이동하고 나서 지역 방어 임무를 맡았던 것으로 보인다.

서제촌, 숯먹이(수묵이), 삼실(麻谷) 등지에도 배안순(裵安順) · 이판석(李判石) 접사를 처형했다는 관 기록과 일치하는 동학 유족들이 살고 있었지만 자신이 동학 후손이라고 나선 것은 최근의 일이다.

(3) 영동

영동 지역의 동학은 창도 초기에 유입되어 교도 활동이 왕성했다. 전라 경상 충청 3도를 접한 지역 특성에 따라, 동학 지도자들이 타 지역으로 진출하여 활약하는 양상이 특징인데, 청산 옥천 금산 진산 지역을 중심으로 활동한 황간 조재벽(趙在壁) 대접주가 그 예다. 동학혁명 이듬해(1895)에 있었던 '동학난 재판'에 송일회(宋一會) 손해창(孫海昌)이 두령급으로 재판을 받았고, 백학길(白鶴吉) 접주가 보은에서 효수되었다는 기록이 보이지만 이들이 영동 출신이라는 사실 외에 구체적인 활동은 알 길이 없다. 영동지역 동학혁명 사적으로는 황간 지역 동학교도들이 추풍령을 넘어 김천 등지로 진출하여 맹렬한 활약을 보였다는 기록과, 2차 봉기 때의 영동 · 황간 관아 점령이나, 용산장터 싸움을 들 수 있다.

창도주 최제우가 선전관 정운구에게 잡혀 서울로 압송될 때 추풍령 아래에 이르자 "(최제우의) 탄압에 불만을 품은 동학교도들이 모여 있다"는 말을 듣고 보은 쪽으로 방향을 바꾸었다는 기록이 말해주 듯 초기부터 황간 지역에 교도의 활동이 유난했다. 뿐만 아니라 삼정문란으로 민중 봉기가 끊임없이 이어지던 임진년(1892) 8월에 황간 원민들이 일어나 현아를 습격했다. 조정에서 안핵사를 파견하여 황간현감 민영후의 탐학 사실이 밝혀져 파직된다. 민란이 동학혁명과 맥을 잇고 있다는 사실을 보여주는 예다. 일찍이 황간 지역은 조재벽 접주가 포교를 주도한 것으로 보이는데, 1894년 봄에는 옥천 금산 진산 등지에서 활약하고, 9월 기포 이후에는 황간 동학교도들이 김산 상주 등 경상도로 넘어가 활약했다는 기록이 보인다.

공주 전투에서 패한 뒤 남원까지 후퇴했던 북접 동학군이 남원 새목터에서 최시형과 합류, 관-일본군이 추격하는 평야지대를 피해 소백산맥 줄기를 타고 북상하면서 18차례에 걸쳐 크고 작은 전투를 치른다. 이들은 장수와 무주 관아를 점령하고, 영동의 관문인 달밭재(월전리)에서 관군과 전투를 벌인다.

그 시기에 상주 소모영장 김석중은 무주와 10여 리 떨어진 영동 고관리에서 동학 두령 정윤서를 체포하여 포살했는데, 7천여 북접 동학군이 밀려온다는 급보를 받고 황급히 철군한다. 김석중은 당시 영동 땅으로 들어와 수많은 동학교도들을 색출하여 포살했는데, 이는 2세 교주 최시형이 이곳에 은둔해 있다는 밀고가 들어왔기 때문이었다. 당시 체포되어 포살 당한 영동 지역 두령 급 인물로는 이판석(李判石 · 西濟村 接主), 김철중(金哲中 · 接司) 김태평(金太平) 김고미(金古味) 배안순(裵安順 · 三室村 接司) 이관봉(李寬奉) 박추호(朴秋浩) 등이다. 김석중은 뒷날 토벌의 공(功)을 인정받아 안동 군수로 부임하지만 이듬 해(1895)에 의병장 이강년에게 붙잡혀 농암장터에서 군중들 앞에서 효수된다. 김석중은 급히 상주로 철군하면서 수석리에서 동학 두령 정여진(鄭汝振)을 포살하고 세작을 보내 용산장터 싸움에 대비한다.

한편, 무주를 떠나 영동으로 들어온 북접 동학군은 영동과 황간 관아를 점령한다. 북접 동학군은 충청도와 경상도 두 진출 방향을 두고 갈등이 있었지만 쿠와바라 에이지로(桑原榮次郎)가 지휘하는 낙동병참부에서 일본군이 출동했다는 소식을 접한 후 경상도 길을 포기하고 충청도 보은으로 방향을 잡는다. 북접 동학군은 수석리를 거쳐 용산장터로 들어가 전투를 치른다. 수석리는 보은과 상주로 들어가는 길목인데, 이곳에는 일찍이 경상감사를 지내다 탐학 사실이 밝혀져 유배를 당한 고종의 육촌형 이용석(이용강)이 귀양을 내려와 살았다. 처음에 경상도 칠곡에서 유배를 살다가 영동 밀골로 거처를 옮겼다가 수석리로 들어왔다. 이용석은 어찌나 포악이 심했던지 갑오년을 전후하여 이 지역 동학도들로부터 수차례 강탈을 당했다는 기록이 보인다. 그가 사망했을 때 고종이 왕족 상여를 하사했는데, 상여조차 원민의 공격을 받았다. 그러나 당시의 왕족 상여가 용산면 신항리에 지금도 전해져 내려오고 있다.

현재 용산시장 입구에 오영근 군수의 '선정비'가 서 있는데, 이는 갑오년 이후 많은 동학교도를 회유하여 희생을 온몸으로 막은 공 때문이라 한다. 10년 전 답사 때 만난 정태선 옹(작고)의 말에 의하면 "보은관아에 정부군이 내려와 있었는데 영동 오영근 군수가 밤낮으로 관아 마당에 엎드려 '끌려온 영동 고을 동학교도들을 살려 달라'고 턱 수염에 흰서리가 맺히도록 간청해서 많은 인명을 살려냈다"고 증언했다. 그러나 어디까지 진실인지는 확인할 길이 없다.

용산장터 싸움이 벌어진 곳은 현재 용문중학교 자리인데, 병자년 장마 때 장터가 쓸려 내려가 현재 위치로 옮겼다. 당시 용산장터 싸움 상황은 상주 소모영장 김석중의 『소모일기(召募日記)』와 『토비대략(討匪大略)』에 비교적 상세하게 기록되었다. 1894년 12월 11일 아침, 청주영 군사와 용산장터에 진을 치고 있던 북접 동학군이 먼저 치열한 전투를 벌인다. 상주 소모영 유격병대 소모장 김석중은 세작을 보내 전투 상황을 보고받고 용산 후곡(後谷)으로 들어가 협공했다. 산 위까지 진을 치고 있던 북접 동학군은 상주 유격병이 사방이 산으로 둘러싸인 골짜기 깊숙이 공격해 들어오자 반격을 가했다. 북접 동학군의 공격이 워낙 조직적이고 막강하여 대열을 흩지 않고 서서히 후퇴했다가 다시 포위 공격하는 전략으로 크게 이긴다. 급기야 다음날(12일) 아침에는 전직 군수 박정빈이 주도하는 옥천의 민보군과 청주병이 다시 공격을 해 왔고, 상주 소모영군이 협공하여 북접 동학군이 이들을 맞아 싸우느라 주춤해진 틈에 청주 옥천병이 밤재를 넘어 청산 방면으로 달아나기 시작했다.[9] 북접 동학군이 이를 계속 추격, 문바위와 한곡리를 거쳐 내처 청산관아까지 점령했고, 김석중이 이끈 상주 유격병대마저 후퇴하여 일본군과 합세했다. 기록으로 보아서는 용산장터 싸움이 어느 쪽의 승리인지 정확하지 않으나 피아간 희생이 컸던 것만큼은 사실인 것 같다.

북접 동학군은 14, 15일 이틀간 청산 읍내에 머물다 보은 북실로 들어가 학살당한다.

Ⅳ. 나오며

동학혁명의 역사 연구가 그동안 남접 중심 또는 전라도 전봉준 중심으로 평가되어 오면서, 북접의 입장에 대해서는 온건주의 노선으로 평가되어 왔다. 이런 조건에서 충청북도 동학은 동학혁명사에서 변두리 역사로 이해될

9 『巡撫先鋒陣謄錄』 12月 條.

수밖에 없다. 그러나 충청북도는 창도기부터 동학이 유입되었으며, 동학 포교의 중심으로 장내리에 대도소를 두었고, 1993년 보은취회를 통해 척왜양창의, 보국안민을 내세워 시민운동의 효시로써, 나아가 동학혁명의 정신적인 지주 역할을 했다. 1894년 3월 전라도 무장에서 동학군이 기포하자 괴산 연풍, 충주 신당리, 문의, 청산 작은뱀골 등지에서도 호응하여 기포했고, 9월 18일 재기포령이 내려지자 수만의 동학군이 모여 항쟁을 결의하였다. 이렇게 충청북도는 동학혁명의 구심점 역할을 했으며, 북접 동학군의 주력이 최후의 큰 희생을 치른 비극의 땅이다. 즉, 동학혁명의 시작과 끝이 있었던 중심지였다.

옥천의 동학농민혁명과 청산기포의 의의

임형진
천도교 종학대학원 원장, 경희대 후마니타스칼리지 교수

Ⅰ. 여는 글

충청북도 옥천은 동학농민혁명과는 떼려야 뗄 수 없는 지역이다. 여전히 논쟁 중인 동학농민혁명이 전국화된 일자와 장소로서도 매우 중요한 지역이 옥천이다. 갑오년 당시 1차 동학농민혁명은 그 집중도와 참여 범위 등이 대개 호남지방에 국한되어 있었지만 2차 동학농민혁명은 호남을 넘어서 충청도, 경상도, 경기도, 강원도, 황해도 그리고 평안도 지역까지로 그 참여 범위가 확대되었다. 교통과 통신시설도 부족했던 그 시절 어떻게 삽시간에 혁명이 불길이 전국적으로 확산될 수 있었을까? 그 중심에는 옥천이 있다.

동학농민혁명이 전국화되는 것은 당시의 동학 조직과 체계를 이해하지 못하고는 도저히 설명될 수 없는 부분이다. 동학농민혁명이 전개되던 때에 동학의 최고 지도자인 해월 최시형은 근 1년 이상을 옥천의 청산에 있었다. 그는 이곳에서 고부에서 시작된 동학농민혁명의 서막을 보고 받았고 지침까지도 내리고 있었다. 그의 본심은 여하튼 하늘과 같은 사람들이 다치는 것을 막고자 했을 것이다. 다행히 전주화약을 계기로 반봉건의 높은 기치는 성공적으로 마무리되는 듯했다. 그러나 백성의 원망을 들어주기보다는 외국 군대를 동원해 무조건 진압하고자 했던 무능하고 파렴치한 조정이 불러온 일본군은 혁명이 종결되자 돌아가기보다는 오히려 경복궁을 점령하면서 결국 청일전쟁을 일으키고 내정간섭에 나서고 있었다.

전봉준 등 호남에서 1차 동학농민혁명을 이끈 지도자들은 조선을 침범한 일본에 대항하는 혁명의 고삐를 다시 쥐었고, 이제 동학의 전 조직이 동원되기를 원했다. 청산에 머물고 있던 해월 최시형은 드디어 그해 9월 18일을 기해 전국의 동학 조직이 총기포할 것을 명령했다. 비로소 혁명의 기치와 열기가 호남을 넘어서 영남과 충청, 경기, 강원 그리고 황해도와 평안도까지 전국적으로 확대된 것이다. 이처럼 옥천에서 동학농민혁명의 전국화가 실현된 것이다. 당시 옥천 지역의 동학 세력은 황간 출신의 조재벽(趙在壁) 연원 조직이 주축을 이루고 있었다. 조재벽포(包)는 청산(靑山), 옥천(沃川)뿐 아니라 황간(黃澗), 영동(永同)과 연산(連山) 일부 지역, 고산(高山) 일부 지역, 금산(錦山) 일부 지역, 그리고 진산(珍山)군에까지 널리 분포되어 있었다. 그를 따르는 동학도들은 적어도 수천 명에 이르렀으며 결속력도 대단히 견고하였고 동학농민혁명 전 기간 동안 일관되게 참여하고 있었다.

지난해부터 개최된 동학농민혁명 국가 기념 행사는 오랜 논쟁 끝에 5월 11일 황토현 전승일로 확정되어 올해까지 두 차례 개최되었다. 당시 동학농민혁명에 참여하신 분들을 추모하고 그들을 선양하는 날이 어느 날이면 어떻겠는가만은 옥천의 동학농민혁명 총기포 일자가 거론조차 되지 않았고 그대로 사장되었다는 것은 분명 아쉬운 결과이자 과정이었다. 이 글은 옥천에 생각보다 훨씬 오래전부터 동학이 유입되었고 조재벽을 중심으로 동학농민혁명에도 처음부터 깊숙이 개입되었음을 밝히고 나아가 청산기포의 의의에 대해서 논하고자 한다.

II. 옥천 지역과 동학

충청북도 옥천은 내륙 깊숙한 곳에 자리 잡은 지역으로 소백산맥과 노령산맥의 중간에 위치한 비교적 험준한 지역이다. 이곳은 경상북도 상주시와 경계하고 있으며 위로는 대전과 보은, 아래로는 영동을 그리고 서쪽으로는 금산을 통해 전라북도 지방과 연결되는 길목과도 같은 위치이다. 옥천 지역의 동학은 교단 기록에는 거의 등장하지 않지만 당시 영동군 소속이었던 청산은 자주 언급되고 있다. 조선 말기에는 영동군 황간에 속해 있었던 청산의 문바위골은 동학농민혁명사에서 매우 중요한 곳이다.[1] 특히 동학의 최고 지도자인 해월이 이곳에 정착했다는 기록은 다수 나오고 있다.

> (布德 34年) 10月에 神師 尙州 別野에 還하셨다가 孫秉熙 李在壁의 周旋에 依하사 家族을 率하시고 青山郡 文岩里 金聖元 家에 移寓하시다. 時에 官吏의 道人 侵虐이 日甚하여 急함이 烈火와 如하더라.
>
> (布德 35年) 甲午 1月 5日에 神師 講席을 文岩里에 開하시다…(中略)… 9月 18日에 神師 道人 慘殺의 報를 聞하시고 將次 天階에 叫寃코자 하사 通諭文으로 各包 道人을 招集하시니 各處 道人이 青山 丈席에 來謁한者 10餘萬人이러라.(『天道教書』)
>
> (포덕 34년) 10月에 神師-帶德基하시고 經由黃磵하사 還于尙州之旺實別野러시니 復因趙在璧周旋하야 移眷于青山文岩里 金聖元家하시다. 先時에 德基-有宿病이러니 至是에 漸漸沈重하여 仍爲不起라. 神師-以道學之禍로

1 문바위골은 현재는 옥천군 청산면 소속이지만 당시는 영동군 황간에 속해 있었다.

漂迫東西하여 坐席이 未煥이라가 今又遭此慘毒하니 天之降大任於是人也에 先嘗之以困拂이 諒哉라. 神師-隋遇理遣하사 聽天所命而己러시다.(『本敎歷史』)

1893년에 두 번 청산에 정착[2]하였던 해월 최시형은 이듬해인 갑오년 9월 18일 전국의 동학도들에게 총기포할 것을 명령하였다. 전국의 동학도들이 본격적으로 역사의 전면에 등장하게 된 것이 바로 청산 총기포령이다.

옥천 지역에 동학이 전파된 것이 어느 시점인가는 불분명하다. 『오하기문』에 의하면, "철종 말기에 이르러 무거운 세금은 더욱 그 학정을 더해 갔으므로 백성들은 이를 모두 원망하였다. 이때 경주에 사는 최제우라는 사람이 스스로 天神이 災難을 내린다고 말하고, 文書를 만들고 謠言을 퍼뜨렸다. 呪文이라는 그 학문 역시 天主를 받드는 것인데, 西學과 구별하여 東學이라 고쳐 불렀다. 知禮와 金山 및 호남의 珍山과 錦山의 산골짜기를 왕래하면서 양민을 騙瞞하여 하늘에 제사를 지내고 戒를 받게 하였다"라고 한 바 있다.[3] 이를 미루어 보아 옥천 지방에 동학이 알려지기 시작한 것은 수운 최제우가 주변의 시선을 피해 남원땅으로 피신했을 때인 1962년경이 아닌가 생각된다.

수운 최제우가 동학을 포교한 것은 1861년부터였으며, 경주를 떠나 남원

2 해월이 처음으로 옥천군 청산면에 거주한 것은 1893년 3월의 김연국의 집에 기거하면서였고 본격적으로 청산에 은거한 것은 같은 해 7월경부터 이듬해인 1894년 10월까지 문바위골에 기거할 때였다.

3 황현, 『오하기문』, 수필 ; 『동학농민사료총서』 1, 사운연구소, 1996, 42쪽; 김익종 옮김, 『번역 오하기문』, 역사비평사, 1994, 60쪽; 황현저 이민수 역, 『동학란--동비기략초고-』, 을유문화사, 1985, 96쪽.

으로 간 것은 1862년 12월이었다. 당시 남원을 중심으로 수운은 인근 지역인 익산, 금산, 진산, 지례, 김산 등지를 직접 다닌 것으로 보아 금산 지역과 이웃인 옥천 지역에도 이 시기에 동학이 전파되었을 가능성은 충분하다.

그러나 이 시기에 전래된 동학은 최제우 사후 더이상 유지되지는 못하였다. 이후 옥천 지역에서 동학에 대한 기록이나 활동은 확인되지 않고 있다. 옥천 지역에 다시 동학이 전파되기 시작한 것은 해월 최시형이 충청도 지역에 동학을 재건하던 기간이었다. 피신 중에도 동학을 포덕하고 다니던 해월은 충청도 단양과 보은을 중심으로 활동하였는데 두 지역에서 호남지방 또는 영남지방으로 가려면 반드시 거쳐야 하는 곳이 옥천 지역이었다. 즉 옥천은 해월이 주로 머물던 단양과 보은 간의 소백산맥을 통한 연결 통로이자 상주를 통해 경상도 지역과 연결되고 금산을 통해 전라도 지방으로 이어지는 한 줄로 연결되는 교통의 요지였기에 더욱 그러했을 것이다. 직접 답사를 다니며 실증적인 연구를 해온 채길순 교수에 의하면 해월은 상주 왕실촌에서 속리산을 넘어 보은 장내리로 들어오는 길과 상주 모서에서 팔음산을 넘어 청산으로 넘나드는 길이 주된 도피 통로가 됨으로써 이 과정에서 옥천-청산 지역에 교세가 급속히 확장되었을 것으로 보고 있다.[4] 해월 최시형의 도피기간과 장소를 고려해 보면 적어도 1880년대 초반부터 옥천 지역에는 동학이 전파되었을 것으로 추정된다.[5]

그러나 옥천 지역의 본격적인 동학 포덕은 1883년 입도한 청주 출신 서장

4 채길순, 「옥천 청산지역 동학농민혁명사의 전개과정과 역사적 의의」, 『해월신사순도 120주년 옥천학술대회』, 2018, 발표 논문 참조.

5 해월 최시형은 영해 교조신원운동의 실패 이후 강원도와 충청도 단양 지역에 머물다가 1880년대 초부터 보은과 경상도 상주 인근을 다니기 시작하였다.

옥[6]과 1897년 입도한 황간 출신 조재벽[7]에 의해서 이루어진다. 특히 조재벽은 황간뿐 아니라 옥천과 청산 그리고 금산 지역까지 그 활동 범위가 넓었던 터라 이 지역의 최대 조직을 구축하고 있었다.[8] 그는 1887년 입도하여 해월의 뜻에 따라서 처음에는 옥천, 영동, 청산 지역에서 포덕하다가 1890년경부터 금산, 진산, 고산, 용담 지역으로 그 영역을 넓혀 나갔다.[9] 1892년 10월과 11월의 공주와 삼례에서의 교조신원운동이 일어난 다음 조재벽은 상당한 세력을 가진 동학의 주요 지도자였으며, 1983년 1월 광화문에서 전개한 교조신원운동에 참여할 정도로 동학교단의 주요 인물로 성장하였다.[10] 뿐만 아니라 1893년 7월 해월 최시형이 상주 왕실촌에서 청산 문바위골로 이거할 때 이를 앞장서서 주선하였다.[11] 당시 해월 최시형은 김성원(金聖元)의 집에 기거하였는데, 김성원은 조재벽의 연원이었다.[12] 동학교단의 최고

6 서장옥(徐璋玉, 1851~1900)은 호남의 지도자 김개남과 손화중의 스승으로 알려진 인물이다. 그는 일해(一海)라는 호와 서인주라는 이름도 사용하였다. 청주 출신인 서장옥은 1883년 해월을 직접 찾아가 입도하였다. 서장옥은 동학에 입교한 뒤 헌신적으로 수행하여 해월 최시형의 깊은 신뢰를 받았다. 『동학사』에 따르면 동학의 의례와 제도 대부분을 그가 만든 것이라고 한다. 1887년에 해월의 아들 최덕기가 청주 율봉에 사는 음선장의 둘째딸과 혼인하면서 더욱 가까워졌다. 서장옥의 아내가 바로 음선장의 맏딸이니 최덕기와는 동서지간이 되었다. 강수가 체포되고 손병희가 측근으로 등장 이전까지의 사이에 서장옥은 해월의 최측근이었고 실세였다. 실제로 공주와 삼례취회 등 동학농민혁명 이전까지의 모든 교단의 결정에 절대적인 영향을 행사한 이도 서장옥이었다.

7 『천도교서』 포덕 34년(계사)조; 『동학농민전쟁사료총서』 28, 사운연구소, 1996, 229쪽, 『주한일본공사관기록』에 의하면 조재벽은 황간을 중심으로 활동하였다.

8 표영삼, 「금산 지역 동학농민혁명」, 『교사교리연구』 1, 천도교중앙총부, 1999, 3쪽.

9 위의 글.

10 『해월선생문집』 계사년조,

11 『천도교서』 포덕 34년(계사)조; 『동학농민전쟁사료총서』 28, 사운연구소, 1996, 229쪽. 『천도교서』에는 '李在壁'으로 되었으나 이는 조재벽의 오기이다.

12 『해월선생문집』 계사년조.

지도자인 해월의 은거지를 마련해 줄 정도로 조재벽의 세력은 옥천 지역에서 크게 활성화되어 있었으며, 해월의 신임도 절대적이었음을 방증한다고 할 수 있다.[13]

광화문복합상소로도 원을 풀지 못한 동학교도들은 옥천 청산의 해월 은거지에 모여 보은취회를 구상하였다. 당시 모든 사안의 최종 결정권자는 최고 지도자인 해월 최시형이었기에 그가 머물고 있던 청산은 그대로 동학의 본부였다고 할 수 있다. 해월은 1893년 3월에 옥천에 머물면서 보은취회를 지휘하였다.

1893년 3월, 충청도 보은 장내리에 지방 각 처에서 3만여 명의 동학교도들이 모여 보국안민(輔國安民), 척왜양창의의 기치를 내걸고 교조신원운동과 반외세운동을 전개했다. 해월은 이웃인 옥천의 청산과 보은을 오가며 보은취회를 직접 지휘하였다. 보은 장내리 집회(보은취회)에 옥천 지역의 많은 도인을 이끌고 참가한 인물도 조재벽이었다. 보은에서 해월은 최초로 포제(包制)를 제도화하고 각포(各包)에 대접주를 임명하였다. 서장옥의 지도를 받고 있던 조재벽은 대접주로 임명되지는 못했지만 『동학도종역사』에 의하면 조재벽의 관내에서는 서장옥이 호서(湖西)대접주로 임명되었다. 서장옥은 충청북도와 전라북도 지역에서 가장 강력한 세력을 가지고 있었고, 옥천의 접주인 조재벽 역시 그의 휘하였다.

보은취회는 관의 기록만으로도 충청도, 전라도, 경상도, 경기도 그리고

13 당시 청산 문바위골은 대도소가 있었던 보은 장내리와 함께 '작은 장안'으로 불릴 정도로 동학도들의 왕래가 잦았던 지역이다. "보은 장내리 집회 시기에도 청산 문바위 골짜기는 전국의 동학교도들이 출입이 빈번하여 '물가에 버드나무 숲은 당시 전국 각지에서 말을 끌고 온 동학교도들이 고삐를 맸던 버드나무 말뚝이 살아 뒷날 울창한 버드나무 숲이 되었다.'고 전해지기도 했다." 채길순 앞의 글 참조.

강원도 등 당시 동학의 교세가 미친 지역은 대부분 참석했다고 적혀 있다. 동학교단 측의 기록에는 대부분 누락되어 있지만 관군 측 기록인 『취어』에는 전주, 수원, 용인, 영광, 선산, 상주, 태안, 광주(廣州), 천안, 직산, 덕산, 금산, 성주, 장수, 영암, 무안, 순천, 인동, 지례, 양주, 여주, 안산, 송파, 이천, 안성, 죽산, 원주, 청안, 진천, 청주, 목천, 충주, 청산, 비인, 연산, 진령, 공주, 함평, 남원, 순창, 무안, 태인, 옥천, 영동, 나주, 하동, 진주, 안동 등 46개 지역이 나타나고 있다.[14]

전라도는 12개군, 충청도는 15개군, 경기도는 10개군, 강원도는 1개군이다. 충청도 15개 지역 중에 조재벽 관할이 금산, 청산, 옥천, 영동의 네 군데였다는 것은 그만큼 그의 세력이 컸다는 것을 말해 주며 그중 오늘의 옥천군 소속으로 옥천과 청산이 있었다는 것은 옥천 지역의 동학세를 미루어 짐작하게 한다. 특히 보은취회에서 옥천의 접주인 박석규(朴錫奎)는 옥의대접주(沃義大接主)로 임명되었다.[15] 이는 옥천 지역의 동학세를 알려주는 실례라고 할 수 있다.[16] 보은취회 이후의 상황을 『대교김씨가갑오피란록(大橋金氏家甲午避亂錄)에서 살펴보면 "소위 동학은 보은도회 이후에 그 치열한 모습은 달이 다르고 때가 다르게 마을마다 접이 만들어져 사람마다 주문 읽는 기세가 타오르는 불길과 같았고 물결치는 조수와 같았다"[17]고 하였다. 수만 명이 모

14 이들 참여 지역은 『취어』에 나온 기록이다. 그러나 교단의 기록과 여타 기록에는 추가되는 지역이 상당수가 더 있다.

15 『천도교교서』 포덕 34년(1893년)조.

16 『취어』에도 옥천 동학도는 800명에 가까운 사람이 참여하였다고 기록되어 있으며, 청산 역시 상당수의 동학도가 참여했을 것이다.

17 『大橋金氏家甲午避難錄』p.3 ""所謂東匪一自報恩都會之後月異而時不同 村村設接人人誦呪 勢如烈火之焚 滔如湖水之進".

였음에도 하나의 흐트러짐 없이 질서정연한 모습에 감동한 기록이다.

그러나 호서대접주로 임명된 서장옥은 보은취회 때 관에 체포되었다가 동학농민혁명이 한창 전개되고 있던 1894년 6월 28일에서야 석방되었다. 1차 기포에 참석하지 못한 서장옥은 2차 기포에는 공주와 청주 일대에서 활동한[18] 것으로 확인되는데, 청주성 전투에 참여한 이후 어떠한 행적도 나오지 않고 있다. 아마도 동학농민혁명의 패배로 전국을 피해 다녀야 했던 것으로 사료된다.[19] 서장옥의 행적과 죽음이 알려진 것은 1900년 일이다. 1900년 9월 20일자《황성신문》에 서장옥이 체포된 기사가 실렸다. 손천민과 함께 있다가 체포된 것이다. 그가 왜 동학군의 지도자인 손천민과 함께 있었는지는 알 수 없지만 어쩌면 다시금 동학혁명의 불씨를 살리려고 하지는 않았는지 모르겠다. 다음날인 21일에 법무대신 권재형이 "백성들을 선동하고 홀린 것이 전봉준, 김개남, 최시형과 같다는 사실이 명백하므로 교형에 처할 것"을 요청하여 고종의 허락을 받아 형을 집행하였다.[20] 여하튼 보은취회 이후 사라진 서장옥의 자리는 자연스럽게 조재벽이 메우게 되었다.[21]

18 이때 서정옥은 대원군을 찾아가서 청나라 군대와 합세하여 일본군을 공격하기로 비밀리에 논의했다는 등 신비스러운 인물화로 묘사된다. 「동학당 접주 장두재가 발표한 회장」, 『주한일본공사관기록』8, 54-55쪽; 성주현, 『동학과 동학농민혁명』, 선인, 2019, 253쪽 재인용.

19 1898년 12월 8일자《독립신문》에 실린 〈동괴쇼문〉이란 제하의 "…소위 남접 괴수라 칭하던 서장옥이가 지금 전라도내 각 지방으로 횡행하여 혹세무민을 무란히 하되 해 도내 관찰(사) 군수들은 돈연히 모르고 정부에서는 혹 이런 말을 듣게 되면 풍설이라 이르고 심상치지 하니 해 지방 자민들이 어찌 부지하리요…"라는 기사를 통해 농민전쟁 패배 후 살아남은 서장옥이 그동안 어떤 활동을 했는지 짐작할 수 있게 할 따름이다.

20 『고종실록』 40권, 고종 37년 9월 21일자.

21 임형진, 「해월 최시형의 동학 재건과 영동 지역의 포덕」, 『동학학보』 제48호, 2018, 참조.

Ⅲ. 옥천과 최초의 동학농민혁명

1894년 동학혁명 당시 어느 지역보다 가장 먼저 기포한 곳은 금산 지역이다. 금산 지역의 동학조직은 서장옥의 관할이었으며,[22] 이들을 중심으로 1894년 3월 동학농민혁명의 첫 기포가 이루어졌다.[23] 그동안 학계에서 관행적으로 사용해 왔던 남북접 분리설에 의하면 충청도 지역인 북접에서 동학농민혁명이 가장 먼저 발생한 셈이다. 그러나 과연 남북접의 단순 분리 논리가 가능한지 의문이다.[24] 특히 서장옥이 이끌던 충청도-전라도 연합 연원은 어디에 속한 접이라고 해야 하는지가 먼저 해명되어야 한다.

옥천 접주인 조재벽은 1892년 11월에 일어난 삼례 교조신원운동 때부터 서장옥, 전봉준, 김개남, 김덕명 등과 교류해 왔으며 1893년 2월 광화문 앞

22 『김낙봉이력』 계사년조; 『동학농민전쟁사료총서』 7, 사운연구소, 1996, 378쪽.

23 뿐만 아니라 다른 지역 동학군들이 갑오년 12월 정도에 이르면 어느 정도 항쟁이 정리되었지만 금산 지역만은 1895년 1월 하순(음)까지 일본군과 싸웠다. 그래서 피해 규모도 다른 지역과 달리 유난히 심했다. 금산동학농민혁명에 관해서는 표영삼, 「금산 지역 동학혁명」, 『교사교리연구』 1, 천도교중앙총부, 1999; 이병규, 『금산 진산지역의 동학농민혁명 연구』, 원광대학교 대학원 박사학위논문, 2003 등을 참조 바람.

24 남북접의 구분은 오지영의 『동학사』에서부터 시작되었다. 해월 최시형이 수운 최제우에게 임명받은 '북도중주인'이란 호칭은 남쪽에 있는 수운을 보좌하는 명칭이었는데 이것이 그대로 굳어진 것으로 그는 끝내 '북접대도주' 또는 '북접법헌'이라는 인장만을 사용함으로써 스승에 대한 존경심을 표현한 것이다. 동학 시절 내내 발행되었던 임첩은 반드시 그의 도장이 찍혀야만 효력이 발휘되었다. 남접이란 표현은 전봉준이 재기포할 당시 그에 따르는 포를 편의상 남접이라고 했을 뿐 이후 어느 곳에서도 등장하지 않고 그나마 논산에서 남북접이 합류한 뒤에는 그마저도 사라졌다. 따라서 남북접의 존재 여부 등에는 보다 많은 연구가 필요하다고 본다. 이 문제에 대한 연구는 표영삼, 「접포 조직과 남북접의 실상」(『신인간』, 1995년 8월-9월호, 540-541), 「남·북접의 실상」(『신인간』, 1998년 9월호, 577) 참조 바람.

복합상소 운동 때와 3월의 보은 및 원평의 척왜양창의 운동 때도 적극 참가하여 이들과 긴밀한 유대관계를 유지할 수 있었다. 특히 서장옥은 그를 직접적으로 동학에 인도한 일대의 대접주였다. 황간 출신인 조재벽은 그 영향권이 옥천과 청산 그리고 금산 지역에 이르렀는데 특히 호남지방과 지역적으로 가까운 특성상 갑오년 1월에 전봉준이 일으킨 고부기포를 예사롭게 보지 않았을 것이다.[25]

금산 지역에서 최초로 기포한 날짜는 3월 8일 또는 12일이다. 『금산피화록(錦山被禍錄)』에는 "3월 초에 기포하였다"[26]고 하였고 『금산군지』에는 "3월 8일에 무장한 동학군이 제원역(濟原驛)에 회합하여 이야면(李也勉)을 선봉장으로 하여 5천여 명이 죽창과 농기를 들고 대거 금산읍에 들어와 관아를 습격하여 문서와 각종 기물을 불사르고 서리(胥吏)들의 가옥을 파괴했다"[27]고 하였다. 그리고 『오하기문』에는 "금(3월) 12일에 동학도 수천 명이 몽둥이로 무장, 흰 수건을 두르고 읍으로 몰려와 관리들의 집을 불살랐다"[28]

25 금산 동학이 다른 지역보다 먼저 동학농민혁명에 참여하게 된 이유도 금산 지역의 수탈 행위에 대한 항거뿐 아니라 전봉준의 고부기포와 무관치 않을 것이다. 이에 대해서는 서장옥과 전봉준의 관계에 대한 보다 엄밀한 연구를 해야 할 필요가 생긴다. 이 문제가 해결되어야 비로소 최초의 동학농민혁명이 어느 지역이었는가의 연구가 결론 날 수 있을 것이다.

26 『동학난기록』「금산피화록(錦山被禍錄)」.

27 『금산군지(錦山郡誌)』. 1987년에 간행된 『금산군지』에는 "갑오 3월 8일 금산에 거주하는 동학교도들과 무장한 동학군이 제원역에 회합하여 이야면을 선봉장으로 5천여 명이 죽창과 농기를 들고 대거 금산읍으로 들어와 관아를 습격하고 문서와 각종 기물을 불사르고 서리들의 가옥을 파괴하여 살기가 등등하여 민중을 전화 등에 넣고 보니, 무상한 백성들은 전투를 피하려 대소란이 일어났다."라고 기술하고 있다.(『금산군지』, 금산군지편찬위원회, 1987, 205쪽).

28 『오하기문(梧下記聞)』.

고 하였다.

「금산동도작요내력」에는 제원역 기포 상황을 다음과 같이 밝히고 있다.

> 一. 지난달(3월-필자주) 초 7일에 동학도들이 우리 고을에 속한 제원역에 모이라는 통문을 발송하였다. 장리를 특선하여 모임의 여부를 정탐해 오고 품은 의도가 무엇인지를 자세하게 알아 오게 하였다. 그들이 말하기를 고을의 폐해를 바로잡는데 10개조나 된다고 하였다.
>
> 一. 초 9일 저녁 때에 주동자 몇 명이 수백 명의 무리를 이끌고 고을 장터로 들어와 진을 치고 유숙하였다.[29]

한편 『금산군지』의 3월 8일 기포설은 출처가 분명치 않으나 『금산피화록』과 『오하기문』의 3월 초 기포설과 일치하여 믿을 만하다. 『금산피화록』에서 3월초라고 한 것은 3월 8일을 지칭한 것이 분명하다. 지금까지 동학혁명 당시 최초로 기포한 날짜는 무장의 3월 20일로 알려져 있다. 최근의 각종 고등학교 교과서에도 3월 20일이 동학농민혁명의 시작일이라고 명확히 기록되고 있다.[30] 즉 전봉준과 손화중, 김개남이 당산(現 高敞郡 孔音面 九岩里 堂山)에서 3월 20일에 기포하였다고 하는 무장기포설이다. 그러나 무장기포의 세 주역이라고 하는 김개남은 당시 무장에 없었다. 김개남은 태인의 접주였다.

29 「錦山東徒作擾來歷」.

30 2020년 개정 역사교과서 8종 모두가 3월 20일 무장기포일이 동학농민혁명의 시작이라고 수록되었다. 8종의 교과서는 모두 2019년 11월 27일 검정 받았다고 한다. 《아주경제》, 2020, 4, 22일자.

여하튼 금산에서 기포한 날짜가 3월 8일이라면 무장기포보다 적어도 10여 일 이상이나 빠른 것이 된다. 그러므로 동학혁명의 최초 기포지는 고창 당산(堂山)이 아니라 금산 제원역(濟原驛)과 진산 방축리(防築里)이며 최초로 점령한 읍은 금산읍이라 할 수 있다. 옥천 동학이 참여하여기포했을 것으로 추정되는 진산 방축리(防築里)는 각종 상거래가 활발했던 장터거리였다. 방축리 기포를 지휘한 인물이 조재벽이었다. 이는 권병덕 기록과[31] 『천도교회사초고』에 "조재벽, 최시문, 최공우(崔公雨)가 …(진산에서) 기포하였다"는 기록으로 확인된다. 조재벽의 휘하 세력은 옥천과 청산의 동학도들이 다수를 차지하고 있었다. 당시의 활동 영역상 옥천은 금산, 진산 그리고 영동지역과는 같은 생활권이라고 할 수 있다.

『순무선봉진등록』에 의하면 영동 옥천접주와 접사(接司) 13명을 잡아 조사한 결과 "금산 도륙자(錦山 屠戮者)"들이라 하여 금산 지역 혁명에 영동과 옥천 도인이 많이 참가하였음을 알 수 있다.[32] 진산읍 방축리 기포에서도 함께한 동학군은 진산 지역뿐 아니라 인근 지역인 옥천, 청산, 연산이나 고산 동학군들도 가세하였다고 추측된다.[33] 이는 연원 중심으로 모이는 동학 조

31 『천도교회월보』, 1932년 11월호.

32 『동학난기록』「순무선봉진등록(巡撫先鋒陣謄錄)」

33 『김낙봉이력(金洛鳳履歷)』. 또한 표영삼은 금산 지역 동학혁명이 다른 지역 동학군이 참여하여 연합전선을 폈던 것으로 보아 단독 기포라고 보기는 어렵다고 주장한다. 즉 그는 아마도 호남 동학 지도자들과 사전에 협의하여 일어난 기포로 보여진다며 "3월 중순경에 진산 방축리에 많은 동학군이 모였을 때 멀리 남원, 임실, 태인 지역을 위시하여 인근의 연산, 고산, 전주 동학군들과 영동, 황간, 옥천 동학군들도 끼어 있었다. 따라서 참가자의 범위로 보아 제원역 동학군들이 단독으로 일으킨 민란으로 보기는 어려우며, 전라도 동학혁명운동의 전체 흐름과 연결시켜 보아야 할 것이다"라고 하였다. 표영삼, 앞의 글.

직의 특성상 조재벽 휘하의 동학도들은 자연스럽게 접주의 권위를 인정하고 지휘에 따르는 전형적인 지역연합적 모습으로 이해할 수 있다. 동학의 연원 제도는 스승과 제자의 관계와 같은 것으로 교주와 대접주, 대접주와 접주 그리고 접주와 도인 사이의 관계를 설정해 주는 것으로, 이는 철저한 상하관계로 이루어진 동학 조직의 불문율이었다. 따라서 한 도인이 연원에 속했다는 것은 연원주의 지시나 지휘에 복종한다는 것을 의미하므로 당시 조재벽 접주의 연원에 속한 옥천 지역의 동학도들은 그의 휘하에서 그의 명령을 따랐을 것이다.

동학군은 금산읍을 점령하고 나서 일체 살상은 하지 않았으며 다만 악질 관리들을 응징하는 선에서 그쳤다. 이때 금산군수는 민영숙(閔泳肅)으로 동학군에게 해를 입지 않은 것 같다. 금산읍을 점령한 동학군은 『금산군지』에는 실린 바와 같이 "호적 문서와 각종 기물을 불사르고 서리들의 가옥을 파괴"하는 데 그쳤다. 호적 문건을 불사른 것은 노비 문건을 없애 버리기 위해서이다. 동학군이 내세운 일차 목표는 신분제 타파였으므로 노비 문건을 없애려는 것은 너무나 당연한 일이다.

그런데 〈정공순의비(鄭志煥殉義碑)〉에는 "갑오년 봄에 동학이 난리를 일으켰는데 … 적은 처음 제원역을 점거하였다. 군(君, 정지환)은 군민을 규합하여 바로 김제룡(金濟龍) 등과 같이 몰아냈다"[34]고 하였다. 또한 『일성록』 3월 23일자에는 당시 군수였던 민영숙의 보고에 "동학도소라 칭하며 통문을 보내왔다. 모인 자가 근 천명에 이르렀는지라 이미 저들의 소원하는 바를 우리 고을에서 바로잡아 줄 것임을 소상히 효유하고 되돌려 보낸다는 뜻으

34 『동학난기록』「정공순의비(鄭志煥殉義碑)」

로 별도의 제음(題音)을 보냈다"[35]고 하였다. 이것을 보면 동학군은 군수를 포함해 그 누구도 해치지는 않았던 것으로 보인다.

한편 『금산피화록』에는 "3월 초에 보부상 김치홍(金致洪), 임한석(任漢錫), 사인 정두섭(丁斗燮)이 힘을 모아 막아 지킴으로써 참혹한 화를 간신히 면하게 되었다"[36]고 하였다. 그리고 정숙조(鄭翻朝)의 순의비문(殉義碑文)에도 "적을 막으려 의를 일으켜 공(鄭翻朝)을 주맹(主盟)으로 추대하여 좁은 목을 나누어 방어하였다"[37]고 하였다. 이것으로 미루어 금산에는 동학군이 들어가지 못한 것으로 되어 있다. 그러나 이 비문들은 그들의 공적을 높이기 위한 글이라는 점을 고려하여 판단할 필요가 있다. 그중 정숙조의 비문 내용은 9월 이후의 상황을 말한 것이다.

금산 지역 초기 기포 상황을 보면 금산읍뿐만 아니라 용담현도 공격하였다. 『동학당정토약기』에 용담현령(龍潭縣令) 오정선(吳鼎善)의 증언이라 하여 "동비(東匪)가 봉기하여 먼저 금산과 용담을 습격하자 … 쫓아내려 했으나 중과부적으로 위급한 지경에 이르렀다가 일단 격퇴하였다"고 하였다. 이것으로 미루어 금산읍을 점령한 동학군 일부는 용담현으로 가서 관아를 공격했음을 알 수 있다. 즉 현령 오정선(吳鼎善)은 중과부적임을 알고 동학군과 타협하여 대결을 피했으며 그러자 동학군은 며칠 후 물러났던 것이다. 이것을 "위급한 지경에 이르렀다가 격퇴하였다"고 표현한 것으로 본다.

금산 제원역에서 기포한 동학군은 금산관아와 용담읍을 점령해 자신들의 요구를 관철시킴으로써 해산하였다. 그러나 10여 일이 지나자 보수 세력

35 『일성록』, 고종 31년 3월 23일조.
36 『금산피화록』
37 「정숙조(鄭翻朝)의 순의비문(殉義碑文)」

들은 동학군의 근거지인 진산 방축리를 공격하여 보복전을 감행하였다. 보부상 우두머리인 김치홍과 임한석이 인근 고을의 보부상들을 모으고 군민 천여 명을 동원하여 4월 2일 방축리를 공격하였다. 『수록(隨錄)』[38] 영기조(營寄條)에는 "4월 2일 신시(申時)에 금산군 행상(行商, 褓負商) 김치홍과 임한석은 읍민과 행상 천여 명을 이끌고 곧바로 진산 방축리로 달려가 동학도들을 공격, 114명을 육살하였다"[39]고 한다.

황현(黃玹)도 "금산의 행상 우두머리인 김치홍, 임한석 등이 상인과 고을 백성 천여 명을 인솔하여 진산에 있는 적을 공격하여 114명을 베어 죽였다"[40]고 하였다. 김윤식(金允植)은 "금산 백성과 보부상 5~6백 명이 동학당을 공격하여 100명을 살상하였다 하더라"[41]고 하였다. 그리고 이단석(李丹石)은 "4월에 금산군수가 동학도를 많이 죽였다."[42]고 하였다.

교중의 『김낙봉이력』과 『동학사』에도 같은 내용이 기록되었다. 부안에서 청산으로 신사를 찾아갔다 돌아오는 길에 진산 방축점에서 일박하고 4월 1일 아침에 떠난 김낙봉은 다음날 "금산 포군(砲軍)에게 (진산 동학군이) 함몰당하였다"[43]는 말을 들었다고 하였다. 오지영의 『동학사』에는 "갑오 춘(春)에 이병춘(李炳春, 任實接主)이 진산 접전에 참가하였다가 사로잡혀 총살될 뻔한 일이 있었다"고 하였다. "옆 사람이 총에 맞아 쓰러지자 함께 쓰러

38 『수록(隨錄)』 갑오년 4월 초5일조(『동학농민혁명국역총서』 3, 9-10쪽).
39 위의 책.
40 황현, 「수필」, 『오하기문(梧下記聞)』; 김종익 옮김, 역사비평사, 1994.
41 『속음청사』.
42 『동학농민전쟁자료총서』 2, 「時聞記」.
43 『김낙봉이력(金洛鳳履歷)』.

져 … 살아났다”[44]고 하였다.

기습을 받아 상당한 피해를 입은 진산 동학군은 곧 보복할 준비에 들어갔다. 『수록(隨錄)』에 4월 3일자 금산 공형(錦山公兄)의 보고에 “수천 명이 방금 진산 방축리와 충청도 옥천 서화면에 모여 금산읍에 돌입, 생령들을 도륙하리라는 풍설이 낭자하다”[45]고 하였다. 금산군민은 이 소식을 듣고 공포에 떨었다. 그러나 보복전은 일어나지 않았다. 진산 동학군은 전봉준 동학군과 합류하기 위해 떠나야 했으므로 금산 보수 세력을 보복할 여유가 없었던 것이다. 이후 금산을 중심으로 한 조재벽포는 동학농민혁명에 적극 참여하여 황토현 전투와 전주성 입성까지를 호남의 동학군들과 함께했다.[46] 즉 옥천 지역의 동학도들은 동학농민혁명의 1차 기포에서부터 꾸준히 참여하고 있었다고 판단된다.

Ⅳ. 청산기포와 동학농민혁명

호남지방을 중심으로 전개된 1차 동학농민혁명에 옥천 지역의 동학도들의 참여가 어느 정도 규모인지는 정확히 알 수 없다. 다만 동학 조직의 특성

44 오지영, 『동학사』.

45 『수록(隨錄)』 갑오년 4월 초5일조(『동학농민혁명국역총서』 3, 9-10쪽).

46 황토현 전투에서 ‘負商’이라는 붉은 도장이 등에 찍힌 자를 끝까지 쫓아가서 죽였다는 기록(황현, 「수필」, 『오하기문』; 김종익 옮김, 역사비평사, 1994, 80쪽. “보부상으로 붉은 도장을 찍은 것을 등에 붙인 사람들만 끝까지 따라 잡아 어금니를 악물고 칼을 휘두르는 폼이 마치 사적인 원수를 갚듯이 하였다.”)이 있는데, 이는 아마도 금산 지역 동학군이 보부상들에 의해 저질러진 방축리 학살에 대한 보복으로 판단된다.

상 조재벽포에 속했던 옥천과 청산의 동학도들은 갑오년 3월 금산기포에서부터 꾸준히 참여했을 것으로 추정된다.[47] 실제로 동학농민혁명 참여자 기록에도 다수의 옥천 지역 출신의 동학도의 이름이 등장한다. 그러나 본격적으로 옥천 동학이 등장하는 것은 9월 18일 총기포령 이후라고 할 수 있다.

해월 최시형이 갑오년 1월의 고부기포 소식을 들은 것은 청산의 문바위골에서 각 지방에서 올라온 접주들을 상대로 『동경대전』과 『용담유사』를 강론하고 있던 때였다.[48] 고부에서 전봉준이 봉기하였다는 소식을 전한 이는 부안의 김낙봉(金洛鳳, 부안대접주 金洛喆의 동생)이다.[49]

그러나 김낙봉은 전봉준의 기포를 '부친의 원수를 갚기 위한' 것으로 인식하고 이를 그대로 해월에게 보고하여 동학농민혁명 초기의 해월과 전봉준 사이의 괴리감이 형성되는 데에 일조하였다. 이는 해월 최시형이 전봉준

47 참여자 기록에 따르면 옥천 출신의 장명용(張命用, 성찰), 이관봉(李寬奉), 이오룡(李五龍, 포군), 이대철(李大哲, 利原驛 省察), 이판석(李判石, 접주), 배순안(裵順安, 접주) 고덕현(高德賢, 오정동 접사), 고경일(高敬一, 포군), 고원행(高遠行, 접사) 등이 기포하여 전라도 금산 진산을 공격하는 데 앞장섰으며, 이들은 공주성 전투를 치르거나 후방에 남아 있던 세력들은 옥천 이원역 등지에서 싸움을 벌였다. 이들 대부분은 1895년 1월 9일 관 진압군에 체포되어 옥천 오정동에서 총살되었다. 같은 날 같은 장소에서 영동 출신 동학농민군 박추호(朴秋浩, 성찰), 김태평(金太平, 성찰), 김철중(金哲仲) 김고미(金古味, 포수)도 함께 처형되었다. 이로 미루어 영동, 용산, 옥천, 청산 동학농민군은 동학농민혁명 초기에는 금산, 진산 공격에 앞장선 것으로 보인다. 채길순, 앞의 글, 62-63쪽 참조.

48 「天道教書」, 『新人間』, 통권 378호, 1980. 6월호, 79쪽.

49 「金洛鳳履歷」, 筆寫本, 3쪽 : 박맹수, 『崔時亨硏究』, 231쪽 재인용. "翌年 甲午春을 當하여 古阜郡 全琫準이가 其父親이 該郡守 趙秉甲이의 死한 事로 報讐하기 爲하여 民擾을 惹起하다가 不事如意하여 茂長郡居 孫華中을 運動하여 大亂이 將起할 機微를 見라고 心神이 悚惶하여 舍伯의 書簡을 奉하고 不日內 騎馬上去하여 大神師(최시형 : 필자주)를 靑山 文岩里에 拜謁하옵고 事由를 告達한대 大神師分付內의 此亦時運이니 禁止키 難하다."

에게 보낸 글에서도 나타나는데[50] 비록 '시운이 금지하기 어렵다'라고 하나 아직은 동학혁명을 일으킬 정도로 시기가 성숙되지 않았다고 판단하였던 것이다. 더욱이 해월 최시형은 이를 경계하고 교인들로 하여금 신중히 처신하라는 발문을 각 접에 보내 효유하기까지 하였다. 이는 교단의 최고 지도자로서 더욱이 1871년 영해교조신원운동 당시 뼈아픈 경험을 한 입장에서 당연한 처사였을 것이다. 갑오년 시기에 이르면 전국적으로 확고하게 자리잡은 동학교단의 위상과 그들의 종교적 자유를 위해 투쟁해야 할 해월 최시형에게 혁명적 거사는 너무나 위험한 사건이었다. 그는 교단의 조직은 물론 교도들의 생명을 보호하고 무엇보다도 스승인 수운 최제우가 자신에게 명령한 동학의 맥을 계승 발전시켜야 할 의무가 있었기 때문이다.

그러나 전봉준의 거사가 백산에서 본격화되고 여전히 전국의 동학도들에 대한 관의 탄압이 가중되는 상황에서, 더욱이 금산과 진산의 동학 기포 과정에서 발생한 방축리의 동학도 114명의 살육 소식은 해월 최시형의 인식을 변화시키는 계기가 되었다. 결국 해월 최시형은 그해 4월부터는 동학농민혁명에 대한 자중의 자세가 아닌 적극적인 참여를 독려하는 기포의 자세로 돌아선다.[51] 호남의 동학도들 역시 교주의 명령없이 전적으로 자의적 판단에 따라서 기포하고 싸움터로 나갔다는 것도 설득력이 부족하다. 특히

50 「天道教書」, 『新人間』, 통권 379호, 1980. 7월호, 72쪽. "父의 讐를 報코자 할진대 마땅히 孝할지요, 民의 困을 極코자 할진대 마땅히 仁할지라. 孝의 所感이 人倫이 可明이요 仁의 所推에 民權을 可復이니라. 더구나 經에 云한바 玄機를 不露하고 心急히 말라 하였나니 是는 先師의 遺訓이시라. 運이 아직 未開하고 時 또한 未定하였나니 妄動치 勿하고 眞理를 益究하여 天命을 勿違하라."

51 이 내용은 기존의 1차 기포 과정에서 그가 보수적 사고를 가졌다는 잘못된 견해에 크게 반대되는 주장이다. 여기에 대해서는 향후의 과제로 남겨둔다. 다만 당시의 관변기록과 일본군의 기록 등에 대한 보다 엄밀한 고증이 필요하다고 본다.

접주인 전봉준과 달리 손화중같이 대접주의 위치에 오른 지도자의 입장에서 교주의 의견을 무시하고 개인적 행동을 했다고는 볼 수 없다.

여하튼 1차 기포가 전주화약을 계기로 해산됨으로써 이 문제는 수면 아래로 내려갔다. 그러나 그해 9월 호남에서는 추수가 끝나고 사태를 예의 주시하던 전봉준 등은 일본의 침략행위가 본격화됨에 이를 바로잡고 보국안민을 실행할 힘은 오로지 동학뿐이라고 생각하고 2차 기포에 나섰다. 더욱이 화약을 깨고 조정은 9월부터 일본군과 연합하여[52] 대대적인 동학군 토멸작전을 전개했다. 서울에서 서로, 중로, 동로로 나누어서 관군과 일본군은 동학도들을 무차별적으로 탄압하였다.[53] 특히 토벌 노상(路上)에 자리한 경기도 용인 · 안성 · 장호원 등지와 충청도 진천 · 괴산 · 음성 등지의 교인들은 토벌대에 쫓기어 최시형이 있는 청산으로 몰리기 시작하였다. 동학도들

52 『주한일본공사관기록』 1, 147-148쪽. 관군과 일본군은 동학군에 대한 토멸작전을 할 때 전체 병력을 세 갈래로 나누어 진행하였는데 보병 일개중대는 서로(西路), 즉 수원 천안 공주를 경유 전주부 街道를 전진하여 은진 여산 함열 부안 만경 금구 고부 흥덕 방면을 엄밀히 수색하고 나아가 영광 장성을 거쳐 남원으로 향하였으며, 또 보병 일개 중대는 중로(中路), 즉 용인 죽산 청주를 경유하여 성주 街道로 전진하며 청안 보은 청산 지방을 엄밀 수색한다. 마지막 보병 일 개 중대는 동로(東路), 즉 가홍 충주 문경 및 낙동을 경유 대구부 街道로 전진하여 특히 좌측은 원주 청풍 우측은 음성 괴산을 엄밀히 수색한다. 이상의 세 갈래 방면으로 동학군을 압박하여 진압하였다.

53 『주한일본공사관기록』 1, 153-156쪽 참조. 동학당 진압을 위한 파견대장에게 내리는 훈령에 따르면 그 내용은 다음과 같다. 첫째, 동학당은 현재 충청도 충주, 괴산 및 청주 지방에 군집해 있으며, 그 밖의 나머지 동학당은 전라도, 충청도 각지에 출몰한다는 보고가 있으니, 그 근거지를 찾아내어 이를 초절(剿絶)하라. 둘째, …(중략)… 조선군과 협력, 연도에 있는 동학당을 격파하고 그 화근을 초멸하므로써 동학당이 재흥하는 후환을 남기지 않도록 해야 한다.…중략…. 셋째, …중략… 만일 비도들을 강원도와 함경도 쪽, 즉 러시아 국경에 가까운 곳으로 도피케 하면 적지 않게 후환이 남을 것인 즉 엄밀히 이를 예방한다…하략….

에 대한 탄압 소식을 접한 해월 최시형은 다음과 같은 초유문(招諭文)을 발표하고 교도들을 청산의 문바위골로 모이도록 했다.

> 주역(周易)에 이르기를 '대재(大哉)라 건원(乾元)이여 만물(萬物)이 자시(資始)하고 지재(至哉)라 곤원(坤元)이여 만물(萬物)이 자생(資生)이라' 하니 사람이 그 사이에 만물(萬物)의 영(靈)이 된지라. 부모(父母)는 낳고 스승을 가르치고 임금은 기르나니 그 은혜(恩惠)를 갚는 데 있어 생삼사일(生三事一)의 도(道)가 있는 것을 알지 못하면 어찌 사람이라고 이를 수 있겠는가. 선사(先師)께서 지나간 경신년(庚申年)에 천명(天命)을 받아 도(道)를 창명하여 이미 퇴폐한 강상(綱常)을 밝히고 장차 도탄에 빠진 생령(生靈)을 구(救)하고자 하더니 도리어 위학(僞學)이라는 지목(指目)을 받아 조난순도(遭難殉道)하였으되 아직도 원통함을 씻지 못한 것이 지금까지 31년이라. 다행이도 한울이 이 도(道)를 망(亡)케 하지 아니하여 서로 심법(心法)을 전하여 전국을 통(通)한 교도(敎徒)가 10만(萬)인지 알 수 없으되 사은(四恩)을 갚을 생각은 없고 오로지 육적(六賊)의 욕(欲)을 일삼으며 척화(斥和)를 빙자하여 도리어 창궐(猖獗)을 일으키니 어찌 한심(寒心)하지 않으리오. 돌아보건대 이 노물(老物)이 나아가 70에 가까운지라. 기식(氣息)이 엄엄(奄奄)허되 전발(傳鉢)의 은혜(恩惠)를 생각하면 눈물이 옷깃에 차는 것을 견디지 못하여 어찌할 바를 모르겠도다. 이에 또 통문(通文)을 발(發)하노니 바라건대 여러분은 이 노부(老夫)의 마음을 양찰(諒察)하고 기필코 회집(會集)하여 비성(菲誠)을 다하여 천위주광(天威紸纊)의 아래 크게 부르짖어 선사(先師)의 숙원(宿寃)을 쾌히 펴고 종국(宗國)의 급난(急難)에 동부(同赴)할 것을 천만(千萬) 바라

노라.[54]

최시형의 초유문을 받고 청산 문바위골에 모인 손병희, 손천민 이하 주요 대두목들은 오지영으로부터 호남의 정세를 듣고 최시형에게 거의(擧義)하기를 권하였다. 이에 대해 최시형은 "이 또한 천명(天命)에서 나온 바이니 누가 옳고 그름을 과히 탓하지 말라"[55] 하고 이어서 "인심(人心)이 천심(天心)이다. 이것이 천운소치(天運所致)니 군등(君等)은 도인(道人)들을 동원하여 전봉준과 협력해서 사원(師冤)을 펴며 우리 도(道)의 대원(大願)을 실현하라"[56]고 당부하였다.

계속해서 최시형은 각 포(包) 두령에게 "지금 도인된 자 앉으면 죽고 움직이면 살 것이니 다 같이 용기를 내어 나가 싸우라"[57] 하며 친히 통령기(統領旗)를 손병희에게 주면서 혁명 대열에 참가하도록 하였다. 통령기를 받은 손병희는 행군하기 전에 치성식(致誠式)을 지냈는데 제단을 설치한 후 첫잔은 통령 손병희가, 다음 잔은 영장 임정제(任貞宰)가, 축문은 참모 손천민, 봉향(奉香)은 이관영(李觀永), 봉로(奉爐)는 이원팔(李元八), 장령에 이종옥(李鍾玉,鍾勳)·신택우(申澤雨)·정경수·조재벽·장건회·박용구·이상옥·신재련(辛在璉) 등의 두령이 차례로 참석하여 치성 맹약을 하였다.[58] 치성식에 조재벽이 장령의 두령으로 참여했다는 사실은 여전히 옥천 동학을 이끄는

54 「天道教百年略史(上)」, 천도교중앙총부 교사편찬위원회, 1981, 250쪽.
55 위의 책, 251쪽.
56 『天道教創建史』, 천도교중앙종리원, 1934, 65쪽.
57 『天道教百年略史(上)』, 천도교중앙총부 교사편찬위원회, 1981, 251쪽.
58 성주현, 「동학농민혁명에 대한 해월 최시형의 인식과 역할」, 『해월신사순도 120주년 옥천학술대회』, 2018, 발표 논문 참조.

지도자로서의 조재벽의 위치를 알려준다.

청산 문바위골의 총기포령은 그대로 전국의 동학들에게 전파되어 본격적으로 동학농민혁명이 전국화되었다. 옥천은 해월이 명령을 내린 장소로 삽시간에 전국 동학농민혁명의 총본부가 된 셈이다. 그동안 호남지방, 호남과 경계한 경상도 일대와 충청도 일대에 국한됐던 동학농민혁명이 본격적으로 호남, 영남, 충청 할 것 없이 일치단결된 모습으로 총동원된 것이다. 특히 청산 문바위골은 동학도들의 집결지가 되었다. 이 지역에서도 옥천의 접주이자 옥의대접주인 박석규와 청산 접주 박원칠(朴元七)이 중심이 되어 동학도를 모았다.[59]

당연히 옥천 지역의 동학도들은 말할 것도 없이 인근 지역인 금산, 진산, 영동, 단양 상주 등지의 동학도들은 청산으로 집결하였다. 이로써 '작은 장안' 청산과 보은 장내리는 충청, 경상, 경기, 강원 지역에서 온 동학농민군으로 들끓었다. 한곡리 저수지 위 갯밭은 동학농민군이 호남의 동학농민군과 논산으로 합류하러 가기 전까지 군사훈련을 했다고 전한다.[60] 그러나 청산은 위치상 수많은 동학도들이 모일 장소가 못되었다. 따라서 호남의 동학도들은 삼례로 집결하고 나머지 지역의 동학도들은 보은으로 집결하게 되었다.

손병희 휘하의 주력부대는 충주의 황산으로 1차 집결하였다. 이때 집결한 포는 "광주의 이종훈(李鍾勳) 염세환(廉世煥), 황산의 이용구(李容九), 충주의 홍재길(洪在吉)과 신재연(辛載淵), 안성의 임명준(任命準), 정경수(鄭璟洙),

59 박석규은 청주성 전투와 용산전투 그리고 충주 무극전투에 참여하였고 청주 병영에서 처형되었다. 박원칠은 광화문복합상소에 소수로 참여할 정도로 청산 동학의 중심인물이었으며, 특히 지역적으로 청산의 접주이므로 해월이 거주하고 있던 문바위골을 후원하고 호위하였다. 용산전투와 충주 무극전투 이후 생사를 알 수 없다.

60 채길순, 앞의 글 참조.

양지의 고재당(高在堂), 여주의 홍병기(洪秉箕), 신수집(辛壽集), 원주의 임학선(林學善), 이화경(李和卿), 임순호(林淳灝), 이천의 김규석(金奎錫), 전일진(全日鎭), 이근풍(李根豊), 양근의 신재준(辛載俊), 지평의 김태열(金泰悅), 이재연(李在淵), 횡성의 윤면호(尹冕鎬), 홍천의 심상현(沈相賢), 오창섭(吳昌燮) 등이라고 하였다."[61]

여기서 알 수 있듯이 황산에 집결한 지역은 경기도 남부와 동부 그리고 강원도 서부지역과 충청도 충주 인근 지역이다. 즉 그동안 동학농민혁명에 참여했던 옥천군의 동학군은 황산 집결에는 참여하지 않은 듯하다. 이는 2차 기포 시에는 주력 동학군과 별도로 각 지역의 수비 내지는 지역에서의 여전한 관의 탄압에 대응하기 위하여 지역에 잔존한 동학군도 상당수에 이르렀고, 옥천 동학도 후자의 경우인 듯하다. 2차 기포는 전국의 동학도들이 동시에 움직이다보니 이동 중 발생할 필수적 물량 자원 확보의 어려움과 다가올 겨울에 대비해서 후방기지 구축의 의미도 있었던 것으로 판단된다.[62]

논산 소토산에서 호남의 전봉준 휘하의 동학군과 손병희 휘하의 동학군이 합류하여 동학의 연합 주력군이 형성되었고, 이들은 공주성 전투에서부터 함께하여 거대한 동학농민혁명의 불길을 이루었다.[63] 한편 청산 문바위골에서 전국의 동학도들에게 총기포할 것을 명령한 최시형은 옥천을 떠나

61 『天道敎會史草稿』. 이 명단은 『侍天敎宗繹史』, 『甲午東學亂』 등에 다양하게 나온다.

62 실제로 호남의 손화중은 무장을 거점으로 머물렀으며 장흥의 이방언도 올라오지 않았다. 이런 이유로 경상도의 예천과 문경 동학 그리고 경상도 남부지방의 대부분 동학도들과 강원도, 황해도 지역의 동학도들도 공주성 공격에는 참여하지 않았다.

63 청산접주 박원칠은 손병희와 함께 우금치 전투에 참여했다고도 하는데 지역적으로 청산의 접주인 그에게는 해월 최시형의 호위를 맡겼을 가능성이 크다.

임실군(任實郡) 이병춘(李炳春)의 집[64]에서 10여 일을 머물면서 혁명의 전세(戰勢)를 보고 받고 지휘하였다.[65] 최시형은 어느 날 "오(吾) 이기(異機)를 견(見)하였으니 도인(道人)을 견(遣)하여 갈담시(葛潭市)에 왕견(往見)하라"[66] 하여 이내 임실군 갈담으로 향하였다. 마치 공주성 공략에 실패할 것을 예상한 것처럼 갈담에서 기다리던 중 패퇴한 동학군과 조우해 이후부터는 손병희가 이끄는 동학농민군과 함께하였다.

옥천의 동학도 주력 동학군의 영향을 크게 받을 수밖에 없었다. 대부분은 옥천 사수를 위해 잔존했지만 여전히 조재벽포를 중심으로 한 충청도 남부 연합부대는 주력 동학군으로 참전했을 것으로 판단된다. 이는 옥천 지역에서 전개된 증약전투와 석정리전투, 양산장전투 등에서는 조재벽의 이름이 등장하지 않기 때문이다. 더욱이 관군의 기록에는 옥천의 동학군이 명백히 논산으로 향하고 있음을 확인해 주고 있기에, 그것은 조재벽포일 것이 틀림없다.

> 임금께 아뢰기를, 지금 출진 영관(出陣領官) 안성군수 홍운섭의 첩보를 보니, '지난 10월 2일에 후원 영관(後援領官) 구상조와 함께 군대를 인솔해서 공주 효포(孝浦)를 방어하였습니다. 비도(匪徒) 전봉준이 옥천 비도와 대

64 「天道敎書」에는 李炳春家로, 『天道敎百年略史』에는 梁景寶家로 기록되어 있다.

65 해월 최시형이 임실 지역에 머문 것은 임실 지역의 동학 세력과 관련이 있는 듯하다. 이 지역의 동학 세력은 해월 최시형으로부터 직접 교화를 받은 곳으로 1차 동학농민혁명 당시 기포하였던 곳이다. 임실 지역 동학 세력은 1894년 3월 25일 기포하여 최승우, 김영원의 지휘 아래 임실 관아에 집강소를 설치하고 6개월 동안 통치하였다.(『천도교임실교구사』, 16-17쪽)

66 「天道敎書」, 『新人間』, 통권 379호, 1980. 7월호, 74쪽.

교(大橋)에서 회합한다고 하기에 그 소문을 듣고 진군했더니, 숲과 산기슭에 집결해서 깃발을 세우고 둘러싼 것이 거의 수만 명이 되었습니다. 몰래 배후에서 숲에 기대어 있는 적을 급습하여 포를 쏘아 20여 명을 죽였고, 6명을 사로잡았으나 마침 날이 저물어서 공주에 주둔하였습니다. 위에서 말한 6명[사로잡은 비도]은 목을 베어 사람들을 경계하였고, 군물(軍物)은 성책해서 올려보내겠습니다.'라고 하였습니다. 군물은 특별히 별단(別單, 주본(奏本)에 덧붙이는 문서나 명부)을 갖추어 들이도록 감히 아룁니다.[67]

손병희가 떠난 뒤에 지역 방어를 위해 남았던 옥천 청산의 동학농민군은 관군과 일본군의 또 다른 공격 대상이 되었다. 공주 우금치 전투가 한참 진행중인 10월 29일 옥천군 군북면 증약리 일대에서는 증약전투가, 11월 5일에는 청산 석성리 싸움이 그리고 11월 8일에는 양산장터 싸움이 벌어져 옥천 청산 일대는 전화(戰禍)에 휘말리게 된다.

증약전투(增若戰鬪)는 호서·호남의 동학농민연합군이 공주성을 함락하기 위해 전력을 다하고 있던 10월 29일, 옥천군 군북면 증약리 일대 마달령 환산 식장산의 산간 협곡에서 호서 동학농민군 1만여 명이 옥천을 출발하여 회덕(대전) 방면으로 북진하던 중이었다. 이를 안 일본군 후비보병 19대대 3중대 지대와 조선 교도중대는 동학농민군을 포위 공격하여 동학농민군 110여 명을 살상한다. 일본군은 증약에 머물며 지역에 남아 있던 동학농민군 소탕작전을 벌인다. 당시 일본군의 기록에 "동학농민군 약 6만 여 명이 옥천에 모여 있고, 일본병 2개 소대 급이 선발대로 그저께 증약역에 진을 치

67 동학농민혁명기념재단 편역, 『동학농민혁명 신국역총서 6』「갑오군정실기 2」,23쪽.

고 주둔하고 있다."고 했다. 동학농민군이 증약전투에서 많은 희생을 당했지만, 증약에서 전투를 치른 동학농민군은 북상하여 문의를 거쳐 청주 방면으로 진출하면서 일본군 지대를 격파하는 전과를 올렸다. 동학농민혁명사에서 증약전투는 공주 우금치에서 합류하려던 일본군과 관군의 계획에 타격을 입혔다는 데 의의가 있으며, 충청 동남부 지역의 동학농민군의 주요 근거지 공격을 지연시켰을 뿐만 아니라, 당시 지역에 남아 있던 동학농민군을 보호하는 데 큰 역할을 했다고 할 수 있다. 증약전투에 1만여 동학농민군이 참가하였으며, 옥천 읍내에 5만-6만 명의 손병희 휘하의 동학농민군이 집결했다. 이 같은 사실로 보아 증약전투는 동학농민혁명사에서 주목할 만한 규모의 전투라고 할 수 있을 것이다.[68]

증약전투에 대해서는 교도 중대장(教導 中隊長) 이진호(李軫鎬)의 첩보로 확인된다.

> 11월 5일에 증약역(增若驛)에서 진군하여 옥천읍(沃川邑)에 도착했습니다. 중도에 사로잡은 5명의 비류와 접주 중에 봉교(奉教) 염유갑(廉有甲)과 중정(中正) 박성권(朴聖權) 및 조백길(曺伯吉) 등 3명은 쏘아 죽였고, 이덕수(李德秀)와 조방재(趙防齋) 등 2명은 일본군 대대장이 서울로 압송해 갔습니다. 장차 비도들이 집결한 곳으로 진군해서 적을 추격하려 하나 군수(軍需)가 부족하여 배고픔과 추위를 면할 수가 없습니다. 앞으로 적을 토벌하는 것은 기대하기가 어렵습니다. 행군하는 일은 일본군 사관(士官)의 지휘를 따르고 있고, 지금 몇만 명인지 알 수 없는 저들은 황간(黃澗) · 영동(永同) ·

68 채길순, 앞의 글 참조.

청산(靑山) 등에 모여 있습니다. 다만 교도병 50명으로 적을 격파하라고 지휘하여 명령을 내었기에 매우 걱정스럽습니다.[69]

이를 미루어 보아 옥천 동학군은 비록 인명의 손실은 보았지만 관군과 일본군에게도 두려운 존재였다고 사료된다. 이들은 후환을 고려해 옥천과 청산 등지에서 동학군이 사용하거나 모아둔 화약 등을 처리했다는 보고도 하고 있다.[70] 한편 증약전투가 벌어진 뒤인 11월 5일에는 3만 명의 동학농민군과 일본군 3중대 및 관군이 청산 석성리에서 접전했다. 청산현 석성리는 포전리(거포리, 현 충북 옥천군 청성면 화성리 295-1)와 접경지로, 이 부근에 김연국 대접주의 거점이 있었다.

이어 11월 8일에는 양산장터 싸움이 벌어졌다. 교도중대장 이진호의 첩보에 "11월 5일에 정탐하기 위해 파송한 대관(隊官) 이겸제(李謙濟)가 병정 1개 부대를 이끌고 각 읍에 나아갔는데, 청산(靑山) 석성리(石城里)에 도착하여 저 동도 수천 명과 한바탕 접전하여 40여 명을 죽였습니다. 11월 8일에 금산으로 회군할 때는, 옥천의 양산장(梁山場)에 이르러 또 저 몇 천 명인지 알 수 없는 동도들과 맞닥뜨려 50여 명을 죽였습니다."[71]라는 기록으로 미루어 당시 청산 석성리 전투와 양산장터 싸움의 규모를 짐작할 수 있다. 위와 같은 사실로 당시 옥천-청산 지역 동학농민군이 치열한 전투를 벌여 상당한 인명 피해를 입은 사실을 짐작할 수 있다. 옥천 지역의 동학농민혁명도 여

69 동학농민혁명기념재단 편역, 『동학농민혁명 신국역총서 6』「갑오군정실기 4」, 76-77쪽.

70 위의 책, 86쪽, 이진호는 정원준(鄭元俊)이라는 비도(동학)의 접주를 옥천 동장(東場)에서 쏘아 죽였다는 보고도 함께 하고 있다.

71 위의 책, 191쪽.

느 지역에 못지않은 희생과 고통이 뒤따른 것이다.[72]

한편, 태인에서의 전투를 마지막으로 전봉준 부대와 헤어진 손병희가 이끄는 호서동학농민군은 해월 최시형을 호위하여 소백산맥을 따라 북상하면서 장수, 무주, 영동, 황간, 용산, 청산, 보은으로 이동하는 동안 18차례의 전투를 치렀다. 특히 큰 승리를 거둔 전투는 영동의 용산(龍山)장 전투였다. 동학군은 용산장 전투를 이겨야만 옥천-청산을 지나 목적지인 보은에 도착할 수 있었다. 따라서 용산장 전투는 반드시 승리해야 하는 전투였다. 그런 만큼 관군과 일본군의 추적도 대단했다. 특히 용산전투에는 옥천의 민보군이 집중적으로 참여하고 있었다.[73]

용산전투는 퇴각하는 동학군과 이를 저지하려는 관군과 일본군 그리고 민보군까지 사력을 다한 전투였다. 그러나 이미 수차례의 전투 경험이 있는 동학군들은 미리 높은 고지를 선점하였고 또 압도적으로 많은 인원으로 대항하니 관군들이 상대하기가 어려웠다.[74] 이 전투에서 해월은 직접 진두지휘를

72 해월 최시형의 딸 최윤(崔潤)이 옥에 갇힌 시기도 이즈음으로 11월 6일 경 청산 지역이 관군에 장악된 이후였을 것으로 추정된다. 옥천군수가 아전인 정주현(鄭注鉉)에게 최윤을 데려다 살라고 주었다고 하는데 이 시기는 대략 1898년 해월이 체포되어 교수형에 처해진 이후로 볼 수 있다. 이들 사이에 태어난 아이가 옥천의 불세출의 음악인인 정순철로, 그가 태어난 해가 1901년이기에 이러한 추정은 가능하다.

73 다른 지역의 민보군 지도자가 대개 한두 명인데 비하여 옥천 민보군 지도자는 12명에 이른다.(김재빈(金在斌) 박주양(朴胄陽) 김규항(金圭恒) 김재소(金在韶) 김중현(金重鉉) 송병기(宋秉紀) 전맹호(全孟鎬) 김영희(金永禧) 민치용(閔致龍) 유형로(柳絅魯) 박성환(朴聖煥) 박정빈(朴正彬) 그만큼 옥천 고을의 양반 문화가 강했음을 보여주는 것이지만, 한편 또 상대적으로 동학도들이 많았다는 것을 보여주는 것으로, 이 지역 동학도들의 저항의식 역시 타 지역에 못지 않았다는 것을 반증한다.

74 영동 용산장 전투에 대해서는 신영우, 「북접농민군의 전투방식과 영동 용산전투」, 『동학학보』 제48호 참조 바람.

하니 군중(軍中)을 향하여 "한울님께 심고(心告)하고 일심(一心)으로 포위망(包圍網)을 뚫고 나아가면 탄환(彈丸)이 들지 않으니라."[75]라고 호령하였다.[76]

용산전투에서 패배해 청산의 대동(大洞)으로 퇴각한 관군과 민보군의 모습은 참담함 그 자체였다. 김석중은 관군이 "군복을 벗고 그 무기를 버려 각각 새나 짐승처럼 흩어지니, 적도는 패하여 도망하는 것을 쫓고 그 뒤를 따라 전진하여 마침내 청산을 함락하였다."고 호된 말로 표현하였다. 손병희 휘하의 동학군은 경군 병대가 포함된 진압군과 싸워서 오랜만에 승리했다는 만족감을 갖게 되었다. 그때까지 무기가 빈약했고 수가 적었던 무주의 민보군과 만나 물리친 것을 제외하면 보은과 영동의 집결지에서 출진한 이후 처음으로 상대방과 싸워서 퇴각시켰던 것이다. 동학군은 용산에서 내려와서 북상하였다. 그 노선은 김석중이 기록한 것처럼 청산 읍내를 거치는 것이었다. 최시형은 청산 읍내로 들어가기 전에 문암리의 거처를 찾아갔지만 동학교단의 본부 역할을 했던 집은 불에 타 버렸다.[77]

동학군은 청산을 떠나 목적지인 보은으로 향했다. 그러나 보은의 종곡마을에서 다시금 큰 패배를 하고 이어 음성 되자니에서의 전투를 끝으로 해산하여 재기를 도모하였다. 그 재기의 길은 멀었지만 결국은 승리하는 길로

75 「天道教書」, 『新人間』, 통권 379호, 1980. 7월호, 74-5쪽.

76 이 부분을 두고 해월 최시형이 손병희에게 넘긴 지휘권을 넘겨받아 총괄 지휘한 것이라는 주장도 있다(성주현, 앞의 글). 실제로 일본군의 기록에는 동학군의 최고 지도자로 최법헌이 있음을 명기하고 있었다. 『주한일본공사관기록』 6, 69쪽.

77 신영우, 위의 글, 100쪽. 11월 8일에 구와하라 에이지로(桑原榮次郎) 소위가 지휘하는 일본군 철로실측대의 호위병이 기습해서 문서를 탈취한 뒤에 불을 지른 것이다. 구와하라 소위는 후비보병 제19대대에 소속된 소대장으로서 조선에 파견된 후 철로실측대의 호위대를 지휘하였다. 경상도 상주에서 보은을 거쳐 문의와 청주로 북상하는 노선을 실측하고 있던 시기에 동학교주 최시형의 거처를 알게 된 즉시 기습을 했던 것이다.

가는 과정이었다. 동학농민혁명은 여전히 진행형이기 때문이다.

Ⅴ. 청산기포의 의의

갑오년의 9월 18일은 각별한 날이다. 그해 1월부터 시작된 동학혁명은 전주화약을 끝으로 일단 해산되었다. 그리고 전라도 지역을 중심으로 각 고을마다 집강소가 설치되는 등 이른바 조선판 풀뿌리 민주주의가 실현되었다. 그러나 문제는 밖으로부터였다. 즉 동학혁명의 발발에 자국민 보호를 명목으로 들어온 조선 조정의 철병 요구를 묵살하고 일본군은 오히려 경복궁을 점령하고 청나라에 시비를 걸어 청일전쟁을 일으켰다. 그리고 고종을 억압해 갑오개혁을 단행하고 있었다. 조국을 위해 일어난 동학혁명이 오히려 외세를 끌고 들어온 셈이 되었다. 이에 자극된 동학도들은 다시금 기포를 준비하였다.

그러나 이번에는 1차 기포처럼 최고 존엄인 법헌(동학의 최고 지도자인 해월 최시형에 대한 동학도들의 높임말이자 공식 명칭)의 명령에 어긋나지 않아야 했다. 그래서 무수히 많은 건의가 해월이 있던 청산으로 집결되었다. 1893년 7월에 상주 왕실에 은신중이던 해월을 청산현 문바위골 김성원의 집으로 이사한 것은 이 지역의 접주인 조재벽이 주선한 것이었다. 조재벽은 1887년 입도하여 해월의 뜻에 따라서 처음에는 옥천, 영동, 청산 지역에서 포덕하다가 1890년경부터 금산, 진산, 고산, 용담 지역으로 그 영역을 넓혀온 충청도 지역의 대표적인 접주이다. 그는 1983년 1월 광화문에서 전개한 교조신원운동에 참여하였고 동학혁명 당시에는 충청도 남부 지역을 대표

하는 접주로 이름이 있는 명망가였다.[78]

1차 혁명 당시 해월은 많은 우려 속에서 점진적 동의를 보내고 그리고 참여를 독려하기까지 했다. 그러나 그 해 9월 들어서 일본의 침략이 더욱 노골화되자 더이상은 참을 수 없었다. 그래서 그는 드디어 9월 18일 총기포령을 내린다. 9월 18일 해월 최시형은 청산 문바위골에서 총기포령을 발하며 내린 초유문(招諭文)에서 '빠른 기일에 회집'하여 "선사(수운=최제우-필자주)의 숙원(宿怨)을 상쾌하게 풀어드리고 다 함께 나라의 급난(急難)에 달려가기를 천번 만번 바란다."고 하였다. 전국의 동학 포접(包接)이 기포해서 일본군의 경복궁 기습 점령과 국왕의 인질 상태, 그리고 내정 간섭으로 야기된 위기를 타개하라는 결단을 내린 것이었다. 이를 계기로 해서 동학혁명은 비로소 전라도 지역에 국한한 혁명이 아닌 전국적 혁명으로 확대된다. 경상도와 충청도, 경기도, 강원도, 황해도 심지어 평안도까지 전국의 동학도들은 해월의 명령에 의하여 일사분란하게 동원되었다. 이는 해월 최시형이 동학에서 차지하는 위상과 영향력을 극명하게 보여주는 사례이다.

이렇게 9월 18일은 동학농민혁명의 역사적 전개 과정에서도 상징적으로도 매우 중요한 일자이다. 그러나 그동안 이상할 정도로 관심을 받지 못했다. 이는 동학혁명의 이해와 조명이 지나칠 정도로 1차 기포에 집중함으로

78 조재벽은 동학혁명의 후반기인 1894년 12월 중순부터는 전라도에서 올라온 해월과 손병희가 이끄는 동학군과 영동에서 합류하였다. 영동의 용산전투에서 합류한 조재벽은 이후 12월 18일 보은의 북실전투를 치르고 12월 24일 음성의 되자니전투에서 최후의 항전을 마치고 분산하였다. 혁명 후 간신히 살아남아 1896년 1월에 강원도 치악산 수례너미로 찾아가 해월을 다시 만나게 되었고 여기서 손병희, 김연국, 손천민, 김현경과 같이 경암(敬菴)이란 도호를 받았다. 1897년 4월에는 이천 앵산동(利川郡 樹上里)에서 해월과 교리문답도 나누었으나(『해월신사문집』) 1897년 가을에 사망하였으며 그의 묘소가 어디에 있는지 알 길이 없다.

써 미처 2차 총기포의 의의를 주목하지 못한 데 있었다. 학자들뿐 아니라 각 지역의 관련 단체나 관련자들 역시 똑같았고, 심지어는 천도교단에서도 오랫동안 간과된 일자이자 지역이 되어 버렸다.

여기에 주목한 곳은 뜻밖에도 북한이었다. 필자가 동학민족통일회 사무총장으로 재직하던 2007년 북한의 천도교청우당과 교류하던 중 동학혁명에 대한 남북공동의 기념식 문제가 제기되었다. 당시 우리 측에서는 당연히 기념식은 천도교단이 오랜 기간 동안 진행해 왔던 백산대회 일자에 맞추자고 제의하였는데, 북측은 백산대회는 동학혁명 당시 북쪽과는 무관한 행사였다며 난색을 표명했다. 즉 북측의 동학도들도 함께 참여한 날에 하자며 제안한 일자가 9월 18일이었다. 곡절 끝에 2008년 최초의 동학혁명 남북합동기념식에 9월 18일을 기해서 열릴 수 있었다. 합동기념식은 이후 남북관계가 악화되는 2010년까지 지속되었다가 현재는 중단된 상태이다.

분명한 사실은 향후의 동학농민혁명 기념일은 남북이 함께해야 한다는 점이다. 민족통일이라는 과제를 앞에 두고는 우리는 구동존이(求同存異)의 정신이 절실하다고 할 수 있다. 즉 남북이 같은 영역을 기리고 차이가 나는 부분은 뒤로 미루자는 정신이다. 이에 남북이 함께 동의하고 또 함께 기념할 수 있는 몇 안 되는 기념일 중에 어쩌면 가장 많은 공통분모를 가지고 있는 기념식이 동학농민혁명 기념식일 것이다. 따라서 동학농민혁명 기념일이 남북의 뜻이 하나되는 일자로 완성된다면 민족통일에 또 다른 일조를 하는 계기가 될 것이다. 한반도 전체를 아우르는 동학농민혁명 기념일은 오늘날의 북한 지역의 동학군 후예들도 동의할 수 있는 날로 제정되어야 그 의의가 더욱 빛나고 값질 것이기 때문이다. 청산기포의 의의는 다음과 같이 정리될 수 있다.

첫째, 동학혁명의 전국화이다. 해월 최시형의 9월 18일 총기포령에 따라서 비로소 동학교단 전체의 총동원령이 내려졌다. 1차 기포 당시에는 해월 등 동학 지도부는 처음에는 전봉준이 '부친의 원수를 갚으려는' 개인의 원한에 의해 일어난 것으로 보고 있었다. 지방관의 탐학과 감영의 대응 미숙, 그리고 안핵사의 폭력 등 여러 문제로 발생했지만 결국 '보국안민'의 큰 기치 아래 참여한 수많은 동학 지도자와 입도자들을 고려하지 않은 비판이었다.

지도부는 '아직 때가 이르지 않았으니 기다려야 한다.'는 시각을 가지고 있었다. 이는 동학이 비록 국내적으로 사회변혁을 추진할 만한 역량을 갖추었다 하더라도 외세의 위력을 보면 나라의 위기를 극복할 만한 힘은 갖지 못한 상태였기에 아직은 때가 아니라는 인식이었다. 그러나 호남지방을 중심으로 봇물 터지듯 터진 1차 혁명을 막을 수가 없었다. 다행히 1차 동학농민혁명은 전주화약을 통해 마무리되어 큰 탈 없이 넘어갔다. 그러나 2차 총기포령은 차원이 다른 혁명이었다. 그동안 전라도 지역의 봉기에 일부 참여하고 있었던 경상도 남부지역과 충청도 남부지역은 본격적으로 참여할 수 있게 되었다. 그리고 전라도 지역의 혁명에 자극되어 있던 전국의 동학도들은 의분을 떨치고 일어날 수 있게 되었다. 1차 기포가 호남지방에 국한된 혁명이었다면 2차 기포는 비로소 전국적으로 일어난 혁명이었다.

둘째, 혁명성이다. 관리들의 탐학에 숨죽이고 살아야 했던 무지랭이 백성들이 총동원령에 따라 비로소 자신이 역사의 주체이자 주인공임을 만천하에 떨치고 일어서면서 동학농민혁명은 비로소 세계사적인 혁명이 되었다. 즉 전국의 동학도들은 똑같은 구호를 외치며 똑같은 기치를 들고 일사분란한 지휘 체계에 따라서 똑같은 이상세계를 향해서 돌진하였다. 이것이 동학농민혁명이 봉기나 난(亂) 그리고 전쟁이 아닌 진정한 혁명이 되기 위한 조건이 충족되는 장면이다. 분명 동학농민혁명은 반봉건의 기치를 높이 들고 일어섰기에 봉기적 요소가 담겨 있다. 그리고 일본의 간악한 침략에 대항하고 그들과 직접 치열한 전투를 전개했기에 전쟁적 요소도 담겨 있다. 그러나 이들 모두를 다 담아내기에는 혁명이라는 표현보다 더 적합한 말은 없다. 그래서 동학농민혁명이 혁명이 되는 충분조건을 충족시키는 2차 기포 즉 해월에 의한 총기포령에 의미가 부여된다고 할 수 있다.

셋째, 일원화된 동학조직의 일관성에 대한 확인이다. 해월의 총기포령 이후 여러 지역에서 접 조직이 무기와 군량을 확보하는 과정에 충돌사건이 벌어지게 되자 동학교단은 관아나 민간에서 일어나는 불법 행위를 금지시켰다. 이른바 해월에 의해서 내려진 금석지전(金石之典)이 그것이다. 오로지 동학 조직에서 통제하여 포교와 수도만 전념하라는 지침이었다. 기포령은 이전의 지침을 전면 전환한 것을 보여준다. 더구나 여기에는 신입 도인의 주장을 반영한 성격이 있다. 동학에 대거 들어와 교세를 확장시킨 사람들은 대부분 가난하고 배우지 못한 농민들이었고, 신분 차별과 조세 수탈의 주요 대상이던 상민과 천민이었다. 농민들이 수탈을 견딜 수 없으면 떼를 지어 관아에 들어가 항쟁을 벌였다. 해월의 총기포령은 동학과 농민을 결합시켰다. 동학농민혁명이 일어난 이후 관아는 무리한 조세 수취는 하지 못했다. 동학농민군은 양반들과 신분 투쟁을 벌였으며 노비들은 상전 댁에서 스스로 해방되어 나왔다. 경제 관행을 둘러싼 갈등으로 지주 부농과는 경제 투쟁을 벌였다. 이 과정에서 동학도라면 누구나 해월의 명령에 따랐다. 누구도 거역할 수 없는 권위를 가지고 있었다. 이는 체포된 뒤 전봉준 심문 과정이나 아니면 다른 지도자들의 심문 과정 곳곳에서도 그들이 철저하게 해월을 법헌이라 칭하고 숨기려 애쓰는 흔적에서도 검증된다. 이처럼 청산 기포령은 동학농민혁명이 해월 중심의 동학교단이 일원화된 체계 속에서 전개되고 있었음을 확인시킨다.

넷째, 통합성이다. 총동원령 이후 호남의 지도자들과 기타 지역의 동학 지도자들의 회합과 합류는 민족 통합의 상징적 모습이었다. 1차 기포 당시의 약간의 갈등은 바로 해소되었다. 해월은 총기포령을 내릴 때 반드시 전국 동학도들의 통합을 전제로 하였고 이들은 그것을 실천하였다. 총기포령으로 전국의 모든 동학도들은 일치 단결된 모습으로 혁명의 최전선에 임할 수 있게 된 것이다. 소위 남북접 갈등이라는 부풀린 이야기에 불과하며, 실제적으로 당시 동학은 해월 최시형의 명령에 따라 곧바로 하나가 되었으며 그것은 논산에서 호남의 동학군과 나머지 지역의 동학군이 합류함으로써 그대로 실천되었다. 혁명의 전 과정에서 그들은 단 한 번도 지휘 체계 혹은 지도 이념 등을 두고 갈등을 보이지 않았다. 오히려 그들은 서로가 서로를 위하고 아껴주는 정신으로 일관하고 있었다.

VI. 맺는 글

본 연구를 진행하는 과정에서 필자는 기존의 학설과는 다른 몇 가지 주장을 제기했다. 먼저 최초의 동학농민혁명 일자가 갑오년 3월 8일인 금산의 제원기포였다는 주장과, 둘째, 해월 최시형은 결코 고루한 보수주의자로 동학농민혁명에 반대했던 인물이 아니었다는 점, 셋째, 남접과 북접의 존재 여부와 갈등설에 대한 부인 그리고 최종적으로는 동학농민혁명의 전국화는 어느 시점으로 보아야 하는가 등이다. 연구 과정 중 어느 것 하나 만족할 만한 결과를 도출하지는 못했다는 것은 그만큼 동학농민혁명과 동학 그 자체에 대한 연구가 미진하고 또 아직도 여전히 연구되어야 할 부분이 많이 남았다는 방증이라고 할 수 있다.

동학농민혁명의 시작을 어느 날로 잡아야 하는가 하는 문제는 여전히 고

부기포냐 아니면 고부봉기냐의 문제가 정리되어야 하는데, 이에 더하여 금산기포를 주도한 서장옥과 조재벽에 대한 연구가 필수적임이 부각되었다. 옥천의 동학도들이 참여한 금산기포가 제대로 된 동학농민혁명의 최초의 시발점이라면 그들이 거사를 한 명분을 밝힌 포고문이 있어야 한다. 그리고 그것이 동학의 조직을 이용한 기포의 성격이 명확해야 한다. 해월 최시형이 과연 1차 기포에 무조건적인 반대자였는가 역시 다시 연구되어야 할 부분이다. 특히 그가 4월 초 통문을 돌려 청산에 교도들을 모이게 하여 충청도 일대의 관청을 공격하여 무기를 탈취하는 활동을 벌였다는 사실과 무장의 동학군에게 "기일 전에는 절대 함부로 동요하지 말고 지휘를 기다리라"는 통고를 4월 16일자로 보내기도 하였다는 사실 등은 새롭게 연구되어야 할 대목이다.[79] 아울러 학계에서 무비판적으로 사용하고 있는 남접과 북접이 과연 실제로 존재하였는지의 여부도 다시 규명되어야 한다. 남북접을 가장 먼저 사용한 오지영의 『동학사』는 『도원기서』가 발견되기 이전이라 오지영이 편의상 남접, 북접의 용어를 사용한 것이었다는 표영삼 선생의 주장에 주목할 필요가 있다. 과연 북접에 대비되는 남접이 존재하였다면 도대체 남접에 임첩을 준 인물은 누구이며 그는 왜 동학의 역사에 등장하지 않는가.

여전히 많은 의문이 남았지만 동학농민혁명이 전국화된 일자와 장소는 명확히 갑오년 9월 18일이고 장소는 옥천의 청산이었다. 그동안 주장되어 온 최초의 동학농민혁명 일자가 무장기포라는 이유 중 하나는 그들이 포고문을 전국에 돌렸기에 비로소 동학농민혁명이 전국화되었다는 점이다. 그러나 과연 무장기포의 포고문이 전국에 돌려졌으며 또한 전국의 동학군들

79 관련하여 『東匪討錄』과 『주한일본공사기록』 등에 대한 보다 심층적인 연구가 시작되어야 한다.

이 들고 일어났는가? 오히려 잘못된 정보였지만 동학의 최고 지도자인 해월 최시형은 반대하기까지 하였다. 그것은 명백히 전국화가 아니라 호남지역에 국한된 혁명이었다고 보아야 하지 않을까 싶다. 동학농민혁명이 전국화된 시점은 해월 최시형의 총기포령을 내린 때였음은 너무도 명백하다. 그 날을 계기로 그동안 숨죽이고 있었던 민초들이 동시에 똑같은 구호와 똑같은 이념으로 똑같은 지휘 체계하에서 일사분란하게 혁명의 대열에 동참했던 것이다. 오늘 우리가 동학농민혁명을 전국화, 세계화, 미래화라는 구호를 주장한다면 그 첫 단추인 전국화가 실현된 일자와 장소가 명확히 규정되어야 한다.[80] 충청도 옥천은 그 이름만큼이나 아름답고 신비로운 지역이다. 산과 들이 적절히 조화를 이루고 있으며 주민들 역시 무거운 입을 가졌기에 비밀리에 추진되었던 보은취회나 동학농민혁명의 전국화가 가능했다고 볼 수 있다. 옥천에서 1년 이상을 거주한 해월 최시형은 단 한번도 생명의 위험을 느끼지 않았고 또 서둘러 보따리를 메고 달아날 준비를 하지 않아도 되었다. 오히려 옥천은 해월을 보듬어 주었을뿐 아니라 동학의 가치를 더욱 빛나게 해 주었다. 그러나 그 결과는 결코 순탄치 않았다. 해월에 감동해 입도한 동학도들은 갑오년에 들불처럼 일어나 동학의 개벽 세상을 만들어 갔지만 그에 따른 엄청난 대가도 치러야 했다. 옥천에서 시작된 동학농민혁명의 전국화는 혁명의 완성으로 나가는 첫 걸음이었다. 동학농민혁명사에서 옥천의 이름이 뚜렷이 새겨져야 하는 이유가 여기에 있다.

80 동학농민혁명의 전국화, 세계화, 미래화의 슬로건은 지난 2014년 동학농민혁명 120주년 당시 만들어진 것이었고 당시 3개의 기관(전국동학농민혁명유족회, 문체부 산하 동학농민혁명기념재단, 천도교)이 최초로 공동으로 동학농민혁명 기념일을 제정해 합동기념식을 치렀다. 당시 확정한 일자가 9월 18일의 양력일인 10월11일로 청산기포일이었다.

옥천 지역 동학농민혁명과 진압군 활동

— 『갑오군정실기』 기록을 중심으로

정 을 경
충남역사문화연구원 책임연구원

Ⅰ. 머리말

1894년에 전개된 동학농민혁명의 지역별 활동상이나 진압과 관련해 참고 되는 자료는 『갑오군정실기』, 『취어(聚語)』, 『수록(隨錄)』, 『동학관련판결선고서(東學關聯判決宣告書)』, 『사법품보(司法稟報)』 등이다. 이 중 『갑오군정실기』는 동학농민군 진압을 위한 최고 군사 지휘부가 작성한 것으로, 1894년 9월 22일부터 12월 27일까지 95일 동안의 공식적인 기록이라는 의미가 있는 자료이다. 양호도순무영의 활동 기간은 양력으로 1894년 10월 20일부터 1895년 1월 22일까지이다. 따라서 『갑오군정실기』는 1894년 초반에 봉기한 지역을 제외한 제2차 봉기 당시 동학농민군의 활동과 진압군의 활동을 파악하기에 유용한 자료이다.

일본군 혼성 제9여단이 경복궁을 기습 점령한 이후, 조선왕조의 주요 정치와 군사 문제는 일본 공사의 간섭에 따라 결정되었다. 동학농민군 진압 당시 조선 관군의 지휘권도 일본 공사의 요구에 의해 후비보병 제19대대의 대대장인 미나미고시로(南小四郞) 소좌에게 넘겨줄 수밖에 없었다. 미나미 소좌는 장위영, 통위영, 경리청, 교도중대 등 동행한 경군 병영의 작전과 전투, 지대 파견을 지시했다. 그러나 전국에서 동학농민군과 전투를 벌였던 각 병영의 파견군은 도순무영에 전투 보고를 올렸고, 도순무영은 군무에 관한 갖가지 명령을 내렸다. 각 도의 병영과 수영, 그리고 감영과 군현에서 도순무영에 군사와 관련된 첩보와 동학농민군의 진압과 관련된 보고를 했다. 따라서 『갑오군정실기』는 이렇듯 중요한 보고 문서를 수록하고 있기 때문에, 2차 동학농민혁명과 관련한 구체적인 내용을 전해 주고 있다.

그러나 『갑오군정실기』는 일정한 한계도 있다. 양호도순무영은 조선 정부의 최고 군사 지휘부였지만 경복궁 침범 이후 내정과 군사 간섭을 하던 일본 공사의 압력에 의해 갑자기 철폐되었다. 그리고 도순무사 신정희와 중군 허진은 좌천되었다. 이러한 이유 때문에 양호도순무영의 모든 활동을 정리해서 기록하는 작업이 마무리되지 못하였다.

옥천 지역의 동학농민혁명과 함께 진압군의 활동을 파악하기 위해서는 『갑오군정실기』가 기본 바탕이 되어야 한다. 옥천을 비롯한 주변 지역들의 당시 상황을 파악하기에도 좋은 자료이다. 또한 『갑오군정실기』는 양호도순무영에 참여했던 군영의 규모와 각 군영 장졸의 실체를 전해 주고 있다. 즉, 일본군 후비보병 제19대대에 파견된 별군관과 참모사의 수가 11명이라는 점, 별군관의 명단이 수록되었다는 점은 실체 파악에 요긴하다. 또 경기도와 충청도의 7개 군현의 지방관이 양호도순무영의 운량관으로 임명되어 군량 확보와 운반을 책임지고 있었다는 점도 알 수 있다. 양호도순무영의 군사비 총액이 기재된 것도 중요한 내용이다. 수입과 지출 전모를 알 수 있는 구체적인 장부가 아닌 단순한 총계만을 기재한 것이지만, 이를 통해 양호도순무영이 사용한 군량과 경비를 파악할 수 있다는 점도 유용하다.

옥천 지역의 동학농민혁명과 관련하여 기존의 연구 성과는 「옥천 지역 근대의 기억과 독립운동가」(박걸순, 『중원문화연구』 24, 충북대학교 중원문화연구소, 2016)와 「충청감사와 갑오년의 충청도 상황」(신영우, 『동학학보』 34, 동학학회, 2015), 「옥천 · 청산 동학농민전쟁과 한말의병」(전순표, 『충북향토문화』

20, 충북향토문화연구소, 2008) 등 3편 정도이다. 그간의 연구자들은 옥천 지역의 동학농민혁명에 집중하기보다는, 충청도의 동학농민혁명을 다루는 과정에서 옥천을 다룬다거나 의병이나 독립운동을 다루면서 동학농민혁명을 다루는 식의 폭넓은 연구를 진행하였다. 따라서 기존의 연구성과의 미흡한 부분을 보완하면서, 본고에서는 옥천 지역의 동학농민혁명을 구체적으로 자료에 입각하여 살펴보겠다. 또한 이들의 활동을 진압한 진압군의 활동을 유기적으로 연결하여 살펴보도록 하겠다. 이를 통해 옥천 지역의 동학농민군 활동의 의의와 옥천 지역의 역사성과 의미를 도출해 볼 예정이다.

이를 위해 『갑오군정실기』를 기본으로 기존의 연구 성과, 또한 이를 뒷받침할 수 있는 당시의 자료들을 종합적으로 고찰하겠다.

II. 옥천 지역 동학농민군의 조직과 활동

동학농민혁명에서 옥천 지역은 시작과 끝을 함께했다는 점에서 의미가 크다. 1894년 최제우의 뒤를 이은 최시형은 보은과 청산에 거주하며 동학농민군을 지휘하였고, 9월 18일에는 문바위골에서 재기포령을 내리는 등 동학농민혁명사에서 중요한 지역이다.[1] 옥천에서는 이후 동학혁명의 정신이 의병과 계몽운동, 근대교육운동과 국채보상운동으로 이어졌고, 전국적으로 전개된 3.1만세운동에서는 이원과 청산에서 격렬한 만세운동이 일어나는 등 국권 회복과 독립에 대한 열망을 표출하였다.

1 박걸순, 「옥천 지역 근대의 기억과 독립운동가」, 『중원문화연구』 24, 충북대학교 중원문화연구소, 2016, 149쪽.

현재 옥천의 동학농민혁명 관련 사적지는 ① 최시형이 머물면서 보은취회를 결정한 청산면 포전리의 김연국 집터(위치 확인 불가), ② 최시형이 재기포령을 내린 한곡리 문바위골(청산면 한곡리), ③ 동학군이 10월 29일 일본군 및 관군과 전투를 벌인 석성과 군북면 증약전투지(군북면 증약리) 등 세 곳이다. 이 지역에 동학농민혁명을 기념하기 위해 옥천군에서 문바위동학기념공원(2013)을 조성한 것을 비롯하여 동학혁명군재기포기념비(1997, 천도교 중앙총부), 갑오년동학농민혁명전적지(2009, 옥천향토사연구회) 등이 건립되었다.[2]

옥천에 동학이 언제 유입되었는지는 정확하게 확인되지 않지만, 옥천은 보은과 함께 동학혁명의 진원지였다. 보은은 보은집회로 실질적으로 동학농민혁명이 시작된 곳이면서 동시에 북실전투의 패배로 충청지역 동학농민혁명의 마감을 고한 지역이다. 1893년 3월 충북 보은 장내리에서 동학교인들이 전개한 보은집회는 동학농민혁명의 계기가 되는 중요한 사건이었다. 비록 정부의 무력 대응으로 인해 4월 2일 자진 해산하였으나, 이 사건을 계기로 동학교인들과 농민들은 단순한 종교운동이 아닌 사회변혁을 위한 운동으로 노선을 전환하게 되었다. 이 시기 최시형은 1893년 10월경 손병희 등의 주선에 따라 가족을 데리고 문바위골 김성원(金聖元)의 집으로 이주하였다. 이곳에서 약 1년간 기거하며 동학교인을 통솔하였다. 최시형은 먼저 김성원의 집과 아래채 집을 확장하여 공부방을 마련하였고, 인근 각 지방의 두목과 교인들을 불러 교리 강론에 열중하였다. 당시 최시형은 무장봉기를

2 박걸순, 앞의 「옥천 지역 근대의 기억과 독립운동가」, 151쪽; 김양식, 「충북지역 동학농민혁명 유적지 보존과 활용 방안」, 『동학학보』 28, 동학학회, 2013, 304쪽.

우려하고 있었고,[3] 보은과 청산 일대의 동학 세력은 강대하여 충청감영의 관헌들이 제압할 수 없을 정도였다고 한다.[4]

옥천의 동학농민군들의 첫 움직임은 1894년 3, 4월경으로 추정된다. 이 시기 옥천을 비롯한 충북 지역 출신의 동학농민군들은 전라도로 내려가 전봉준부대에 합류하였던 것으로 판단된다는 것이 그간의 연구 결과이다. 그러나 이들을 통솔하여 이끌 지도부가 명확하지 않았고, 공주감영과 청주병영에 소속된 관군의 활동으로 인해 4월 중순 이후 대부분 해산하였다. 그 후 6~8월에 충북의 옥천, 충주, 청풍, 영동 등지에서 산발적으로 동학농민군이 봉기하여 폐정개혁 활동을 전개하였다. 옥천은 7월 18일 동학농민군이 크게 봉기하였다.[5]

현재 한곡리 저수지 위에는 기포령에 따라 충청, 경상, 경기, 강원 지역에서 온 동학군들이 남접군과 논산에서 합류할 때까지 머물며 군사훈련을 했다는 훈련장터가 전해진다. 또한 이 일대에는 최시형 아들 최덕기의 묘소, 딸 최윤과 관련된 자취가 남아 있다. 이러한 점들은 최시형에게 옥천 지역은 중요한 지역이었던 것을 알 수 있는 대목이다. 문바위에는 7명의 이름이 새겨져 있는데, 박희근, 김정섭, 박맹호, 김영규, 김재섭, 박창근, 신필우 등이다. 이 7명은 당시 동학교인들이 새긴 것으로 전해져 왔으나, 동학혁명 이후 마을 주민들이 새긴 것으로 보는 견해도 있다.[6] 이들은 『동학천도교인명사전』[7]에도 등재되어 있지 않아, 동학교인인지 확인이 되지 않는다.

3 박걸순, 앞의 「옥천 지역 근대의 기억과 독립운동가」, 151~152쪽.
4 신영우, 「충청감사와 갑오년의 충청도 상황」, 『동학학보』 34호, 2015, 199쪽.
5 김양식, 앞의 「충북지역 동학농민혁명 유적지 보존과 활용 방안」, 300~301쪽.
6 김양식, 『새야 새야 파랑새야』, 충북학연구소, 2001, 104~105쪽.
7 이동초, 『동학천도교인명사전』(제II판), 도서출판 모시는사람들, 2019.

Ⅲ. 옥천 지역 1894년 동학농민혁명의 전개와 진압군의 활동

1894년 옥천 지역 동학농민군의 활동은 4월 8일경이었던 것으로 판단된다. 초토사의 전보문을 통해 4월 8일(양력 5월 12일) 회덕 관아로 들어가 무기를 빼앗은 동학농민군이 회덕의 냇가 백사장에 집결했다고 한다. 이때 모인 농민군이 수천 명이어서, 충청병영이 포군 150명을 보냈다. 또한 청산에 있는 최시형에게 접근하기 위해 포교를 보냈으나 동학도들이 보호를 하여 실패하였다고 전하고 있다.[8] 옥천 지역은 3, 4월경부터 인근 지역의 동학농민군들과 호응하면서 활동하였고, 최시형이 있던 청산리를 중심으로 동학교인들이 세력을 넓혔을 것으로 판단된다.

당시 청산면 한곡리 일대는 수만 명의 교인이 집결하였고, 문바위에 설치된 대도소(大都所)는 동학도의 출입이 빈번하였다고 한다. 작은 뱀골에 있던 울창한 버드나무 숲이 당시 동학교인들이 타고 온 말의 고삐를 묶었던 버드나무 말뚝이 살아났다는 전설을 갖고 있는 점[9] 등은 당시 청산면의 동학교인들의 세력이 얼마나 막강했는지를 상징적으로 보여주는 것이라고 이해된다. 또한 비슷한 시기 남접을 이끌던 지도자 서장옥은 세거지였던 금강 상류부터 남한강 상류까지 동학의 포(包) 조직을 확대해 나갔다. 서장옥을 따르는 동학인들을 서포 혹은 서호포라고 불렀는데, 옥천을 비롯한 금산, 회덕, 회인, 문의 등의 지역 교인들이 이 포에 소속되어 활동하였다.

최시형은 무장봉기에 대해 부정적인 입장을 바꾸고, 9월 18일 총기포령

8 신영우, 앞의 「충청감사와 갑오년의 충청도 상황」, 200쪽.

9 채길순, 「충청북도 중남부 지역 동학혁명사 연구」, 『충북학』 제10집, 충북학연구소, 56~57쪽.

을 내렸다. 이때 옥천의 박석규를 비롯하여 옥천 일대에서 활동하던 접주들이 합세하였다.[10] 『갑오군정실기』에서 확인되는 옥천 동학농민군의 첫 활동은 10월 2일이다. 이날 유시(酉時, 오후 5~7시) 무렵 동학군 수만 명이 옥천의 군기고로 들어가 군기를 모두 빼앗았다.[11]

그리고 10월 11일 손병희는 호서지역의 동학군 4천여 명을 데리고 최시형이 머물던 청산으로 향했다. 장내리를 떠나 남쪽으로 내려가 금적산(金積山)과 삼승산(三升山) 사이에 위치한 보청천(報靑川)이 흐르는 '원남(元南, 워내미) 장터' 에 유진했다. 이곳은 동서로는 옥천과 상주로 통하고, 남북으로는 보은과 청산으로 이어지는 교통의 요지였다. 다음날은 원남을 떠나 보청천을 따라 남쪽으로 내려와 오후 늦게 청산에 도착해 유진했다. 지도부는 보청천을 건너 남쪽 10리 경에 있는 문바위골 임시대도소로 가서 최시형을 배알했다. 당시 이곳은 피신에 유리했다. 13일 지도부는 동학군의 일부만 청산에 머물게 하고, 나머지 동학군은 임시대도소를 중심으로 용산, 영동 등 인근 지역으로 분산했다.

최시형은 14일 청산 임시대도소 인근에서 출정 치성식을 거행했다. 손병희에게 대통령기(大統領旗)를 내리고 호서동학군 1대(甲隊)를 이끌고 전봉준과 합세하여 공주성을 치라는 명령을 내렸다. 이에 따라 호서동학군 1대는 청산과 영동에서 6박 7일을 보내고 19일 옥천으로 향했다. 손병희는 14일 출정 치성식 이후 청산과 영동에서 며칠 더 머물면서 병력을 보강하였다. 그리고 19일 전봉준 부대가 논산에서 북상하는 때와 맞춰 영옥포(永沃包)를 앞세워 호서동학군 1대를 이끌고 옥천으로 이동했다. 그 무렵 전봉준은 천

10 이상면, 「호서동학군의 결성과 공주 출정」, 『동학학보』 48, 동학학회, 2018, 469쪽.
11 「충청병사 이장회가 원본을 베껴서 보고함」, 『갑오군정실기』 권1, 10월 11일.

안에 있는 관군과 일본군의 동향을 살피면서, 옥천에 있는 손병희에게 "공주진영을 공격할 터이니, 동(同) '북문외(北門外)' 에 매복하얏다가 관군을 격파하라" 라는 전령을 보냈다.[12]

이에 따라 전봉준 부대와 손병희 부대는 공주에서 10월 중순에서 하순까지 한다리 '한솔벌' 전투, 효포전투, 이인전투를 전개했다.

10월 23일 새벽, 경리청 소대 150여 명과 스즈키 소위가 이끄는 일본군 100명이 이인으로 향했다. 옥천에서 올라온 동학농민군을 방어하기 위해 우영장 이기동이 공산성 모퉁이에 포진했고, 경리청 대관 백락완이 그 옆의 금강진을 지켰다. 그날 저녁 금영에서는 곰나루에 있는 동학농민군이 봉황산 하고개를 공격할 것이라는 급보가 들어왔다. 이 동학농민군은 손병희가 이끄는 무리의 선발대였을 것이다. 손병희는 옥천에서 전봉준의 전갈을 뒤늦게 받았고, 23일 새벽에 공주 '북문외'를 향해 출발했다. 하루종일 행군하여 저녁 무렵에 한다리 인근의 한솔벌에 도착했다. 전봉준은 손병희 부대와 함께 24일에 능치를 공격할 생각으로 경천(敬川)으로 방향을 틀었다.

이때 경리청 부영관 홍운섭과 참영관 구상조는 23일 새벽 4시부터 각각 1개 소대를 인솔하여 하루종일 경천을 지켰다. 저녁에 전봉준 군이 경천으로 몰려온다는 소식을 듣고, 전봉준 부대에 비해 병력이 약하다고 판단하여 효포로 물러나 정탐하기로 했다. 그리고 밤 10시에 30리 남쪽 경천에 전봉준부대 4만 명이 효포로 올라올 기세라는 소식을 접했다. 또 30리 동쪽 한다리에 옥천에서 온 손병희 부대 수만 명이 전봉준 부대와 합세하여 공주를 공격할 것이라고 했다.[13]

12 이상면, 앞의 「호서동학군의 결성과 공주 출정」, 484~490쪽 참고.
13 앞의 논문, 491~494쪽.

그 시각(10월 23일 밤9시~11시 사이) 손병희 부대와 전봉준 부대 4만 명이 경천을 약탈하고 공주로 향했다. 옥천포(沃川包)의 동학농민군 수만 명도 대교(大橋)에 집결해서 전봉준과 연합하려고 시도하였다. 효포는 대교의 동학군과 전봉준의 동학군이 두 곳으로 뚫을 수 있는 곳으로서 유리한 장소였다.[14] 이들의 규모는 마을 뒤쪽 작은 산기슭부터 숲 쪽으로 1천여 명, 마을 앞쪽 넓은 빈 들판에 깃발을 세우고 둘러서 있는 자들이 1만여 명으로 파악되었다. 이때 관군이 이들을 공격하였고, 동학농민군은 산을 오르고 고개를 넘는 등 흩어졌다.[15] 이 관군은 홍운섭과 구상조를 필두로 하는 부대였던 것으로 파악된다. 홍운섭이 24일 아침 구상조와 함께 경리청 군 2개 소대 350여 명을 인솔하고 북상했다는 자료가 확인된다.[16]

관군은 이후 25일 수촌(壽村)으로 후퇴하였다가, 효포로 되돌아갔다.[17] 밤이 되자 한솔벌 전투에서 패한 손병희 부대가 다시 미호천을 건너 서쪽으로 진출했다. 이들 일부는 전봉준 부대가 들어간 시야산 쪽으로 향했고, 다른 일부는 북문외로 향하다가 경리청 군의 공격에 물러났다.[18]

서로군 중대장 모리오 대위는 25일 오전 6시 경리청병으로부터 동학농민군 3천여 명이 능암산 동쪽 1킬로미터 전방의 냉천 뒷산으로 진격해 오고

14 「선봉이 첩보함」, 『갑오군정실기』 권3, 10월 1일; 안성군수 홍운섭이 첩보함, 『갑오군정실기』 권3, 11월 2일.

15 「충청감사 박제순이 베껴서 보고함」, 『갑오군정실기』 권3, 11월 1일; 임금께 아룀, 『갑오군정실기』 권4, 11월 3일.

16 이상면, 앞의 493~494쪽.

17 「선봉이 첩보함」, 『갑오군정실기』 권3, 10월 1일; 「안성군수 홍운섭이 첩보함」, 『갑오군정실기』 권3, 11월 2일; 「충청감사 박제순이 베껴서 보고함」, 『갑오군정실기』 권3, 11월 1일; 「임금께 아룀」, 『갑오군정실기』 권4, 11월 3일.

18 이상면, 앞의 「호서동학군의 결성과 공주 출정」, 494~495쪽.

있다는 보고를 받았다. 앞에 있던 부대는 능치로 공주 진입을 시도하는 전봉준 부대였고, 뒤에 있는 부대는 북문외로 가려는 손병희 부대의 선봉대였다. 수성군의 전력은 강화되었고, 비바람이 치는 날씨여서 화승총을 사용하는 동학군에게 불리했다. 전날 한솔벌 전투에서 패한 손병희 부대가 금강변을 따라 북문외로 내습할 것에 관군이 대비하고 있었다. 경리청군은 동학농민군이 냉천 뒷산에서 물러난 자리를 차지했다. 모리오 대위는 2시쯤 경리청군에 전장을 맡기고 서로군을 인솔해 금용으로 돌아갔다.

남교 뒷산에 포진한 이규태의 통위영군이 효포천 건너편 생여산에서 남쪽으로 길게 늘어선 손병희 부대와 대치하고 있었다. 손병희 부대가 공격하지 않자, 이규태는 각 진에게 일시에 효포천을 건너가 손병희 부대를 공격하게 하였다. 결국 동학농민군 50~60명이 사망하였고, 부상자도 많았다. 통위영 군은 대포 2좌와 탄약과 깃발을 획득하였다. 전봉준 부대가 저녁에 시야산으로 들어가자, 손병희 부대도 동쪽 구릉지대로 물러났다. 그리고 한밤중 경리청 영관 성하영과 대관 백락완이 자신의 소대를 이끌고 시야산으로 들어가 전봉준 부대의 성채를 공격했다. 전봉준 부대는 놀라 후퇴하였다. 그 시각 손병희 부대는 납교 뒷산에 있는 통위영군의 진지를 급습하여 신창희 소대를 위협했다. 이때 시야산으로 진격하던 대관 백락완 부대가 신창희 소대를 도와 손병희 부대를 물리쳤다.

26일 아침 전봉준 부대가 경천으로 퇴각했다. 손병희 부대는 그날 지명진 전투에서 호서동학군 2대가 중로군을 상대로 선전한 소식을 접했고, 전봉준 부대와 함께 27일 이인으로 갔다. 그날 정오에 경리청병 12명이 무넘

이고개 쪽으로 동학군을 추격해 회선포 1문을 획득했다.[19]

동학농민군 주력이 공주 방면으로 이동하고 난 이후, 옥천 주변의 동학농민군들은 10월 28일 문의(文義)에서 회덕(懷德), 29일 회인·연기(燕岐)·청주 등지, 11월 2일 문의현, 11월 4일에는 옥천으로 향했다.[20] 이때 옥천에 모인 동학농민군은 5~6만 명으로 파악된다.[21] 이들에 대한 관군과 일본군의 처절한 탄압이 가해졌다. 일본군 중로군은 지대를 보은 등지에 파견하면서 옥천을 거쳐 금산 쪽으로 행군하였다. 이러한 방식으로 경군과 일본군은 이르는 지역마다 동학농민군을 제압했다. 진압군의 핵심은 일본군이었다. 중대 병력에 불과했지만 수천 명의 동학농민군이 이를 당해내지 못했다. 청주, 문의 일대와 보은, 옥천 등지의 북접 농민군은 커다란 피해를 입었다.[22] 10월 15일 용산을 출발한 일본군 본대와 제3중대는 10월 29일 증약에 당도하여 동학농민군 110명을 살상하였다. 이 전투에서 일본군이 쏜 탄약이 1,432발이나 되었다고 한다. 현재 증약리에 전적지 기념비가 세워져 있다.[23] 또한 일본군 중로군의 행군 일정과 전투를 보면 11월 6일(양력 12월 2일) 옥천에서 체류하였고, 7일에도 옥천에 있었다.[24]

증약전투에 이어 11월 5일에는 청산 석성리에서, 11월 8일에는 문바위골에서 수많은 동학농민군이 희생당했다. 이 과정에서 특기할 만한 점은 충북

19 앞의 논문, 497~499쪽.
20 「충청감사 박제순이 베껴서 보고함」, 『갑오군정실기』 권5, 11월 19일.
21 「선봉이 첩보함」, 『갑오군정실기』 권4, 11월 8일.
22 신영우, 앞의 「충청감사와 갑오년의 충청도 상황」, 226쪽.
23 박걸순, 앞의 「옥천 지역 근대의 기억과 독립운동가」, 152~153쪽; 전순표, 「옥천·청산 동학농민전쟁과 한말 의병」, 『충북향토문화』 제20집, 충북향토문화연구소, 2008, 151쪽.
24 신영우, 앞의 「충청감사와 갑오년의 충청도 상황」, 226쪽.

남부지역에서 민보군에 의한 동학농민군의 탄압이 가장 성행했던 지역이 옥천이라는 점이다. 군수 출신 박정빈 등 12명의 옥천 민보군 지도자 명단이 확인된다. 이는 옥천 지역에서 양반 세력과 동학농민군 사이 갈등의 골이 깊었음을 시사한다.[25] 그러나 12명의 개별적 분석이 이루어지지 않아 과제로 남아 있다. 이 부분이 밝혀진다면, 옥천 지역의 동학농민군의 활동과 성격을 밝히는 데 큰 도움이 될 것으로 기대된다.

공주에 있던 전봉준 부대와 손병희 부대는 10월 말경 논산으로 내려갔던 것으로 파악된다. 전봉준의 법정 증언에서 전봉준은 '10월 그믐쯤 동학군을 거느리고 논산으로 내려갔고, 그 후 11월 초 6~7일쯤 공주로 올라간 것 같다' 고 말했다. 손병희 부대도 10월 그믐날 저녁 비바람이 쳐 공주성 진입작전을 접고 논산으로 내려갔다고 전해진다. 11월 1~2일 찬비가 내렸고, 선봉진의 11월 3일 보고에도 사방의 동학군이 노성, 논산 초포 등지에 둔진하고 있다고 보고하였다. 이 시기를 전후하여 전봉준과 손병희가 합세한 것으로 파악된다. 이들은 논산에서 병력과 병참을 보강하였고, 11월 6~7일 노선으로 다시 북상했다.

전봉준 부대는 8일 노성에서 경천으로 북상해 우금치로 접근했다. 회덕 지명장과 유성 파군리에 있던 호서동학군 2대도 서진하여 합세했다. 손병희가 이끄는 호서동학군 1대는 오후에 이인을 지키던 관군을 격파했다. 9일 새벽 1만여 명에 달하는 동학농민군 연합군이 공주성 동변에서 서변으로 장사진을 쳤다. 그 길이가 30리에 달해 "마치 상산의 뱀과 같아 공격하면 효포와 능치 등지에서 준동하여 곧장 진입하려는 형세가 되었다"고 한다. 손

25 박걸순, 앞의 「옥천 지역 근대의 기억과 독립운동가」, 152~153쪽; 전순표, 앞의 「옥천 · 청산 동학농민전쟁과 한말 의병」, 151쪽.

병희 부대는 이인 북쪽 주봉에서 야영한 후 9일 미명에 서북으로 진격해 작은 두 봉우리를 점령했다. 전봉준 부대는 동쪽 우금치로 진격해 고지에 포진한 수성군의 맹렬한 반격을 받았다. 밀집조를 연속적으로 투입해 진입작전을 수차례 전개했지만, 여의치 않았다. 손병희 부대도 봉황산 하고개로 혈투를 벌였지만 방어 장벽을 넘을 수 없었다. 두 부대는 10~11일에도 능치와 봉황산에서 또다시 진입을 시도했지만 실패했다.[26]

이러한 상황에서 11월 8일 옥천(沃川)의 양산장(梁山場)에 동학군 몇 천명이 모여 관군과 접전을 벌였다. 이날의 접전으로 50여 명이 사망하였다.[27] 이후 11일까지 옥천을 근거지로 머물렀으며, 12일에 청주로 떠났다.[28]

여러 자료들을 통해 볼 때, 11월경 동학군과 관군에게 옥천은 중요한 장소였던 것으로 판단된다. 각 읍에서 보고한 바를 살펴보면, "경군(京軍)과 일본병사 700여 명이 11월 9일 옥천에 이르러서 11월 10일 금산(錦山)을 향해 출발했다.", "별군관 윤영렬(尹英烈)이 거느린 의병(義兵) 4백여 명이 11월 17일 천안에 도착했다.", "일본병사 40명이 11월 16일 문의(文義)에 이르러서 11월 17일 옥천으로 향했다.", "일본병사 180명이 11월 19일 아산(牙山)에 이르렀다가 당일 평택(平澤)으로 떠나갔다.", "일본병사 70여 명이 11월 18일 옥천에 이르러서 11월 19일 영동(永同)으로 떠났다.", "경군과 일본병사 61명이 11월 18일 연산(連山)에 이르렀다가 11월 19일 진산(珍山)으로 떠나갔다."는 보고 내용이 확인된다.[29] 일본군은 11월 9일 옥천에서 10일 금산, 11

26 이상면, 앞의 「호서동학군의 결성과 공주 출정」, 500~501쪽.

27 「교도 중대장 이진호가 첩보함」, 『갑오군정실기』 권6, 11월 26일; 「선봉이 첩보함」, 『갑오군정실기』 권6, 11월 27일.

28 「충청감사 박제순이 베껴서 보고함」, 『갑오군정실기』 권5, 11월 19일.

29 「충청감사 박제순이 베껴서 보고함」, 『갑오군정실기』 권6, 11월 27일.

월 16일 문의에서 17일 옥천, 18일 옥천에서 19일 영동, 18일 연산에서 19일 진산, 19일 아산에서 평택으로 이동한 것이다. 옥천을 중심으로 금산, 문의, 아산, 평택, 영동, 연산으로 이동했다. 동학농민군의 동선도 일본군과 유사했을 것으로 판단된다.

이 과정에서 옥천에 있던 동학농민군의 피해도 컸다. 임금에게 보고된 내용에 의하면 "방금 선봉장 이규태의 첩보를 보니 '11월 5일 교도소(教導所) 영관(領官) 이진호(李軫鎬)가 올린 첩정(牒呈) 내용에 「대관(隊官) 이겸제(李謙濟)가 병정 1개 부대를 이끌고 일본병사와 함께 청산(青山)에서 다시 옥천(沃川)·금산(錦山)·용담(龍潭)·진안(鎭安)·고산(高山) 지역을 향해 가다가, 수만 명의 비류(匪類)와 맞닥뜨렸는데, 문득 살해한 자가 넉넉히 300명이나 됩니다. 생포한 자도 50놈이 되는데, 그중에서 수괴(首魁) 서도필(徐道弼) 등 9놈은 그대로 총으로 쏘아 죽이고, 접사(接司) 이만학(李晩學) 등 3놈은 본진(本陣)에 수감하였으며, 그 나머지 38놈은 모두 협박에 의해서 동도에 가입하였으므로 효유하여 귀화(歸化)시켰습니다. 빼앗은 군물(軍物)은 읍이 대부분 텅 비어 있어서 후환(後患)이 있을까 두려우므로 총(銃)·창(槍)·화약(火藥)·탄환(彈丸) 등의 물건들을 모두 부수고 용해하였습니다.」라고 하였습니다.'"[30] 정확한 옥천 지역 농민군의 피해는 산정되지 않지만 11월 5일을 전후하여 옥천의 피해가 컸음이 짐작된다.

동학농민군의 활동에 11월 15일 오전 11시~오후 1시에 옥천과 안내(安內)의 창의소(倡義所) 대장과 순무군관이 수십 명을 거느리고 옥천읍에 와서 동학(東學)을 금지하는 통문을 전달하였다. 이 통문은 번역하여 베끼게 하고

30 「임금께 아룀」, 『갑오군정실기』 권6, 11월 29일.

경내에서 돌아가며 보게 하였으며, 향후 발생하는 상황에 대해 창의소에 보고하라고 하였다.[31] 옥천 안내(安內)의 창의소에서 보낸 통문(通文)의 내용은 아래와 같다.

> 우리 동방(東邦)은 기성(箕聖, 箕子를 말함) 성인 이후로 유학을 숭상하고 도(道)를 중시하였다. 본 왕조에 이르러서 다스림과 교화가 아름답고 밝았으며 백성을 북돋아 기른 것이 500여 년이 되었습니다. 불행히도 사교가 몰래 치성하여 동학이라고 말하고, 처음에는 어리석고 미혹한 백성들을 속이고 유혹하더니 끝내는 곧 주경야독하는 선비까지 협박하여 가담을 시켜서 평민을 침탈하고 마을에 행패를 부리니 그 죄상을 낱낱이 헤아린다면 책에 다 적을 수 없을 정도로 끝이 없습니다. 지금 임금의 분부가 절실하고 엄하여 군사를 명령하여 보내서 거역하는 자는 토벌하고 귀화하는 자는 편안히 어루만져 주었는데, 아! 저 어리석은 무리들이 포(包)를 일으키고 무리를 모아서 감히 왕사(王師)에 대항하니 이 어찌 멋대로 날뛰는 대역죄인이 아니겠습니까? 춘추(春秋)의 법에, "난신적자(亂臣賊子)는 먼저 그 무리를 다스린다."고 하였고, 또 말하길 "누구나 그들을 주륙할 수 있다"고 하였으니 이것은 만고 이래의 큰 법입니다. 근래 동학에 들어간 자가 주경야독하는 사람 아님이 없습니다. 우매한 백성들이 혹은 협박을 당하기도 하고, 혹은 함정에 빠지거나 유혹되었다가 지금 열 줄의 임금의 교시[綸綍]를 보고는 모두 교화하였습니다. 그러나 저 무리들을 아직도 다 섬멸되지 않아서 민심이 끝내 안정되지 못하고 있으니, 공사의 나라 일을 생각하면 나도 몰

31 「선봉진이 보고함」, 『갑오군정실기』 권7, 12월 4일.

래 슬피 통곡하게 됩니다. 삼가 원하건대 각 마을의 여러 어른들은 의심하거나 두려워하는 마음을 품지 말고 서로 경계하고 타일러서, 비록 (동학농민군이) 만 가지로 협박하고 유혹하더라도 저들 무리를 따르지 않겠다고 맹세하여 한마음으로 임금을 섬기면, 이것이 곧 신하와 백성의 도리가 되는 것입니다. 그리하여 이에 통문을 발송하니, (이 통문의 글을 살펴보고) 일제히 귀화하여 책으로 만들어 창의소로 보내고, 혹시라도 귀화한다고 말만 해놓고 속으로는 따르지 않는 뜻이 있거나 혹 거괴를 덮어두고 끝내 사사로움을 따르는 폐단이 있다면 마땅히 의병을 일으켜 그 마을을 모두 죽일 것입니다. 결단코 몰랐다고 말하고서 갑자기 죄를 성토 당하지 말게 하면 매우 다행이겠습니다. 이 통문을 각 마을로 전달하여 그곳 마을에서 귀화한 자들의 성명을 적은 책과 군수물자를 낱낱이 창의소에 보내되, 만일 사사로움을 따르고 탈을 핑계해 덮어두는 폐단이 있을 것 같으면 그곳 마을을 마땅히 의병을 일으켜서 토벌할 것입니다. 보은창의소(報恩倡義所)에 이 통문을 보냅니다. 대장 박정빈(朴定彬), 군관 육상필(陸相弼) 갑오 11월 일 통문을 보냄 발문[32]

동학농민군의 무리에 백성들이 가담하지 않기를 당부하고 있으며, 동학농민군을 은폐하다가 적발되면 의병을 일으켜 그 마을을 토벌하겠다는 강한 경고의 메시지가 담겨 있다.

옥천 지역의 동학농민혁명을 진압한 대표 인물은 박정빈(朴正彬), 김재빈(金在斌), 김진오(金振吾), 원준상(元準常), 육상필(陸相弼) 등이다.[33] 옥천에서

32 「후(後)」, 『갑오군정실기』 권7, 12월 4일.
33 「선봉진이 첩보함」, 『갑오군정실기』 권6, 11월 30일.

토벌군으로 창의한 박정빈과 육상필은 작전을 잘 수행하고 있었다고 보고가 될 정도였다.[34] 이들이 동학농민군을 속히 소탕하고 생포하도록 지시하라는 별군관의 전령도 확인된다.[35] 특히 육상필(陸相弼)은 순무영(巡撫營) 군관(軍官)으로서 창의(倡義)하였다.[36] 육상필과 그 무리는 11월 23일 옥천의 청산현에 도착했다. 이들은 황음리(黃音里)의 이아지(李牙只)의 집을 부수었고, 이어 남면(南面)에 가서 집 두 채에 방화하였다. 또 저정리(猪頂里)에 가서 집 한 채를 방화하였다. 그리고 금대리(金臺里)에 가서 세 사람을 체포하였고, 체포한 사람의 친척이 울면서 따라오자 3명을 사살하였다. 이들은 이 외에도 청산 고을 곳곳에서 활동한 것으로 파악된다.[37]

이후 옥천의 동학농민군은 활동을 전개하면서 관군과 접전을 펼쳤다. 11월 30일경 한 차례 접전을 벌였고,[38] 12월 4일에는 옥천에 도착하여 옥의포(沃義包, 義包는 오기임) 대장(大將) 정윤서(鄭允瑞)가 총살당하였다.[39] 12월 16일에는 영동(永同)에 모여 있던 동학군들이 관군과 접전을 벌였다. 12월 18일에는 옥천의 동학군들이 종곡의 동령(東嶺)으로 올라갔다. 이날 관군과의 접전에서 32명이 사망하였다. 이후 이들은 속리산으로 들어갔다.[40]

12월 9일 유시(酉時, 오후 5~7시)쯤에 도착한 보고에 의하면, “호남의 비류 수만 명이 무주(茂朱)에서 (출발하여) 7일에 옥천에 도착하여 영동으로 들어

34 「충청병사 이장회에게 관문을 보냄」, 『갑오군정실기』 권7, 12월 5일.
35 「충청감사에게 관문을 보냄」, 『갑오군정실기』 권7, 12월 5일.
36 「충청감사 박제순이 첩보함」, 『갑오군정실기』 권6, 11월 30일.
37 앞의 기록.
38 「선봉진이 첩보함」, 『갑오군정실기』 권6, 11월 30일.
39 「소모사 정의묵이 보고함」, 『갑오군정실기』 권9, 12월 21일.
40 「옥천에서 창의한 박정빈 · 김재빈 · 김진오 등이 보고함」, 『갑오군정실기』 권9, 12월 26일.

가려 한다고 합니다. 만일 영동에 들어가게 된다면 반드시 본 읍으로 향하게 될 것이니 매우 놀랍고 두려운 일입니다."라고 하였다. 따라서 길을 둘로 나누어서 하나는 문의로 향하고, 또 하나는 보은으로 향하여 가다가 돌려서 영동에 도착하려고 한다는 내용이 담겨 있다. 이를 토벌하기 위해 박정빈(朴正彬), 홍영훈(洪永勳) 등이 기복병(奇伏兵)을 나누어 설치하였다.[41]

순무영(巡撫營)의 관문에 의하면, "옥천을 토벌하고 있는 박정빈과 육상이 일을 잘 처리한다는 소문을 자세하게 조사하였는데, 그들은 조치마다 실수하는 것이 없었으며, 동학농민군을 사로잡으면 모두 거괴(巨魁)였다고 한다. 이들이 사로잡은 농민군의 성명을 책으로 만들어 올려 보냈다. 특히 이들이 잡은 동학농민군은 신성렬(申性烈) 등 5명과 대접주 임궁호(任弓鎬)의 처와 거괴 최시형(崔時亨)의 여식 등이다. 이들은 감옥에 갇혀 있게 되었다."[42] 옥천 지역의 동학농민군은 정확하게 파악되지 않는 상황이지만, 이 자료를 통해 신성렬(申性烈), 대접주 임궁호(任弓鎬) 등이 활동했음을 짐작할 수 있다.

이 시기 옥천 지역 동학농민군의 피해 상황은 선봉 이규태의 보고에 의해 파악된다. 옥천 지역의 동학농민군 수만 명이 다쳤으며, 그중 3백 여 명을 죽이거나 포로로 잡았다고 한다. 또한 많은 군물(軍物)을 빼앗겼던 것으로 파악된다.[43]

41 「충청병사 이장회가 보고함」, 『갑오군정실기』 권8, 12월 13일.
42 앞의 기록.
43 「선봉 이규태가 보고함」, 『갑오군정실기』 권10.

Ⅳ. 맺음말

옥천 지역은 보은과 함께 동학농민혁명의 진원지로서 중요한 곳이다. 보은은 보은집회로 동학농민혁명이 시작한 곳이며, 옥천은 1893년 10월부터 약 1년 동안 최시형이 기거하면서 동학교인을 통솔한 곳이다.

옥천의 동학농민군들의 움직임은 1894년 3, 4월경부터 시작된 것으로 짐작된다. 옥천을 포함한 충북지역 출신의 동학농민군들은 전라도 내려가 전봉준부대에 합류했던 것으로 보이며, 4월 중순 이후 대부분 해산하였다. 이 시기부터 옥천의 동학농민군은 인근 지역의 동학농민군들과 호응하면서 활동하였고, 최시형이 있던 청산리를 중심으로 동학교인들이 세력을 넓혔을 것으로 판단된다. 이후 7월 18일에 처음으로 크게 봉기하였다고 하나, 관련 활동상은 파악되지 않는다.

최시형은 9월 18일 총기포령을 내렸고, 옥천의 박석규를 비롯하여 옥천 일대에서 활동하던 접주들이 합세하였다. 이들의 첫 활동은 10월 2일로 확인된다. 10월 19일경부터 일대의 동학농민군들이 모여 활동을 전개해 나갔다. 10월 중순에서 하순까지는 전봉준 부대와 손병희 부대가 공주에서 한다리 '한솔벌' 전투를 시작으로 효포전투, 이인전투 등을 전개했다. 이때 옥천의 동학농민군들이 손병희 부대로 들어가 전투에 참여했고, 한편 동학농민군 주력이 공주 방면으로 이동하고 난 이후 옥천 주변의 동학농민군들은 10월 중순부터 회덕, 연기, 청주 등지를 거쳐 옥천으로 집결하였다.

이들은 증약전투에 이어 11월 5일에는 청산 석성리에서, 11월 8일에는 문바위골에서 전투를 벌였고 큰 피해를 입었다. 특히, 충북 남부지역에서 민보군에 의한 동학농민군의 탄압이 가장 성행했던 지역이 옥천이었다. 옥천 지역에서 양반 세력과 동학농민군 사이의 갈등의 골이 깊었다는 점을 시사한다.

공주에 있던 전봉준 부대와 손병희 부대는 10월 말경 논산으로 내려갔고, 11월 6~7일경 다시 공주로 북상했다. 이들은 남북접이 연합하여 우금치전투에서 치열한 전투를 전개하였으나, 결국 공주성 공략에 실패했다. 한편 11월 8일 옥천의 양산장에 동학군 몇 천 명이 모여 관군과 접전을 벌였고, 50여 명이 희생당했다.

11월경 동학군과 관군에게 옥천은 중요한 장소였던 것으로 파악된다. 옥천을 중심으로 일본군은 11월 9일 옥천에서 금산, 11월 16일 문의에서 옥천, 18일 옥천에서 영동, 아산 등으로 이동했다. 옥천 지역의 동학농민군의 피해도 극심했다. 11월 5일을 전후하여 옥천 지역의 피해가 컸고, 11월 말경에서 12월 초에는 옥천 일대의 동학농민군들이 관군과 접전을 펼쳐 큰 피해를 입었다. 옥천 지역에서 동학농민혁명을 진압한 대표 인물은 박정빈, 김재빈, 김진오, 원준상, 육상필 등으로 파악된다. 이후 옥천 동학농민군들은 속리산으로 들어갔다.

옥천 지역 출신으로 동학농민군으로 활동한 인물은 신성렬, 대접주 임궁호 등이 파악된다.

동학혁명운동 당시 금강 중상류 척왜항전

— 호서동학군 을대의 활약상을 중심으로

이 상 면
서울대학교 명예교수

서론

동학혁명운동은 충청도 금강중상류에서 비롯되었다. 계사(癸巳,1893)년 2월 초 광화문복합상소에서 교조신원운동이 여의치 않게 되자, 동학교단은 3월 중순 보은취회를 대규모로 개최하여 보국안민으로 새 세상을 열자는 대의를 결집했다. 교주 최시형이 8월 청산에 임시대도소(臨時大都所)를 설치하고 보국안민을 위한 반봉건 개혁의 대의를 실현하는 방략을 강구했다. 조재벽이 동학교단과 인근 지역 포접의 지지를 받아 갑오(甲午,1894)년 3월 8일, 12일 금산에서 기포했다.[1] 20일 호남우도 여러 포접이 무장에 집결하여 보국안민을 위한 창의의 깃발을 내걸고 전봉준을 중심으로 혁명운동의 대오를 결성했다.

1 날짜는 동학전란 당시 조선에서 사용한 음력에 따라 갑오(甲午,1894)년 월 일로 표기하고, 더러 괄호 안에 양력을 병기한다. 일본자료에서 보이는 양력인 경우에는 1894년 또는 1894(甲午)년 월 일로 표기하고 더러 괄호 안에 음력을 부기한다. 고종은 을미(乙未,1895)년 11월 17일에 그날을 1896년 1월 1일이라 공포하여 양력을 사용하기 시작했다. 시간은 당시 조선에서 사용한 12간지(干支)에 따라 자시(子時) 등으로 표기하되, 편의상 이를테면 자시(子時,11pm-1am)는 0시경, 밤 12시경, 또는 오전 12시경으로 표기하며, 일본 측에서 오늘날처럼 하루 24시간을 오전 오후 12시간으로 나누어 표기한 경우에는 그에 따른다.

4월 27일 전주함락에 놀란 조정이 '동학란'을 진압하려고 청나라에 청병하자, 일본군이 덩달아 들어와 6월 21일 경복궁을 점령하고 청군 축출에 나섰다. 호남에서 동학군이 척왜항전을 결의하고 일어서자, 9월 18일 교주 최시형이 총동원령을 내렸다. 전봉준의 호남우도군과 남한강 유역에 기반을 둔 손병희의 호서동학군 갑대(甲隊)가 연합해 공주성 진입작전을 벌이기로 했다. 천연의 요새 공주성을 점령하고 일본 측과 협상을 벌여서 국권회복을 도모하려는 것이었다.[2]

일본은 후비보병 독립 제19대대를 파견해 연합동학군의 침공 위기에 처한 공주로 서로군을 투입하고, 진남영(鎭南營)이 있는 청주로 중로군을 보내 금강중상류에서 활동하는 호서동학군 을대(乙隊)를 토벌하려고 했다.[3] 공주성이 함락위기에 처하자 일본은 청주부근의 중로군을 공주에 투입하려고 했다. 문의 지명(芝明)에 근거를 둔 을대는 10월 29일 마달령(馬達嶺) 봉계(鳳溪) 협곡에서 중로군 지대를 격파하고 이내 공주 지원에 나선 중로군 본대의 후방을 교란해 중도에 포기하게 했다.[4] 연합동학군이 공주성 진입작전에

2 「전봉준공초(全琫準供招)」. 『동학란기록(東學亂記錄)』 하, 521-561쪽. 조선에서는 통치의 편의상 호남우도(전라우도)는 전주 익산에서 고부 정읍에 이르는 평야지대를, 호남좌도(전라좌도)는 무주에서 남원에 이르는 산악지대를 일컬었다. 충청도와 경상도도 편의상 그런 식으로 나누어 부르기도 했다.

3 1920년 동학 천도교 원로가 작성한 기록에, 교단은 "각 포를 갑을(甲乙) 이대(二隊)로 나누어 공주와 지명으로 갔다."고 했다. 용담연원, 『동학·천도교사』(1990), 63쪽. 충경포(忠慶包) 권병덕(權秉悳)은 「갑오동학란(甲午東學亂)」, 『이조전란사』(1935)에서 "동학군이 이대(二隊)로 분(分)하야 일대(一隊)는 영동 옥천으로부터 공주로 진(進)하여 전봉준과 상합(相合)하게 했고, 일대(一隊)는 회덕군(懷德郡) 지명진(芝茗津)에 지(至)하야 청주 진위대(鎭衛隊)와 교전(交戰)"하게 했다고 적었다.

4 마달령(馬達嶺)은 옥천군 군북면 증약리와 대전 동구 사이에 있는 고개다. 마달치(馬達峙), 마도령(馬道嶺)이라고도 칭한다. 1872년 「지방지도」와 20세기 초 「조선지지자

서 패전을 거듭한 것과 달리, 호서동학군 읍대는 연이어 승전하며 중로군의 공주 이동을 성공적으로 차단했는데도, 여태껏 그 사실이 알려져 있지 않은 것은 참으로 안타깝다.

호서동학군 읍대가 일본 중로군의 공주행을 막으려고 분투하던 문의 지명(芝茗)과 마달령 입구 봉계곡(鳳溪谷)이 1980년 대청호에 수몰되어 전장의 위치마저 가늠하기 어렵게 되었다. 마달령 중약에 서있는 동학전란 기념비마저 당시 전장을 적시하지 못하고 있다. 일본군이 남긴 자료가 좀 있지만 일방적이고, 관군 측 기록은 더러 있으나 부실하며, 동학군은 자료를 거의 남기지 못했다. 필자는 당시 읍대 동학군의 작전을 주도한 동학군 별동대장 이종만의 장손으로 생존 시에 직접 채집한 증언과 문중의 고사 및 관련 문헌을 종합적으로 분석해, 호서동학군 읍대의 전적을 고찰 평가하고 그 효과와 영향을 살펴서 동학전란사의 미진한 부분을 채우고자 한다.[5]

료」에 따라 마달령을 택한다.

5 이종만(李鍾萬,1870-1956): 청주 남일면 관터(館基里) 태생으로, 호적명은 이종찬(李鍾瓚), 호는 성곡(省谷), 자는 사록(士祿)이다. 어린 시절 벼슬하는 부친을 따라 전라도 능주(綾州)와 서울에서 자랐고, 청소년기 속리산 부근에서 동학교단을 도우며 무술과 지리를 익혔다. 동학전란시 전봉준의 호위무사, 문의현 집강, 동학군 별동대장을 역임했다.

I. 공주공방전에 따른 문의 지명 전투

1. 동학혁명운동과 호서동학군 갑대와 을대의 출범

충청도 '호중지방(湖中地方)'에서는 조선 5백년 역사상 반란이 16번이나 일어났다.[6] 산악이 많은 충청좌도에서 반란이 잦았다. 동학교단을 중심으로 시작된 동학혁명운동도 충청도 백두대간을 따라 번성했다. 갑오(甲午,1894)년 봄 전라도에서 동학혁명운동이 거세게 일어나자, 금강중상류 '대청지역(大淸地域)'을 비롯한 충청도 동남부와 아산만에 면한 서북부 '내포지역(內浦地域)'에서 그 열기가 대단해 전라도를 방불케 했다.[7]

4월 27일 전주가 동학군에 함락되자, 조선정부가 놀라 청나라에 청병하여 '동학란'을 진압하려고 했다. 5월 5일부터 청군이 아산만 일대로 도래하자, 일본군도 덩달아 인천으로 들어왔다. 일본군 진입에 놀란 정부가 5월 7일 서둘러 동학군과 전주화약을 체결하고 동학군이 해산했다며 양군의 철병을 요구했지만 허사였다. 일본군은 개혁을 해주겠다며 버티더니 6월 21일 경복궁을 점령해 국왕을 인질로 삼고 청군 축출에 나섰다. 청군은 6월 23일 새벽 풍도해전과 28일 밤 성환전투에서 연거푸 패배해 북으로 달아났다.

6 성해응(成海應)의 『동국명산기(東國名山記)』에는 충청도를 호중, 전라도를 호남이라고 칭했다. 경기는 호북 대신 기로(畿路)라고 했다. 호서는 제천 의림지(義林池) 서쪽으로 호중과 호북 경기를 포함한다.

7 호서동학군 을대가 활동하던 금강 중상류 문의-옥천 일대는 1980년 대청호에 수몰되었다. 편의상 '대청지역(大淸地域)'으로 부른다. '내포지역(內浦地域)'은 충청도 서북부를 말한다. 이중환의 『택리지(擇里志)』에서는 충청도 서북부 가야산 주변의 10개 고을을 내포지역으로 꼽았다.

7월 중순 전봉준 김개남 손화중 등 남접 동학군 지도자가 남원에 모여 척왜항전을 결의했다. 충청도에서도 서장옥 이종만 등이 남접에 동조해 항전 세력을 확대했다.[8] 9월 18일 동학교단에서 이를 용인하자, 남북접 동학군이 연합해서 공주를 점령하고 일본군과 협상을 벌인다는 작전목표를 세웠다.[9] 먼저 삼남 최대의 군사기지 청주 진남영(鎭南營)을 견제하고, 내포지역 해미 군영을 차단하는 것이 중요했다. 이를 위해서 '호중지방(湖中地方)'의 여러 '향토동학군'이 단합하여 소기의 역할을 해내야 했다.

전봉준의 호남우도 동학군은 갑오년 봄 혁명운동을 전개해서 전투경험이 좀 있었지만, 무장과 훈련이 부족해 공주성을 제대로 공격할 수 있을 지 의문이었다. 김개남의 호남좌도 동학군은 시기를 보아 청주 진남영을 습격할 예정이었다. 북접 동학교단의 손병희 영향 하에 '호북(湖北)' 남한강 유역에서 모집한 동학군은 전투경험이 별로 없었다.[10] 서장옥(徐璋玉,仁周,一海)은 청주에서 이종만(李鍾萬)과 남북접을 아우르며 동학혁명운동을 전개해 와, 전봉준과 합동으로 아니면 단독으로라도 금강 중상류 '호중동학군(湖中東學軍)'을 동원하여 진남영에서 신무기를 탈취해 공주를 공격하는 방안을 강구했다. 서장옥은 동학교단과도 가깝고 전봉준 김개남 손화중의 정신적 지도자로 남접대부로 불리는 등 남북접을 연계해 동학혁명운동을 전개해

8 서장옥은 1862((壬戌)년 13세 동자승으로 전라도 남원에서 최제우를 만나 영향을 받았다고 했다. 이종만도 어린 시절 벼슬하는 부친을 따라 전라도 능주(綾州)에서 자랐다. 그런 배경으로 둘은 충청도 청주인으로 전라도인과 잘 통했다.

9 「전봉준공초(全琫準供招)」, *supra*. *Supra*는 라틴어 '*Vide supra*'의 약자로 '저 위를 보라'는 뜻이다.

10 성해응(成海應)은 호북(湖北)이라고 했음직한 경기(京畿)를 기로(畿路)라고 칭했다. 위의 주 6 참조.

온 인물이었다. 이종만(李鍾萬)은 청주 남일면 관터(館基里) 태생으로 벼슬하는 부친을 따라 어린 시절 전라도 능주(綾州)에서 자라, 전라도 도인들과 가까웠다.[11] 동학혁명운동이 일어나자 그는 전봉준의 호위무사로 활동했다. 또한 그의 향리 관터(館基里)가 손천민(孫天民)의 근거지 솔뫼마을(松山里)과 이웃에 있어 함께 '호중동학군(湖中東學軍)'을 양성해온 터였다.

서장옥은 교주 최시형이 총동원령을 내린 지 불과 닷새만인 9월 23일부터 남한강 유역에서 허문숙(許文淑)이 모집해온 동학군과 금강 중상류에서 문의 오일상(吳日相), 회덕 강건회(姜建會), 청주 남일면의 손천민 이종만과 합세해 청주성 습격에 나섰다.[12] 재래식 무기를 들고 청주 진남영(鎭南營)을 습격해 신무기를 탈취한다는 것은 무리였다. 청주성을 '수십 겹으로 포위하고' 닷새나 싸웠으나 진남영은 철옹성이었다.[13]

병마절도사(兵馬節度使) 이장회(李章會)는 9월 28일 성문을 열고 나와 대대적인 반격에 나섰다. 청주 남일면 솔뫼마을 손천민(孫天民)의 동학군 근거지를 초토화했다.[14] 이틀 후 10월 1일 진남영에서는 동학군의 기세가 한풀 꺾인 것으로 보고, 체포한 동학 두령들을 무심천변에서 효수했다.[15] 동학군은 눈물을 머금고 강외면 병마산성(兵馬山城)으로 물러났다. 동학군은 3

11 능주(綾州)는 인헌왕후의 성향(姓鄕)으로 전주에 이어 목사(牧使)가 관할하는 전라도 제2의 읍성이었다.

12 이상면, 「호서동학군의 결성과 공주 출정」, 『동학학보』 제48호 (2018.6) 457, 468-478쪽.

13 『주한일본공사관기록(駐韓日本公使館記錄)』 1, 五. 東學黨에 關한 件 附巡查派遣의 件 二, (3) 報恩東學黨에 관한 報告, 1894년 11월 17일 [갑오 10월 20일].

14 손천민은 손병희의 연상의 적질(適姪)이었다.

15 『동학농민혁명일지』, 갑오(甲午,1894)년 10월 1일 조, 『관보(官報)』 인용 참조. 동학두령 이종묵(李鍾默) 정필수(鄭弼壽) 홍순일(洪順日)을 효수했다.

일 유성 파군리(破軍里)로 가기 위해 한밭(大田坪)을 지나가다가, 마침 진잠 연산 등지를 둘러보고 공주로 돌아가던 진남병 80명과 조우했다. 영관 염도희(廉道希)가 국왕의 윤음(綸音)을 보여준다며 회유하여 일단 적대의사 없이 상대했으나, 동학군은 청주에서 효수 당한 두령들의 원한으로 진남병을 에워싸 제압하고 후장총 80정과 탄약을 탈취했다.[16] 동학군은 항복을 거부하는 73명을 완력으로 살해하고 제복을 벗겨 화장했다.[17] 동학군은 탈취한 후장총 80정과 탄약을 비롯해 심지어 제복까지 노획하여, 지리와 병법에 능한 천하장사 이종만을 중심으로 별동대를 창설했다. 그들은 '한양길' 율봉도(栗峰道)가 금강을 관통하는 문의 지명나루(芝茗津)와 그 남쪽 30리에 있는 마달령 초입의 주안(周岸)을 석권하려고 했다. 지명(芝茗)과 주안(周岸)은 5일장이 서는 소읍으로 동학군의 근거지가 될 수가 있었다.

이종만은 10월 6일 손병희의 '호북(湖北)' 경강(京江) 동학군이 음성에서 괴산으로 남하하다가 충주 가흥병참기지에서 급파한 일본군 반개 소대의

16 미나미(南)가 문의전투에서 동학군이 레밍턴 소총 80정을 든 것을 본 것처럼 말했지만, 스나이더 소총을 사용한 진남영에 분실여부를 추궁한 것을 보면 동학군도 스나이더 소총을 사용한 듯하다.

17 양호도순무영(兩湖都巡撫營), 『갑오군정실기(甲午軍政實記)』, 「계초존안(啓草存案)」, 10월 9일조. '병영의 영장(領將) 염도희(廉道希)가 병정 80명을 인솔하여 연산(連山)과 진잠(鎭岑)을 나누어 순찰하고 돌아오다가, 공주 한밭에서 비도(동학군) 1만여 명과 조우해 사로잡혀 불에 타 죽었다'(啓謄報則兵營領官廉道希領率兵丁八十名分巡連山鎭岑回到公州大田地突遇匪徒萬餘名被擒燒殺). 조정에서는 죽음을 택한 진남병 73인의 뜻을 기려 청주에 모충사(慕忠祠)를 지었다. 나중에 서울에 장충단(奬忠壇)을 지어 거국적으로 그 뜻을 기렸다. 충경포 차접주 권병덕(權秉悳)은 「갑오동학란(甲午東學亂)」에서 한밭(大田坪,太田)에서 일어난 진남병 73명 몰살 사건을 회덕 접주 강건회(姜建會)의 소행으로 적었다. 권병덕(權秉悳), 『이조전란사』(1935). 『한민족문화대백과사전』에서는 옥의포 대접주 박석규(朴錫圭)가 주도한 것으로 적었다.

공격을 받고 있다는 소식을 듣고, 손천민과 함께 별동대를 앞세운 대청지역 '호중(湖中)' 동학군을 이끌고 괴산으로 달려가서 그 배후를 쳤다.[18] 일본군은 1명의 사망자와 하라다(原田常八) 소위를 비롯한 4명의 부상자를 내고 7일 새벽 퇴각했다.[19] '호중(湖中)' '호북(湖北)' 두 동학군은 이내 괴산을 떠나 보은 장내리 대도소로 이동하여 호서동학군(湖西東學軍) 갑대(甲隊)와 을대(乙隊)로 재편되었다. 전봉준이 13일 호남우도 동학군을 이끌고 논산으로 가는 것과 동시에 호서동학군 갑대와 을대는 임시대도소가 있는 청산으로 이동했다.

최시형은 14일 출정식에서 손병희에게 '통령기(大將旗)'를 내리고 전봉준과 함께 공주로 출정할 것을 명령하고, 그 소식을 즉시 전봉준 대장에게 알렸다. 전봉준은 북접교단의 연합의사를 확인하고 16일 논산에서 충청관찰사 박제순(朴齊純)에게 양호창의영수(兩湖倡義領袖) 명의로 격서(檄書)를 보냈다.[20] 전봉준은 관찰사에게 "크게 반성하여 일본군을 몰아내는데 동학군과 의(義)로써 함께 싸우다가 죽기를 바란다"며, 골육상쟁을 피하고 힘을 합하여 일본군을 물리치자고 제안했다.[21] 그 속에 관찰사가 불응하면 동학군이 충청감영 금영(錦營)이 있는 공주성을 공격하겠다는 뜻이 들어있어 '개전서(開戰書)'와 같은 것이었다.

18 『주한일본공사관기록』 1, 六, 동학당정토관계(東學黨征討關係)에 관(關)한 제보고(諸報告), (14) 충청도동학당토벌상황(忠淸道東學黨討伐狀況) 및 전황보고(戰況報告) 사본송부(寫本送付), 1894년 11월 27일 [갑오년 11월 2일].

19 Id. Id.는 라틴어 Ibidem의 준말로 '바로 앞의 주와 같다'는 뜻이다. 보편화되어 Id. 대신 Id로 쓴다.

20 「전봉준상서(全琫準上書)」, 『선유방문병동학도상서소지등서(宣諭榜文竝東徒上書所志謄書)』, 『동학란기록(東學亂記錄)』 하, 383-384쪽.

21 Id. "복원(伏願) 각하(閣下) 맹성(猛省) 동사이의(同死以義) 천만행심(千萬幸甚)."

별동대장 이종만은 강건회 오일상 등과 호서동학군 을대(乙隊)를 이끌고 '한양길' 율봉도(栗峰道)가 지나가는 금강 남안 지명장터(芝茗場)로 이동해 진남영과 대치했다.[22] 손병희의 호서동학군 갑대(甲隊)는 영동 옥천 등지에서 온 동학군을 포함하여 세를 불렸다. 전봉준이 19일 논산에서 노성으로 북상하는 것과 때를 같이 하여, 손병희는 청산을 떠나 옥천으로 서진했다.[23] 전봉준은 일본 서로군이 천안으로 남하한 가운데 21일 김복용(金福用) 동학군이 목천 세성산(細城山) 전투에서 패배하자, 23일 선진을 공주 남변 인근 이인으로 보냈고, 본진은 동남쪽 경천에 집결했다. 손병희도 같은 날 선진을 공주 서변 금강 우안으로 보냈고, 본진을 공주 동쪽 한다리(大橋) 못미처 '한솔벌'에 집결했다.[24] 두 영수는 24일 '공주성 북문외(北門外)'에서 회동해

22 수원 진천 청주로 이어지는 '한양길' 율봉도가 문의 청남대 전망대 인근에서 정남으로 난 금강나루를 건너 지명산과 황호리 북단 누루꾸지 중간에 있는 지명장터로 이어졌다. 율봉도는 다시 지명에서 정남으로 30리 밖 주안(周岸)으로 이어져 동쪽 옥천과 서쪽 회덕으로 연결되어 삼남으로 통했다.

23 표영삼은 [호서동학군 갑대가] 14일 출정식 후 "청산을 떠나 영동 심천과 진산을 거쳐 16일에 논산에 당도하였다."고 주장했으나, 그가 인용한 『기문록(記聞錄)』에도 근거가 없다. 표영삼, 「손병희 통령과 동학혁명」 『교사교리연구』 (서울, 천도교중앙총부, 2000), 7면. 『기문록(記聞錄)』, 갑오년 10월 14-20일조 참조.

24 『공산초비기(公山剿匪記)』 「이인지전(利仁之戰)」: "이날[23일] 오시(午時)에 우금치(牛金峙) 파수군이 '이인 근처에서 총 소리가 갑자기 들렸고, 또 대포소리가 몇 발 들렸다'고 보고했다. 감영 아래 있던 사람들이 놀라고 두려워하며 이상하게 여겼다(是午牛金峙把守軍稱利仁近處砲聲忽起又有大砲數聲營下人心驚懼異常). 황급히 어떤 이가 급히 보고하기를, '적병이 봉황산(鳳凰山) 뒤쪽 [금강우안]에 몰래 와서 막 웅진(熊津)을 건넜다'고 했다(忽有人飛告賊兵自鳳凰山後潛來方度熊津.)". 『소모일기(召募日記)』 10월 25일조: "각처 관리들의 탐문보고에 황간 영동 적들이 23일부터 옥천을 지나 공주로 향한다고 하더라 (各處探吏回告內 黃永諸敵 自二十三日 始踰玉川 將向公州云)." 손병희의 경강(京江,漢江) 동학군은 청산 황간 영동 등지에 분산 수용되었다가, 19일 옥천으로 이동했고, 23일 자정을 넘어 비가 그치자 꼭두새벽 공주로 향했다.

함께 진입작전을 전개할 태세였다.

2. 일본 중로군의 남하와 호서동학군 을대의 차단작전

(1) 일본 중로군의 공주 수성군 지원

전봉준과 손병희 두 영수는 10월 24일 공주성 '북문외(北門外)'에서 회동하기로 맹약했지만, 그날 아침 손병희가 영솔한 호서동학군 갑대가 한다리(大橋) 못미처 '한솔벌' 전투에서 홍운섭(洪雲燮) 경리청군 2개 소대에 격파당했다.[25] 전봉준은 그날 아침부터 호남우도 동학군을 이끌고 공주성 동변 효포로 가서 '곰티(熊峙)'로 진입작전을 시도하다가 손병희 동학군이 오전에 '한솔벌'에서 패전해 퇴각했다는 소식을 듣고 낙담했다. 그날 오후 늦게 모리오(森尾) 대위가 이끄는 일본 서로군 반개 중대와 이규태(李圭泰)의 통위영 병력 301명이 금강진(錦江津)을 건너 유유히 공주에 입성했다.

그 무렵 동학당정토(東學黨征討) 야전총책 후비보병 제19대대장 미나미 고시로(南小四郎) 소좌가 중로군 중대 202명과 부속된 조선 교도병 중대 328명을 이끌고 청주에 입성했다.[26] 진남영의 이장회(李章會) 병마절도사가 그

25 『순무선봉진등록(巡撫先鋒陣謄錄)』, 갑오(甲午,1894), (勸獎) 10월 25일조의 '옥천포'와, 공산초비기(公山剿匪記) 효포지전(孝浦之戰)의 '영옥포'는 포명이 아니라, 영동과 옥천에서 온 호서동학군이라는 뜻이다. '한솔벌'은 세종시 한솔동 일대다. 『공산초비기(公山剿匪記)』「효포지전(孝浦之戰)」 참조.

26 미나미(南) 소좌가 이끈 후비보병 제19대대에는 동로군 서로군 중로군 3개 중대가 있었고, 각 중대는 3개 소대로 구성되어 있었다. 미나미(南)는 대대 직속 1개 소대를 포함하여 중로군 중대 3개 소대, 도합 4개 소대를 직접 지휘했다. 『주한일본공사관기록』 6, 二, 각지동학당정토(各地東學黨征討)에 관한 제보고(諸報告), (2) 동학당정토약기(東學黨征討略記), 1895년 5월. 이하, 미나미 고시로(南小四郎), 「동학당정토약기

를 영접하고 최근 문의(文義)와 연기(燕岐)에 준동하는 '난폭한' 오일상(吳日相) 이종만(李鍾萬) 동학군과 회덕에서 판치는 강건회(姜建會) 동학군의 실태를 보고했다.[27]

미나미(南) 소좌는 25일 문의와 연기 쪽으로 척후를 보내 동학군의 동태를 살피게 했다.[28] 저녁 7시 20분경 척후가 돌아와 보고하기를, 연기 쪽에는 약간의 동학군이 산 위에 있는데, 그 모습이 마치 초병(哨兵) 같았고, 서남쪽에서 총성을 들었다고 했다.[29] 문의에 갔던 정찰대는 동학군이 문의 남쪽 금강 건너편 산기슭에 하얗게 집결하고 있다고 보고했다.[30] 또한 그 무렵 미나미(南) 소좌가 입수한 정보에 의하면, 24일 당진 면천(沔川) 승전곡(勝戰谷) 전투에서 아카마츠(赤松) 소위의 서로군 지대 반개 중대가 포위지경에 몰렸다가 혈로(血路)를 열고 홍주 방면으로 달아났는데, 검은 옷을 입고 외제 후장총으로 무장한 적도(동학군) 50여 명이 문의로 이동했다고 했다.[31]

(東學黨征討略記)」라고 인용한다.

27 문의접주 오일상(吳日相)의 집은 한다리(大橋) 인근 월성리(月城里)에 있었다. 이종만(李鍾萬)은 청주 남일면 관터에서 태어나 자랐으나 동학혁명운동시 회인현 북면 수곡리(首谷里) 뫼꼴에 집이 있었다.

28 『주한일본공사관기록』 1, 六, 각지동학당정토에 관한 제보고, (8) 「문의부근전투상보(文義附近戰鬪祥報)」 1894년 11월 23일 [갑오년 10월 26일].

29 미나미 고시로(南小四郎), 「동학당정토약기(東學黨征討略記)」 *supra*.

30 Id.

31 Id. 아카마츠(赤松) 지대는 일본군 78명에 부속 관군 34명 및 태마(駄馬) 5두로 구성되어 있었다. 동학군이 주로 사용한 화승총(火繩銃)은 전장총으로 병사가 총신을 세우고 납덩이 탄환을 총구로 넣은 다음 화승에 불을 붙여 타들어가 속에서 탄약이 폭발할 때까지 기다려야 했다. 외제 후장총은 병사가 총구를 앞으로 하고 총신을 눕힌 채 총탄을 장전하여 그대로 발사했고 사정거리도 10배가 넘었다.

(2) 호서동학군 을대의 일본 중로군 저지전략

문의 부근 금강 남안 지명(芝茗)에 집결해 있던 호서동학군 을대는 24일 오전 한다리(大橋) '한솔벌' 전투에서 손병희의 호서동학군 갑대가 관군에 무너졌다는 소식에 큰 충격을 받았는데, 공교롭게도 같은 날 이종만 별동대가 면천 승전곡 전투에서 현지동학군과 함께 서로군 지대를 포위해 격파했다는 소식에 크게 고무되었다. 문의접주 오일상(吳日相)은 연기현 남면 월성리에 집이 있어 24일 인근 '한솔벌' 전투에서 손병희의 호서동학군 갑대를 지원하다가 홍운섭 경리청 군에 패배했던 터에, 승전곡 전투에서 이기고 돌아온 이종만 별동대장에게 지명(芝茗)에서도 전투를 주도해 줄 것을 부탁했다.[32]

이종만은 지난 봄 동학혁명운동 시기에는 전봉준의 호위무사가 되어 전투경험을 쌓았고, 여름에는 그 자신이 회인현 북면, 문의현 동면, 청주목 남일면 일대에 근거지를 둔 인의포(仁義包) 동학군을 이끌고 문의현을 점령하여 집강(執綱)이 되었다.[33] 그는 앞서 살핀 바와 같이 10월 6-7일 손천민과 함께 별동대를 앞세운 '호중동학군(錦江東學軍)'을 이끌고 괴산전투에 참가해 하라다(原田常八) 소위의 일본군 반개 소대를 격파했다.[34] 그 후 손천민이 전

32 오일상(吳日相)은 이종만과 호제호형 하는 사이로 동학전란 후 행적이 묘연하다가 1903년 9월 충청도 연기군 남면 월성리 발생 살인사건을 다루는 법정에서 이웃 주민으로 증언시 자신의 지위를 관령(管領) 집강(執綱)이라고 진술했다. 연기군 남면 월성리에서 발생한「전영록 치사사건 보고서」(1903.9). 연기현은 1895년 연기군으로 개칭되었다.

33 이종만은 만년에 갑오년 여름 문의현 관아에서 삼현육각(三絃六角) 연주 속에 집강 취임식이 열린 것을 회고했다. 그의 자(字) 사록(士祿)은 교지에 쓰인 사록(賜祿)에 연유하는 듯하다.

34『주한일본공사관기록』1, 六, (14) 충청도동학당토벌상황(忠淸道東學黨討伐狀況) 및

장을 떠나 동학교단에서 최시형을 보필하게 되자, 송산포(松山包) 동학군을 자신의 인의포(仁義包) 동학군과 합하고 오일상의 문의포와 연합하여, 대청 지역 일대에서 가장 강력한 동학군을 이끌게 되었다. 이종만은 오일상 강건회 박석규 등과 의논해 지명 일대 야산에 문의 회인 회덕 등 현지 동학군을 중심으로 진잠 주안 옥천 등 50여 포에서 온 동학군을 강 건너 적진을 향해 포진케 했다.[35] 별동대 80명을 풀어 각 포에서 온 동학군을 훈련시키고 지휘 체계를 세웠다. 작전목표는 청주에서 문의로 남하하는 중로군의 금강 도하를 저지하고, 공주행을 막아내는 것이었다.

3. 지명진 공방전

미나미(南小四郎) 소좌는 10월 26일 오전 1시 30분 청주에서 일본 중로군 중대 202명과 일본군 하사 17명을 붙인 조선 교도중대 328명 및 진남병 100명을 포함한 대대병력을 이끌고 40리 남쪽 문의로 이동했다.[36] 26일 이른 아침 문의에 도착해 보니 이상하게도 동학군은 하나도 보이지 않았다.[37] 수

전황보고사본송부(戰況報告寫本送付).

35 강건회의 회덕포 오일상의 문의포 박석규의 옥의포 등 을대 동학군 일부는 23일 갑대 동학군을 향도하여 한다리(大橋)로 출진했다가 24일 아침 홍운섭 경군의 급습을 받고 무너져 근거지 지명(芝茗)으로 돌아와 청주 진남영에 대적했다.

36 미나미 고시로(南小四郎)는 「문의부근전투상보(文義附近戰鬪祥報)」, *supra*에서는 오전 1시 30분에 문의를 향하여 청주를 출발했다고 썼고, 「동학당정토약기(東學黨征討略記)」, *supra*에서는 밤 12시 청주를 출발했다고 진술했다. 교도중대는 26일 자시(子時)에 문의로 향해 청주를 떠났다고 보고했다. 『순무선봉진등록(巡撫先鋒陣謄錄)』 갑오 11월 초3일조.

37 미나미 고시로(南小四郎)는 「문의부근전투상보」에서는 오전 8시 문의에 도착했다고 썼고, 「동학당정토약기에서는 새벽 6시에 도착했다고 진술했다.

소문해본 결과, 문의 남쪽 금강 건너편 지명(芝茗) 일대에 집결해 있다고 했다.[38]

11시 30분 일본군은 문의에서 남진해 지명(芝茗)을 조망할 수 있는 높은 언덕을 발견해, 작은 촌락 하나를 두고 사격을 하여 그 언덕을 점령했다.[39] 강 건너 지명(芝茗) 일대를 바라다보니 산으로 둘러싸여 방어에 유리하고 공격에 불리한 지형이었다.[40] 지명장터(芝茗場)에 동학군 3-4백 명이 부산하게 움직이고 있었다. 주변 야산에도 '1만 2-3천 명'쯤 되는 동학군이 허옇게 보였다.[41] 50여 개 깃발을 올리고 동학구호를 외치고 있어 몹시 시끄럽게 느꼈다. 미나미(南) 소좌는 전일 24일 면천 승전곡 전투 후 검은 옷을 입고 외제 후장총을 든 적도(동학군) 50여 명이 문의로 급히 이동했다는 첩보를 입수하고 긴가민가했는데, 실제로 지명장터(芝茗場)를 내려다보니 놀랍게도 그들로 보이는 검은 옷을 입은 자들이 후장총을 들고 흰옷 입은 동학군을 훈련, 지휘하고 있었다.[42]

11시 45분 동학군 척후가 일본 중로군과 부속 관군이 강북 언덕에 당도한 것을 포착하고 전투태세를 취했다. 동학군 전위가 전진해 하상 중앙까지 접

38 Id.

39 Id.

40 Id.

41 「문의부근전투상보」, *supra*. 1만 2-3천 명은 과장된 것으로 보인다. 각기 깃발을 든 포와 접에서 50명 정도 온 것으로 보면, 실제로는 2-3천 명이었을 것으로 생각된다.

42 미나미 고시로(南小四郎), 「동학당정토약기」 *supra*. 미나미는 검은 옷을 입은 동학군 20여 명이 흰옷 입은 동학군을 지휘하는 모습을 향후 연산전투에서도 보게 된다. 『주한일본공사관기록』 1, 七,(7) 「연산전투상보(連山戰鬪詳報)」, 1894년 12월 10일 [갑오년 11월 14일].

근했다.[43] 일본군은 1개 소대를 전위 쪽으로 가게 했다. 동학군 십여 명이 강을 건너 북안으로 이동해 배수진을 치려고 했다. 일본군이 조준사격을 해 동학군 몇이 쓰러졌다.[44] 금강 남안에서 동학군이 쏜 총탄이 일본군 진지에 날아들었다.

미나미(南)는 동학군의 무장이 형편없는 줄 알았는데, 자세히 살펴보니 미제 레밍턴(Remington) 소총을 든 검은 옷을 입은 자가 80명이나 되었다.[45] 실탄을 충분히 사용하여 공격하고 있는 것이 신기했다.[46]진남영에서 분실한 것이 아닌가 문의해 보았더니 그런 일이 없다고 했다.[47] 미나미(南)는 검은 옷을 입은 자들이 혹시 청병이 아닌가 살펴보았다. 자세히 보니 조선 관군과 같은 복장을 하고 흰옷 입은 동학군을 지휘하고 있었다.[48] 그들이 전법에 맞게 포진하고 전개하는 것이 볼만하다고 느꼈다.[49]

금강을 사이에 두고 사격을 주고받은 지 두어 시간이 흘렀지만, 그런 식으로 해서 승부가 날 전투가 아니었다. 미나미(南) 소좌는 도하작전을 염두에 두고 전위소대를 금강 가까이 전진 배치했다. 그 무렵 강 건너 동학군 진지에서 대포소리가 울렸다.[50] 천지를 진동하는 듯한 굉음에 일본군은 몸을

43 Id.

44 Id.

45 Id.

46 Id. 미나미(南)가 실탄을 충분히 사용하는 것을 보고 신기해 했다는 것은 공급이 자유롭지 않은 후장총의 실탄을 의미하는 것이었다.

47 Id. 당시 진남영에서는 영국제 스나이더(Snider-Enfield) 소총을 사용했다.

48 Id. 미나미(南)는 「동학당정토약기」에서 "동학도(東學徒)들은 모두 백의를 입었는데, 그 적군 중에 한병(韓兵)과 같은 복장을 한 자 수십 명을 보았기 때문이다."라고 진술했다.

49 Id.

50 Id.

움츠렸다. 얼마 후 대포소리가 또 지축을 흔들었다. 일본군 전위는 그 굉음에 놀라 전진하려 하지 않았다. 병사들이 청주에서 밤새 5십리나 걸어와서 쉬지도 못하고 전투에 임해 지쳐 있었던 탓인지, 대포소리에 놀라 풀이 죽은 기색이 역력했다. 미나미(南) 소좌는 하는 수 없이 예하 병력을 문의 쪽으로 철수시켰다.[51] 우선 휴식을 취하게 하고 작전을 다시 짜기로 했다.

4. 지명진 안개작전과 동학군의 후퇴

밤이 깊어갈수록 안개가 짙어졌다.[52] 미나미(南) 소좌에게 묘안이 하나 떠올랐다. 강 건너 지명(芝茗) 일대에 동학군이 잠들어 있는 틈에 은밀히 특공대를 남안으로 보내 그 배후를 치기로 했다. 야음을 타고 낮에 싸운 그 언덕으로 다시 접근했다. 10월 27일 0시가 되자 미나미(南)는 2개 분대 특공대를 지명진(芝茗津) 북안에서 금강을 거슬러 남쪽으로 보냈다. 특공대는 은밀히 도강하여 북진해 황호리(黃湖里) 누루꾸지 등 지명장과 그 주변 동네에 유진해 있던 동학군을 기습했다.[53]

잠자던 동학군들이 기겁을 하고 남쪽 주안(周岸)과 서남쪽 회덕(懷德) 방면으로 달아났다.[54] 미나미(南) 소좌는 기습에 성공하자, 0시 20분 금강 북안

51 Id.

52 지명 날씨는 장위영 영관 이두황(李斗璜)이 같은 날 비슷한 시각 문의에서 30리 되는 연기현 봉암동 (현재 세종시 연서면 봉암리) 강가에서 관측한 날씨를 참고했다. 『양호우선봉일기(兩湖右先鋒日記)』 10월 27일조.

53 「문의부근전투상보」 *supra*,

54 Id. 미나미(南)의 전투상보에서는 동학군은 모두 서남쪽 회덕 쪽으로 물러갔다고 썼다. 그러나 그의 「동학당정토약기」에는 남쪽 중약 쪽으로 추격 격퇴시켰다고 말했다.

에 있던 전위소대를 남안으로 이동시켰다.[55] 동학군을 추격하기 위해 또 2개 소대를 투입했다.[56] 짙은 안개 속에 동학군을 추격하기가 어려웠다. 곳곳에 지뢰가 매설되어 있어 전진하기조차 힘들었다.[57] 앞서나가던 우에노(上野三藏) 일등병이 지뢰를 밟아 부상당했다.[58]

미나미(南) 소좌는 동학군 추격에 조선 교도병을 투입하기로 했다. 교도중대 328명을 109 명씩 3개 소대로 나누어 시라키(白木) 중위와 미야모토(宮本) 소위에게 각각 1개 소대씩 배정했고, 나머지 1개 소대는 본대 소속으로 했다. 그리고 시라키 중위가 이끄는 좌지대에는 중로군 2개 분대를 붙여주고,[59] 원래 교도병 중대에 부속된 제18대대에서 차출된 일본군 하사 이하 17명은 미야모토 소위의 우지대에 배정했다.[60]

미나미(南) 소좌는 동학군이 '새어나가' 청주로 우회해서 배후를 칠 것이 염려되어서, 새벽 3-4시 시라키(白木) 중위로 하여금 좌지대를 이끌고 지명(芝茗)에서 남진하게 하여 회인을 거쳐 보은으로 가며 토벌하도록 했다.[61] 동학군이 청주쪽으로 '새어나가' 배후를 차단하지 않는다는 것을 확인하기 위한 것이었다.[62]

55 Id.

56 Id.

57 미나미 고시로(南小四郎), 「동학당정토약기(東學黨征討略記)」 *supra*.

58 「문의부근전투상보」 *supra*,

59 『주한일본공사관기록』 1, 六, (20) 「석성부근전투상보(石城附近戰鬪詳報)」, 1894년 12월 1일 [갑오년 11월 5일].

60 『주한일본공사관기록』 1, 六, (11) 「증약부근전투상보(增若附近戰鬪詳報)」. 1894년 11월 26일 [갑오년 10월 29일].

61 미나미 고시로(南小四郎), 「동학당정토약기(東學黨征討略記)」 *supra*.

62 Id.

한낮이 되어 안개가 걷히자, 미나미(南)는 예하 병력을 풀어 지명 주변과 인근 동네 및 들판과 산기슭을 돌며 노획품을 모으는 등 전장을 정리했다.[63] 동학군이 야영하던 곳과 취사장 등이 보여 이곳이 근거지였다는 것을 보여 주었다. 미나미(南)는 금강 남안에 머물다가 동학군의 기습을 받게 되면, 큰 위험에 빠질 수 있다는 생각이 들어 오후 4시 30분 예하 병력을 문의로 철수 시켰다.[64]

II. 공주성 포위작전에 즈음한 호서동학군 을대의 증약 마달령 전투

1. 호서동학군 갑대와 을대의 협조된 작전

10월 26-27일 호서동학군 을대가 일본 중로군과 문의 지명(芝茗)에서 전투를 벌이던 때, 전봉준과 손병희의 연합동학군은 25일 공주성 동변 곰티(熊峙) 진입작전 후 효포 동쪽 시야산(時也山)에 집결했다가 심야에 관군의 기습을 받고 남쪽으로 물러났다.[65] 손병희의 호서동학군 갑대도 그 뒤를 따르며 추격하는 관군과 전투를 벌였다.

63 「문의부근전투상보」 *supra*, 일본군은 창 12자루, 화승총 6정 화살 천 다발과 깃발 수십 폭을 노획했고, 노획한 소 12두와 말 16필 중 말 6마리를 갖고 나머지는 관군에게 주었다.

64 Id.

65 『순무사정보첩(巡撫使呈報牒)』, 기36(其三十六) 갑오년 10월 24-27일조.

당시 두 영수는 서로 통하기는 했지만 아직 회동할 처지는 아니었다.[66] 준비를 잘 해서 공주성 진입작전을 다시 전개하기로 했다. 전봉준 동학군은 27일 경천으로 물러났다. 손병희는 같은 날 이인에 머물며 인근 지역에서 병력을 충원하고 병참도 보충하기로 했다. 호남에서 북상한 전봉준 동학군이 공주성 진입작전에서 남변과 동변을 맡고, 남한강 유역에 기반을 둔 손병희 동학군이 청산에서 병력을 보충해 옥천을 거쳐 금강을 따라 공주로 서진했으니, 공주성이 금강에 연접한 북변과 서변을 맡기로 한 것은 일리가 있었다.[67]

전봉준 동학군과 손병희 동학군은 28일 각기 교조탄신제례를 지냈다.[68] 손병희는 동학교단의 역량을 다시 모아 공주성 서변 봉황산 하고개로 진입작전을 펴려고 했다. 유구 등 인근 각처에 통첩을 보내 참전을 독려했다. 호서동학군이 역량을 결집해 하고개 진입작전에 성공한다면, 24일 공주성 북문외(北門外)로 제때 당도하지 못해 진입작전에 차질을 빚은 것을 반전시킬 수도 있는 것이었다.

전봉준은 일단 논산으로 물러나 모병을 더 하고 병참을 보충한 뒤에 공주성 진입작전을 다시 하고자 했지만, 손병희가 그전에 동학교단의 역량을 모아 공주성 서변으로 진입작전을 치르기를 원한다면 동변과 남변으로 공격

66 손병희가 영솔하는 호서동학군 갑대의 이동경로와 전봉준의 호남우도 동학군과의 합진시기에 관해서는 이상면, 「호서동학군의 결성과 공주 출정」, 『동학학보』 제48호 (2018.6) 457, 468-478쪽 참조.

67 공주성 진입작전 시 전장 배분은 전봉준이 22일 작전명령을 내릴 때 손병희의 호서동학군 갑대가 집결할 곳으로 공주성 '북문외(北門外)'로 지정했고, 손병희가 이를 수락하여 결정되었다.

68 10월 28일은 교조 수운 최제우의 탄신일로 동학도들에게 매우 중요한 기념일이다.

할 용의가 있었다. 손병희는 우선 호서동학군 갑대의 병력을 강화하고 병참을 보충해야 했다. 아울러 내포지역에서 박인호 등이 현지동학군을 이끌고 홍주로 가서, 승전곡 전투에서 패배하여 홍주성에 들어가 있는 아카마츠(赤松) 서로군 지대가 공주로 이동하지 못하게 하고, 또 대청지역에서 중로군이 공주로 이동해 동학군의 배후를 치지 못하게 하는 것이 중요했다.

내포지역에서는 이미 박인호 동학군이 27일 예산 신례원(新禮院) 전투에서 승전하여 28일 오후 홍주성을 포위하고 관군과 아카마츠(赤松) 지대를 상대로 전투를 벌이고 있었다.[69] 대청지역에서는 28일 호서동학군 을대(乙隊)가 옥천에서 교조탄신제례를 지낸 후, 문의의 중로군의 행보에 촉각을 세우고 만일 서로군을 지원하러 공주로 간다면 그 배후를 교란해 중도에 포기를 유도하기로 했다.

손병희 동학군은 28일 교조탄신제례 후 공주서변 봉황산 방면으로 이동했다. 유구 등 여러 곳에서 동학군이 합세했고 병참도 보충했다. 전봉준도 손병희 동학군이 공주서변을 공격하는 가운데 동변 곰티와 남변 우금치로 진입작전을 전개하면 성내 관군 일본군이 분산, 약화되어 승산이 있다고 생각했다.[70]

69 『주한일본공사관기록』 1, 六, (30) 「홍주부근(洪州附近) 동학당정토(東學黨征討) 및 시찰소견(視察所見)에 관한 야마무라(山村) 대위(大尉)의 보고사본(報告寫本) 송부(送付)」. 1894년 12월 25일 [갑오년 11월 29일].

70 전봉준의 호남우도 동학군과 손병희의 호서동학군 갑대가 공주성 진입작전을 전개하다가 10월 29일 그믐날 논산으로 갔다는 것은, 「전봉준공초(全琫準供招)」 을미(乙未,1895)년 3월 7일조 참조, 손병희의 호서동학군 갑대를 종군한 임동호도 비슷한 취지를 회고록에 남겼다. 『균암장임동호씨약력(均菴丈林東豪氏略歷)』. 같은 날 공주성이 함락위기에 처했다는 것은, 『양호우선봉일기(兩湖右先鋒日記)』, 갑오년 11월 1일조 참조. 문의의 미나미(南) 일본 중로군이 역시 같은 날 위기에 처한 공주를 지원하러

그 무렵 동학당정토 최고책임자인 일본공사 이노우에(井上馨)가 공주를 방문해 최근 공주성 전투상황을 보고받았다. 충청관찰사 박제순은 지난 21일 세성산 전투에서 김복용 동학군을 격파한 장위영 영관 이두황을 초치하여 27일 일본공사 이노우에(井上)의 치하를 받도록 했다. 공교롭게도 바로 그날 예산 신례원 전투에서 박인호 동학군이 홍주에서 온 1천여 관민병을 격파했다.[71] 이두황은 28일 그 급보를 받고 29일 아침 내포지역으로 출동할 예정이어서, 공주성 진입작전에 좋은 징조로 보였다.[72]

2. 일본 서로군과 중로군의 작전계획

10월 28일 미나미(南) 소좌는 문의에서 중로군을 거느리고 주안(周岸)으로 남하해서 동학군을 마달령 너머로 축출하려고 했다. 우선 미야모토(宮本) 소위로 하여금 교도병 1개 소대 109명에 18대대에서 온 일본군 하사 이하 17명을 붙인 중로군 지대를 이끌고, 전일 지명전투 후 동학군이 달아난 회덕(懷德)으로 가게 했다.[73] 연합동학군이 공주 남쪽 이인과 경천에서 세를 불리고 있어 신경이 쓰이던 차에, 저녁에 공주의 모리오(森尾) 대위가 급보를 보내왔다. 동학군이 공주로 다시 몰려들고 있어 "형세가 극히 위험하니

나섰던 것은, 미나미 고시로(南小四郎), 「동학당정토약기」, *supra* 참조.

71 『양호우선봉일기(兩湖右先鋒日記)』, 갑오년 10월 27일조.

72 Id. 갑오년 10월 29일조.

73 『주한일본공사관기록』 6, 二, 각지동학당정토에 관한 제보고, (3) 각지(各地) 전투상보(戰鬪詳報) 및 동학당정토책(東學黨征討策) 실시보고서(實施報告書) 송부(送付)의 건(件), 1895년 5월 13일 [을미 6월 5일].

속히 와서 구원해 달라"는 것이었다."[74] 또한 인천 남부병참감부 이토 스케요시(伊藤祐義) 사령관이 연합동학군의 공주 공격이 예상된다며 미나미(南) 소좌의 중로군과 홍주성에 있는 아카마츠(赤松) 소위의 서로군 지대가 공주로 가서 서로군 본대와 합세하라고 지시했다.[75] 명일 남쪽으로 토벌하려던 미나미(南) 소좌는 곤혹스러웠다. 성급히 공주로 출동하다가는, 최근 지명(芝茗) 전투 후 남쪽으로 물러난 동학군이 다시 북상하게 되면, 청주로 간 지대와 연결이 끊어지게 되어 배후를 차단당할 염려가 있었다.[76]

게다가 공주(公州)와 문의(文義) 사이에는 산악과 구릉이 널려있는데다가, 동학군 중에서도 난폭자로 유명한 오일상(吳日相)과 이종만(李鍾萬)의 무리가 그 사이에 잠복해 있을지도 몰라, 섣불리 공주로 가기가 어려웠다.[77] 전일 남쪽 주안으로 쫓아버린 동학군이 다시 올라와 배후를 교란할 가능성도 있어서, 공주(公州)를 후원하러 가려면, 우선 남쪽으로 물러난 호서동학군을대를 먼저 토벌하는 것이 순리였다.[78] 그런 생각을 하며, 청주로 보낸 지대를 기다리고 있었는데, 남쪽 주안으로 보낸 지대로부터 동학군을 마달령 너머로 물리쳤다는 보고가 들어왔다.[79] 그제야 미나미(南)는 마음이 좀 놓였던지, 명일 이른 아침 서로군을 구원하러 공주로 출동하기로 작정했다.[80]

미나미(南)는 막상 29일 아침 7시 공주로 가기 위해 연기(燕岐)를 향해 문

74 미나미 고시로(南小四郞), 「동학당정토약기(東學黨征討略記)」, *supra*.
75 『주한일본공사관기록』1, 六. (30) 야마무라 대위(山村大尉)의 보고사본송부(報告寫本送付), *supra*.
76 미나미 고시로(南小四郞), 「동학당정토약기(東學黨征討略記)」, *supra*.
77 Id. 오일상과 이종만은 호제호형하는 사이로 대개 함께 활동했다.
78 Id.
79 Id.
80 Id.

의를 떠나려고 했으나, 각종 보고가 연달아 들어와 3시간쯤 지연되었다.[81] 금영에서는 연합동학군이 24-25일처럼 공주 동변 북변뿐만 아니라 남변과 서변으로 몰려들고 있어 신경이 곤두서 있었다. 회덕으로 파견해둔 미야모토(宮本)지대에게는 본대가 공주로 가니 별 일 없으면 연기 쪽에서 합류하자고 지시를 내리고, 10시경 문의를 떠났다.[82] 공교롭게도 미나미(南)의 전령이 회덕 지대에 도달하기 훨씬 전에, 미야모토(宮本)는 옥천에서 을대 동학군이 마달령으로 대거 이동한다는 첩보에, 오전 9시 지대를 이끌고 질티(質峙)를 넘어 주안(周岸)으로 향했다.[83]

3. 증약부근 마달령 봉계곡 전투에서 동학군 승리

10월 29일 오전 날씨는 맑고 푹했다. 이인에서 손병희가 갑대 동학군을 이끌고 공주성 서변 봉황산 쪽으로 향했다. 경천의 전봉준 동학군도 공주성 동변 곰티와 남변 우금치 쪽으로 접근했다. 미나미(南) 소좌가 문의에서 중로군 본대를 이끌고 공주로 간다는 봉화가 오르자, 옥천의 호서동학군 을대도 주안(周岸)을 거쳐 문의로 가서 그 배후를 교란하기로 했다.[84] 내포지역 동학군은 28일 저녁부터 밤새 홍주성을 포위하고 아카마츠(赤松) 서로군 지

81 Id.

82 Id.

83 주안(周岸)은 30리 북쪽의 지명(芝茗)처럼 5일장이 서는 대청지역 남부의 중심이 되는 소읍이었다. 경제상 안보상 중요성으로 인해 청주목에서 비지(飛地)로 직접 관할했다.

84 봉화제도는 원래 관에서 유지해왔던 것이나, 1887년 창설된 조선전보총국에서 1888년 서울 공주 전주 대구 부산을 잇는 전신업무가 개시되어 점차 전신으로 전환되어 갑오경장 무렵 소멸되었다.

대와 전투를 벌이고 있었다. 손병희 군은 유구 등 인근 동학군이 합세해 봉황산 하고개 진입작전에 힘이 실렸다. 하고개는 곰티(熊峙)처럼 높지 않고, 금영이 가까워 성공할 가능성이 있었다. 게다가 전봉준이 우금치와 곰티로 동시에 진입작전을 전개하면, 성내 관군 일본군이 분산되어 승산이 커질 수 있었다.

호서동학군 을대가 29일 아침에 옥천을 떠나 증약을 거쳐 마달령(馬達嶺)을 넘을 무렵, 회덕을 떠난 미야모토(宮本) 지대도 질티(質峙)를 넘어 주안(周岸)으로 접어들었다.[85] 을대 동학군 선봉에 선 이종만 별동대장은 마달령 서북쪽 '바깥아감' 앞 봉계(鳳溪) '펀던(扇狀地)'에 진을 쳤다.[86] 봉계를 따라 북쪽 주안으로 내려가는 '한양길' 율봉도가 한눈에 보였다.[87] 지휘 편의상 '펀던' 좌 · 우를 회덕의 강건회와 문의 오일상이 맡고, 옥천의 박석규가 유현

85 옥천에서 마달령을 넘어 주안으로 가는 길은 2가지가 있었다. (1) 증약에서 현재 4번 국도와 비슷한 율봉도로 넘어가는 것과, (2) 증약에서 구 고속도로와 비슷한 길로 아감고개를 넘어가는 것이다. 동학군은 물이 없고 교통량이 많은 율봉도 쪽보다 실개천이 이어진 아감고개 쪽을 선호한 것으로 보인다.

86 '펀던'은 골짜기 어귀에 퇴적토가 쌓인 평퍼짐한 선상지(扇狀地)를 뜻한다. '봉계(鳳溪) 펀던'은 아감골짜기에서 발원한 봉계가 서진해 '바깥아감' 앞에서 북쪽으로 꺾이는 곳의 바깥쪽에 형성되어 있다. '펀던' 아래 '봉계(鳳溪)'는 오늘날 대부분 수몰되어 그 형체를 찾아보기 어렵다. '봉계(鳳溪)'는 1894년부터 1906년까지 일본 육군참모본부에서 작성하여 1911(明治44)년 발행한 「한반도지형도」 5만분의 1 지도에 '펀던' 위에 표기되어 있다.

87 '원주민 송백순(1938년생)에 의하면 '봉계(鳳溪)'는 아감고개에서 발원해 아감계곡으로 서진하다가 '바깥아감' 앞 '펀던'에서 90도로 우회전해 북쪽으로 흘러 토끼봉 북록 사러리를 지나 주안 못미처에서 주안천과 합류했다. '펀던' 아래 봉계 협곡은 남에서 북으로 뻗어내린 두 야산 사이로 열려있다. 남쪽은 '펀던' 아래서 폭이 좁고 경사가 다소 있었으며, 점차 북쪽으로 갈수록 경사가 완만해지고 폭도 다소 넓어져 '쐐기(wedge)'나 '파이(pie)' 모양과 비슷했다.

주 포군 등 다양한 포군으로 구성된 중군을 영솔하는 가운데 청주 동학군과 청주 비지(飛地) 주안 군이 선봉에 서서 별동대장 이종만의 영에 따라 별동대원 80명이 각 포군을 이끄는 것이 최선의 지휘 방책이었다.[88]

미야모토(宮本) 지대는 오전 11시 20분 주안(周岸)에 당도해 남쪽 마달령 쪽을 바라보니, '1만여' 동학군이 깃발 50여 개를 펄럭이며 봉계(鳳溪) 협곡으로 이어진 율봉도를 따라 북진해오고 있었다.[89] 각 포접에서 50여 명이 온 것으로 보면 동학군의 수는 2천 5백 명쯤 될 것이다. 미야모토(宮本)는 동학군을 격퇴하기로 작정하고, 교도병 109명을 서쪽 산기슭 아래로 전진하게 하고 일본군 17명을 동쪽 산기슭 밑에서 지휘부와 함께 가게 했다.[90] 지대가 '펀던' 800m 앞까지 전진해 들어가자, 좌익 우익과 중앙 3방향에서 총탄이 날아왔다.[91] 탄착거리로 보아 후장총이 분명했다. 지대는 응사하며 400m 앞까지 전진했다. 동학군이 물러나는 듯하자, 지대가 더 전진해 들어갔다. '펀던'에 포진한 동학군이 3방향에서 협곡을 내려다보며 집중사격하자, 미야모토(宮本)는 서쪽 산기슭 아래 교도병을 중앙으로 불러들였다. 지대가 움츠러들자, 동학군 화승총조가 3방향에서 조여들어 일어서고 앉으며 제파공격(梯波攻擊)을 했다. 지대는 그들이 일어설 때마다 조준사격을 하여

88 박석규는 옥천지역 대접주로 유현주(柳賢柱) 등 다양한 동학군 지도자를 거느리고 있었다. 이종만은 손천민의 솔뫼마을(松山里) 청의포 동학군을 양성한 참모장으로 자신의 회인현 북면 인의포(仁義包)와 오일상과 함께 양성한 문의포 등 청주목 일대 여러 포군을 양성한 인연으로 많은 지지를 받고 있었다.

89 『주한일본공사관기록』 1, 六, (11) 「증약부근전투상보」, 1894년 11월 26일[갑오년 10월 29일].

90 Id.

91 Id.

동학군 110명이 쓰러졌다.[92] 동학군의 기세가 다소 꺾이는 듯했다.[93] 이종만 별동대장이 오른 쪽에서 공격해오는 일본군 수가 적은 것을 포착하고 "적은 적다. 포위하라."고 외쳤다.[94] 우익 동학군이 동쪽 산기슭을 따라 쾌속으로 북진했다.[95] 중앙 동학군이 더욱 거세게 사격을 했다. 좌익 동학군도 "포위하라."고 외치며 북진했다.

교도병이 포위당하는 것을 직감하고 도주했다. 일본군도 엄호사격을 하며 그 뒤를 따랐다.[96] 동학군이 함성을 지르며 추격했다. 지대는 율봉도를 따라 북쪽으로 달려갔다. 지대는 두어 시간을 쫓겨 어느 덧 30리나 되는 지명(芝茗)에 이르렀다. 동학군 추격으로 쉽사리 나루를 건널 수 없자, 인근 야산으로 숨어들었다.[97]

III. 문의 지명, 증약 마달령 전투의 분석 평가

1. 문의-지명 증약-마달령 전투의 연결성

10월 26-27 문의부근 지명(芝茗) 전투와 29일 증약부근 마달령 봉계곡(鳳

92 Id.

93 Id.

94 Id.

95 Id.

96 Id.

97 Id. 미야모토가 전투상보에서 "우리 군대와 조선 군대를 지명에서 모아서 문의로 철수했다."고 쓴 것에서, 동학군이 나루를 건너 문의로 간 다음에, 흩어져 있던 병사들을 모아서 시간차를 두고 문의로 진입한 것을 알 수 있다.

溪谷) 전투는 얼핏 별개로 보일 수 있지만, 사실은 하나로 보아야 한다. 일본 측에서는 26-27일 문의-지명 전투에서 미나미(南) 소좌가 예하 중로군 병력을 총동원해 호서동학군 을대와 싸웠고,[98] 29일 증약-마달령 봉계곡 전투에서는 미나미 본대가 공주를 지원하려고 연기로 떠난 사이 미야모토(宮本) 소위가 지대를 이끌고 같은 호서동학군 을대와 싸운 것이어서, 전투상보도 각각 따로 남겼다.[99] 그러나 호서동학군 을대의 입장에서는 26-29일 중로군 전체 또는 일부를 상대로 율봉도로 이어진 30리나 되는 대청지역 분지를 3박 4일 오가며 싸운 하나의 작전이었다.[100] 두 전투가 이어질 뿐만 아니라 공주전장과도 연계되어 작전이 전개되었는데도, 이를 분리해 각각 따로 고찰하면 둘 다 경미한 전투가 되고 만다.

미야모토(宮本) 소위는 29일 「증약부근 전투상보」에서 동학군의 포위공격에 패전한 마달령 봉계곡 전투 하나에만 국한하지 않고, 계속 추격을 받아 지명(芝茗)으로 달아나 야산으로 숨어든 상황까지 비교적 상세히 적었다.[101] 미야모토는 동학군이 지명에서 금강을 건너간 지 한참 후에, 부근 야산에 피했던 일본군과 교도병을 불러 모아, 동학군들이 다 문의로 이동한 것을 확인하고 나서, 조심스레 나루를 건너 문의로 향했다.[102] 현민 태반이 나와 동학군과 합세한 것 같아 긴장한 채 문의로 접근했다.[103]

98 「문의부근전투상보」 *supra*.

99 「증약부근전투상보」. *supra*.

100 Id. 1890년 대청호 건설로 북단 지명장터(芝茗場) 일대와 남단 봉계(鳳溪) 협곡은 수몰되었다.

101 Id.

102 Id.

103 Id.

미야모토(宮本)는 문의에서 조우한 진남병 30명을 이끄는 지휘관으로부터, 동학군 한 무리가 조금 전에 연기 쪽으로 가서 길을 막고 있으며, 다른 무리는 청주를 치러 갔다는 말을 듣고, 이내 청주로 동학군을 추격하려고 했으나, 교도병들이 전의를 상실해 그러지 못했다.[104] 미야모토(宮本)는 연기방면으로 간 미나미(南) 소좌에게 그날 거듭된 패전 비보를 파발로 띄웠다.[105] 저녁 식사 후 미야모토는 교도병을 다시 설득해 자정 무렵 청주에 닿았으나 교도병들이 또 소극적이어서 진남병이 남문 밖에서 서성이는 동학도 16명을 체포하는 것을 보고만 있었다.[106] 그날 이후 한동안 중로군과 읃대 동학군 사이에 이렇다 할 전투가 없었으므로, 26일 문의 남쪽 인근 지명에서 시작된 전투가 3박 4일로 29일 지명과 문의에서 끝난 것으로 보면 된다.

요약하면, 26일 한낮 문의부근 지명에서 시작된 전투는 처음에는 비겼으나 27일 자정을 넘어 중로군의 기습으로 동학군이 지명에서 쫓겨나 남쪽 주안과 서남쪽 회덕으로 갔고, 28일에도 동학군은 회덕과 주안에서 다시 옥천으로 밀려났다. 그러나 옥천의 동학군은, 공주가 연합동학군에 포위되어 위급한 상황에, 29일 아침 미나미 본대가 문의에서 공주로 지원에 나서자, 그 후방을 교란해 공주행을 막기 위해 마달령을 넘어 주안, 문의로 북상하려고 했다. 이를 간파한 회덕의 미야모토(宮本) 지대가 주안으로 달려가 마달령 초입 봉계(鳳溪) 협곡으로 진입했다. 읃대 동학군은 아감 앞 '편던'에 포진하

104 Id.

105 Id.

106 Id. 동학농민혁명기념재단 종합지식정보시스템 자료마당에 소장된 「증약부근전투상보」 사본의 일본어 원문이 지대가 청주에 닿은 시각과 관련해 "후에 12시에"라고 번역할 것을 "오후 12시에"라고 잘못 번역되어 있어 주의를 요한다.

고 협곡 안으로 깊숙이 지대를 유인해 포위공격으로 격파했다.[107] 동학군은 중로군 지대가 북으로 달아나자 오후 내내 추격해 지명(芝茗)에 이르렀고, 지대가 나루를 건너지 못하고 야산으로 숨어들자 따돌려버리고, 속히 중로군 본대의 공주행을 포기시키기 위해 곧장 문의로 쳐들어가, 연기의 길을 차단하고 청주로 진격하여 후방교란작전을 전개했다.[108]

동학전란 시 충경포(忠慶包) 차접주를 지낸 권병덕(權秉悳)이 1935년 「갑오동학란(甲午東學亂)」에서 동학군이 지명장 전투에서 승리했다고 쓴 것은 바로 이런 사정에 기인한 것이었다.[109] 29일 저녁 때 을대 동학군이 문의를 떠난 후, 미야모토(宮本) 소위가 지명에서 흩어진 지대 병사를 모아 문의로 진입해 미나미(南) 소좌에게 패전을 알리는 파발을 띄웠던 것이니, 결국 문의-지명 마달령-봉계곡 전투는 3박 4일로 문의에서 동학군의 승리로 끝났던 것이었다.

2. 호서동학군 을대와 일본 중로군의 전력 비교

미나미(南) 소좌 예하 중로군은 본대 202명과 조선 교도병 중대 328명 및 진남병 100명이었고, 영국제 스나이더 소총으로 무장했다.[110] 호서동학군

107 Id.

108 Id.

109 권병덕, 『이조전란사(李朝戰亂史)』 대동사문회(大東斯文會) (1935), 「갑오동학란」은 제69장에 해당한다. 총 28면으로 동학의 발자취와 교조신원운동 및 동학혁명운동 경위를 기술했다.

110 미나미(南) 소좌가 중로군 중대와 조선 교도병 중대 및 부속된 진남병 100명을 직접 지휘했으므로 공주의 서로군 중대나 충주를 거쳐 경상도로 내려간 동로군보다 막강했다. 대대에 부속된 조선 교도병 중대는 군 교도소에서 파견된 병사들로 장졸을 합하

을대는 별동대장 이종만을 선봉으로 하여 별동대 80명이 같은 종류의 후장총을 들고 미나미(南) 추산 1만 2-3천명의 흰옷 입은 동학군을 이끌었다. 일본군이 추산한 동학군 숫자는 과장된 것으로 50여 포에서 깃발 하나씩 들고 온 것으로 계산하면 2-3천 명이 될 것이다.[111] 흰옷 입은 동학군이 화승총을 다수 소지했지만, 창과 활 같은 재래식 무기를 든 이도 적지 않았다. 줄잡아 천여 명이 화승총을 소지했다고 치더라도, 후장총 1정을 든 일본군이 화승총을 든 동학군 100명을 상대한다고 했으니, 화승총을 든 동학군 수는 전투에서 후장총 앞에 큰 변수가 되지 못했다.[112]

중로군은 후장총을 든 병사의 수가 630명으로 같은 후장총을 든 동학군 별동대 80명의 근 8배나 되었다. 게다가 중로군은 후비보병 제19대대 소속으로 전투경험이 많은 예비역으로 구성되어 전투경험이 부족한 조선군이나 별동대와 전투력 차이가 컸다. 시라키(白木) 중위가 중로군 2개 분대와 교도병 1개 소대 109명을 지휘하게 했고,[113] 미야모토(宮本) 소위도 마달령 봉계곡 전투에서 제18대대에서 차출해온 일본군 하사 이하 17명과 교도병 1개 소대 109명을 지휘한 것을 보면, 일본군 1명의 전투력이 조선 교도병 5명에 해당하는 것으로 본 것 같다.[114] 동학군 별동대의 전투력을 조선 교도병이나 진남병과 비슷하게 본다면, 중로군은 호서동학군 을대에 비해 15배

여 328명이었는데 후에 결원이 생겨 326명이 되었다. 316명으로 기록된 자료도 있다.

111 미나미 고시로(南小四郎), 「동학당정토약기(東學黨征討略記)」, *supra*.

112 『주한일본공사관기록』 1, 六, (14) 「충청도동학당토벌상황(忠淸道東學黨討伐狀況) 및 전황보고사본송부(戰況報告寫本送付)」, 1894년 11월 27일 [갑오년 11월 2일].

113 『주한일본공사관기록』 1, 六, (20) 「석성부근전투상보」, 1894년 12월 1일 [갑오년 11월 5일].

114 조선군 소대의 인원수가 일본군 중대에 해당한다는 말도 전투력과 관련이 있는 것처럼 들린다.

이상의 전투력을 갖춘 것으로 볼 수 있다. 또 중로군과 부속 관군은 모두 후장총으로 무장하고 실탄도 충분히 사용했다. 그러나 을대 동학군은 별동대 80명이 후장총을 휴대했지만 실탄이 제한되었기 때문에, 대략 중로군의 전투력은 동학군에 비해 30배 이상 강했을 것으로 추정된다.

미야모토(宮本) 소위의 지대는 10월 29일 증약부근 마달령 봉계곡 전투에서 일본군 하사 이하 17명 지도하에 교도병 109명으로 구성되어 있었으니, 미나미(南) 예하 중로군 전투력의 6분의 1에 해당했다.[115] 미야모토(宮本) 지대는 전투력이 을대 동학군에 비해 2.5배 정도 강했다고 볼 수 있지만, 동학군은 실탄이 제한을 받았으니, 그 전투력은 동학군에 비해 적어도 5배는 강했을 것으로 추정된다. 시라키(白木) 중위의 지대는 중로군 2개 분대와 교도병 소대 109명을 지휘했으니, 역시 미야모토(宮本) 지대와 전투력이 비슷했을 것으로 보인다.

3. 일본 중로군의 패배 요인

10월 29일 한낮 증약부근 마달령 봉계곡 전투와 그에 이어진 추격전에서 중로군 지대가 을대 동학군에 비해 전력이 서너 배나 강했는데도 어째서 연속해서 패배했을까?

첫째로 일본군 측에서는 현지사정을 잘 모르는 인천 남부병참감부 사령관 이토(伊藤祐義) 중좌가 야전지휘관 미나미(南) 소좌에게 27일 이노우에(井上) 공사의 공주방문으로 무리한 명령을 갑자기 내려 상황판단과 대처에 무

115 「증약부근전투상보」 *supra*.

리를 초래했다. 이토(伊藤)는 28일 각처 동학군이 교조탄신제례를 지내고 29일 공주성 진입작전을 전개하려고 하자, 이노우에(井上)가 공주를 방문하는 기간에 무슨 불상사가 나지 않을까 긴장했다.[116] 당시 아카마츠(赤松) 서로군 지대가 24일 승전곡 전투에서 동학군에 포위되어 실탄 등 군수품을 탈취당한 채 홍주성으로 달아나 공주로 가지 못하고 있었기 때문에, 모리오(森尾) 대위의 서로군 본대 반개 중대 78명과 경리청병 709명 및 통위영병 301명 등 1천 명 남짓한 경군이 공주성을 지켜야 했다. 이토(伊藤) 사령관은 동학군이 공주로 몰려든다는 소식을 듣고, 이노우에(井上) 공사가 안심할 수 있도록 홍주의 아카마츠(赤松) 지대와 문의의 미나미(南) 중로군을 29일 공주로 가라고 지시했다.[117]

원래 미나미(南) 소좌는 28일 중로군을 이끌고 남쪽으로 내려가 주안 증약에 준동하는 동학군을 소탕하려고 했었는데, 갑자기 직속상관 이토(伊藤)로부터 공주로 가서 서로군을 지원하라는 명령이 떨어져 긴장했다. 게다가 직속부하 모리오(森尾) 대위도 당장 서로군을 구원해달라고 요청해와 공주행을 적극적으로 고려해야 했다. 필경 병술을 잘 모르는 충청관찰사 박제순이 중대장 모리오(森尾)더러 대대장 미나미(南)에게 중로군 지원을 요청하라고 강권했던 것 같다.[118] 미나미(南)는 그런 지시와 요청을 받고서도 지명

116 『양호우선봉일기(兩湖右先鋒日記)』, 갑오년 10월 27일조. 이노우에(井上) 공사가 27일 공주성에서 체류하면서, 이두황 장위영 영관을 면담하고 21일 세성산 승전을 치하했고, 충청관찰사 박제순과 모리오(森尾) 서로군 중대장과 공주전황에 관해 보고받고 향후 대책을 논의했다.

117 『주한일본공사관기록』 1, 六, (30) 「홍주부근(洪州附近) 동학당정토(東學黨征討) 및 시찰소견(視察所見)에 관한 야마무라(山村) 대위(大尉)의 보고사본(報告寫本) 송부(送付)」. 1894년 12월 25일 [갑오년 11월 29일].

118 관찰사 박제순은 10월 23일 이인 전투에서 전투중의 현장 지휘관에게 공주 서변에

전투 후 남쪽으로 밀려난 동학군이 다시 북상할지도 모르겠고, 문의와 공주 사이에 '난폭한' 오일상 이종만 무리가 준동하고 있어 선뜻 공주로 나서기가 쉽지 않아 곤혹스러웠다.[119]

둘째는 미나미(南) 소좌 자신도 갑작스런 공주지원 필요성을 놓고 당황하여 제대로 대응하지 못했다. 원래 미나미는 28일 문의 남쪽 주안 마달령 방면으로 동학군 토벌에 나서려고 하다가, 이토(伊藤) 사령관의 갑작스런 명령과 모리오(森尾) 대위의 구원요청으로 곤혹스러워하고 있던 참에, 마침 지명 남쪽 주안으로 토벌 나간 지대가 동학군을 마달령 너머로 쫓아버렸다는 보고를 해오자, 동학군이 당분간 북상하는 일이 없을 것이라고 속단하고, 명일 조조 중로군을 이끌고 공주 지원에 나서기로 했던 것이다.[120] 미나미는 미야모토(宮本) 지대의 전투력을 동학군의 것과 선불리 외관으로만 평가했다. 지대가 중로군 전체의 6분의 1에 불과했지만, 을대 동학군에 비해 훈련이 잘 되어 있고 전력상 서너 배나 앞서므로 충분히 대적할 수 있다고 믿었던 것 같다. 을대 동학군이 사기가 높고 현지 지형을 잘 알고 있는데 반해, 미야모토 지대는 지리에 어둡고, 특히 교도병 소대 109명이 전투에 대한 동기부여(motivation)가 부족한 점을 간과했던 것 같다.

셋째로, 29일 이른 아침 문의의 미나미(南) 소좌와 회덕의 미야모토(宮本) 소위 간에 통신이 원활하지 못해 피차 근황을 잘 모르고 있었다. 미나미(南)는 29일 아침 7시 공주로 떠나려고 했는데, 보고가 여럿 들어와 이를 처리하

동학군이 나타났다는 첩보를 듣고 영기를 띄워 전장의 병력을 모두 철수하라는 명령을 내려 츠즈키(鈴木) 소위 등 현장 지휘관의 실망을 야기했다. 『공산초비기(公山剿匪記)』「이인지전(利仁之戰)」.

119 미나미 고시로(南小四郎), 「동학당정토약기(東學黨征討略記)」 *supra*.

120 Id.

느라고 3시간을 소비하다가, 오전 10시 출발하게 되었다. 회덕의 미야모토(宮本)에게 본대가 지금 공주를 향해 연기 쪽으로 가니, 별일이 없으면 그곳에서 합류하도록 하라고 지시했다.[121] 미나미 소좌는 미야모토 지대의 전투력을 과신하고 어제 남쪽으로 내려간 지대가 동학군을 마달령 넘어 옥천 쪽으로 축출했으니 당분간 문의, 청주로 북상하지 못할 것이라고 속단했던 것이다.[122] 미야모토 역시 29일 아침 수많은 동학군이 옥천에서 증약 마달령으로 이동한다는 첩보에 놀라, 본대와 협의할 겨를도 없이 오전 9시 서둘러 지대를 이끌고 질티(質峙)를 넘어 주안(周岸)으로 이동했다.

넷째로, 미야모토(宮本)는 29일 오전 11시 20분 주안에 당도하여 '1만 명 이상'의 동학군이 50여 개 깃발을 들고 마달령에서 봉계(鳳溪)를 따라 내려오는 것을 보고 무모하게 협곡으로 진입했다.[123] 봉계협곡이 '쐐기' 형으로 점차 좁아져 '펀던(扇狀地)' 아래서 끝난다는 것을 잘 몰랐던지, 동학군이 '펀던'에서 좌 우 중앙으로 나뉘어 협곡을 내려다보고 포진했는데도, 800m 앞에서 경고사격을 받고 응사하며 400m 앞까지 들어갔다.[124] 좌 우 중앙 3방향에서 집중사격을 받자, 그는 당황한 나머지 서쪽 기슭 아래 교도병을 중앙으로 불러들였다.[125] 동학군 화승총조는 적군이 움츠러들자 3방향에서 다가가 일어서고 앉으며 제파공격(梯波攻擊)을 하자, 지대는 조준사격을 하여 110명을 쓰러뜨렸으나, 우익 동학군이 동쪽 산기슭을 따라 급속 전진해 포

121 Id.

122 Id.

123 「증약부근전투상보」, *supra*.

124 Id.

125 Id.

위하려 하자 물러설 수밖에 없었다.[126]

다섯째로, 미야모토(宮本) 지대는 계속 추격을 받고 30리 밖의 지명(芝茗)에 이르러, 미처 금강을 건너지 못하고 인근 야산으로 피했다.[127] 지대는 동학군보다 전력이 서너 배나 강했지만, 교도병의 사기저하로 협곡에서는 물론 평지에서도 전투력이 열세인 것이 드러났다.[128]

4. 호서동학군 을대의 승전 요인

(1) 호서동학군의 지휘체계

호서동학군 을대는 금강 중상류 토착 동학세력을 바탕으로 구성되어, 전라도에서 올라온 전봉준 동학군이나 남한강 유역에 기반을 둔 손병희의 호서동학군 갑대에 비해 모병과 병참에 유리했다. 교조신원운동 이전부터 각처에 포와 접을 두고 동학운동을 해와 접주들 간에 유대가 강했다.[129] 예산의 박인호는 자신의 덕의포(德義包) 아래 백리 밖에 있는 오일상의 문의포, 강건회의 회덕포까지 연계하여 협력체제를 구축했다.[130] 그런 배경으로 보면 '호중동학군'은 대접주 박인호를 중심으로 한 지휘체계에 들어가 있을 법

126 Id.

127 Id.

128 전력은 병력과 장비의 수를 말한다. 전투력은 전력에 훈련숙련도와 전투의지를 합한 것이다.

129 전봉준의 거듭된 요청에도 불구하고, 김개남은 공주전투에 참여하지 않았다. 박인호 손병희 손천민 등이 1880년대 초에 입도한데 비하여, 전봉준과 김개남은 1890년대 초에 입도했다.

130 박인호의 요청으로 10월 24일 승전곡 전투에 이종만 별동대가 참가한 것이 대표적인 예다. Infra.

했지만, 실제로 그는 박덕칠 등과 함께 내포지역 작전을 주도해야 했으므로, 대청지역에서는 남접대부 서장옥과 청주 남일면 솔뫼마을(松山里)에서 청의포(淸義包) 동학군을 둔 손천민을 중심으로, 9월 23일 청주성 전투를 치르게 되었다. 어린 시절 전라도에서 자란 이종만은 역시 전라도에서 동자승 시절부터 활약을 해온 서장옥을 따라 그의 서호포(西湖包,徐包) 동학군을 조직하는 데 일조했고, 그의 향리 관터(館基里) 이웃 솔뫼마을(松山里)에서 손천민의 청의포 동학군을 양성했으므로, 청주성 전투에서 그들을 보좌하며 싸웠다.

놀랍게도 청주성 전투 후에 서장옥은 자취를 감추었고,[131] 손천민은 최시형을 보필하기 위해 동학교단으로 차출되자,[132] 그간 참모장 역할을 해온 이종만이 그들 예하의 포접을 이어받게 되었다. 결국 대청지역 '호중동학군'은 오일상 강건회 이종만 등 호형호제 하는 접주들이 집단지도체제를 이루어 운영하게 되었다. 이종만은 오일상과 강건회 보다 연하였으나 자신의 인의포(仁義包) 뿐만 아니라 오일상과 함께 문의포(文義包)를 운영했고, 손천민이 동학교단으로 들어간 후에 그의 청의포(淸義包)까지 이어받게 되었으며,

131 일설에 의하면 청주성 전투 후에 서장옥이 서울로 가서 남접지도자들에게 정세보고를 했다고 하지만 신빙성이 적다. 주부산 일본총영사 무로다 요시후미(室田義文,1847-1938)가 서울에 있는 일본공사 이노우에 카오루(井上馨,1836-1915)에게 보내는 10월 30일자 (음력 10월 2일) 보고서에서 "서장옥이 서울 교동에 머물면서 김개남 최경선 전봉준 세 사람과 연락을 취하면서 전쟁을 지휘하고 있다."고 말했다지만, 그 시점은 청주성 전투가 갓 끝난 때였고, 주부산 총영사가 서울에 있는 자국 공사에게 서울에서 떠도는 소문을 전했다는 것은 이상하게 들린다.

132 손천민은 명필에 문장가로 강시원(姜時元,姜洙)의 대를 이어 최시형을 보필해왔었고, 청주성 전투가 소기의 목표를 달성하지 못했으므로 동학교단으로 복귀케 한 것이었다.

서장옥이 자취를 감춘 후에 서호포(西湖包)마저 아우르게 되자, 대청지역 일대에 가장 강력한 동학군 지도자로 부상하게 되었다. 그런 가운데 그는 접주들의 지지를 받아 별동대를 창설하고 그 대장에 취임하게 되었던 것이다.

이종만은 일찍이 오일상 강건회와 함께 박인호 대접주의 덕의포에 소속되어 활동해왔고, 삼례취회 인연으로 갑오년 봄 동학혁명운동 시기에는 전봉준 대장의 호위무사를 지냈다. 그런 배경으로 전봉준 대장과 박인호 대접주는 10월 21일 목천 세성산 전투에서 김복용 동학군이 패하자, 이종만 별동대를 내포지역으로 차출하여 현지동학군과 함께 10월 24일 승전곡에서 아카마츠(赤松) 서로군 지대를 격파하게 했다.[133] 이종만이 24일 승전곡 전투가 끝난 직후, 별동대 본대 50명을 이끌고 문의부근 지명(芝茗)으로 돌아오자, 회덕의 강건회와 문의의 오일상은 그가 실전경험을 갖춘 별동대장으로 휘하에 포군이 가장 많을 뿐만 아니라, 별동대원이 각 포군의 선봉에 서서 지휘하도록 하는 것이 당연하므로, 그를 중군선봉에 서게 했다.[134]

(2) 지형을 이용한 기만전술

별동대장 이종만은 10월 29일 마달령 봉계곡 전투에서도 24일 승전곡 전투에서처럼 지형을 이용해 적군을 유인하거나 포위하는 기만전술을 썼다. 그는 일본 서로군 지대가 면천에서 서쪽 여미(餘美) 방면으로 이동하려는 의도를 파악하고, 선발대를 보내 승전곡으로 유인했다. 적군이 협곡으로 깊

133 『주한일본공사관기록』 1, 六, (5)「승전곡부근전투상보(勝戰谷附近戰鬪祥報)」, 1894년 11월 21일 [갑오년 10월 24일].

134 이상면, 「동학군별동대장 이종만의 행적」, 『동학학보』 제43호 (2017.6) 99-144쪽. 같은 논문이 단행본으로 『충청도청주동학농민혁명』 (2017), 27-64, 269-277쪽에 실렸다.

숙이 들어오자, 고지에 포진한 별동대가 좌 우 중앙 3방향에서 후장총으로 사격했다. 서북풍을 이용해 불을 질러 퇴로를 막고 '망태기' 포위작전을 펼쳤다.[135] 29일 마달령 봉계곡 전투에서도 이종만은 동학군을 지대가 높은 협곡 끝 '펀던(扇狀地)'에 포진시키고, 선발대가 주안 쪽으로 가는 시늉을 하여 적군을 '쐐기' 모양의 봉계협곡으로 유인했다. 800m 사거리에서 별동대의 선제사격에 지대가 응사하자 별동대는 물러서는 척하며 지대를 더 유인했다. 지대가 400m 사거리로 들어오자, '펀던'에 포진한 별동대가 좌 우 중앙 3방향에서 중로군을 감제(瞰制)하며 하향으로 집중 사격했다.[136] 미야모토는 집중사격을 받고 겁이 나자, 서쪽 산기슭 아래 교도병들을 중앙으로 붙게 하는 실수를 했다.[137] 이종만은 적군이 움츠러들자, 즉각 화승총조를 전진시켜 제파공격(梯波攻擊)을 했다. 동학군 110명이 쓰러지는 와중에 이종만은 개천 동쪽에 일본군 수가 얼마 안 되는 것을 보고, 우회 포위공격을 명령했다.[138] 우익은 산기슭을 끼고 북쪽으로 진격했다. 좌익도 그랬다. 교도병들은 포위당할 것을 직감하고 도주하기 시작했다. 일본군도 그 뒤를 따라 도주했다. 동학군의 추격은 지명(芝茗)으로 계속되었다. 역시 지형을 이용한 '망태기' 포위작전이었다. 을대가 당초에 목표했던 바대로 중로군 본대의 후방을 교란하러 문의와 청주를 치러 갔으니 망정이지, 만일 지명에서 전투를 계속하였더라면 미야모토 지대는 전멸의 위기에 처했을 것이다.

135 『주한일본공사관기록』 1, 六, (5)「승전곡부근전투」, *supra*.

136 「증약부근전투상보」, *supra*.

137 Id.

138 Id.

(3) 별동대의 후장총과 실탄 무장

호서동학군 을대가 10월 29일 마달령 봉계곡 전투에서 승전을 거둔 것은 무엇보다도 동학군 별동대 80명이 중로군과 같은 후장총으로 무장하고 비교적 충분한 실탄을 사용하여 싸웠기 때문이었다. 미나미(南)는 지명(芝茗) 전투에서 '한병(韓兵)' 같은 검은 제복을 입은 동학군 80명이 레밍턴 소총을 들고 실탄을 충분히 사용했다고 증언했다.[139] 별동대원이 포로가 된 일이 없는데, 미나미는 동학군의 후장총 기종과 개수를 어떻게 알았을까? 미나미는 진남영에 후장총 분실여부를 추궁한바, 그런 일이 없다는 답변을 받았다고 진술했다.[140] 당시 진남영에서는 중로군처럼 스나이더 소총을 사용했는데, 미나미가 진남영에 후장총 분실여부를 물었다는 것은 별동대도 스나이더 소총을 사용했다는 것을 암시한다. 미나미는 10월 24일 승전곡 전투에서 서로군 지대가 탈취당한 스나이더 소총 실탄이 동학군에 넘어간 책임을 면하려고 별동대 80명이 레밍턴 소총을 들고 싸웠다고 말했던 것으로 보인다.[141] 시라키(白木) 지대가 11월 9일 별동대 일부가 참전한 금산 부근 전투에서 말 3필과 스나이더 소총 3정을 노획한 것을 보면, 별동대가 스나이더 소총을 사용한 것으로 생각된다.[142]

별동대가 노획한 후장총 실탄은 모두 얼마나 되었을까? 청주성 전투 후, 동학군이 10월 3일 한밭(大田坪)에서 진남병 80명으로부터 후장총을 탈취했을 때, 탄대에 든 20-30발도 포함했을 것이니 약 2천발을 획득했을 것이다.

139 미나미 고시로(南小四郎), 「동학당정토약기(東學黨征討略記)」, *supra*.

140 Id.

141 Id.

142 『주한일본공사관기록』 1, 七, (3) 「금산부근전투상보(錦山縣附近戰鬪詳報」, 1894년 12월 5일, [갑오년 11월 9일].

또한 10월 6일 괴산전투에서도 하라다(原田) 소위는 그날 패인을 실탄고갈로 치부했지만, 별동대가 괴산관아에서 그들의 배낭 27개를 노획했으니. 관행상 일본군은 전투시 병사 일인 당 100발을 지급해 20-30발을 탄대에 찬 것으로 보면, 약 2천발을 노획한 것이 될 것이다.[143]

10월 24일 별동대가 승전곡 전투에서 노획한 실탄은 그보다 훨씬 많았다. 미나미(南) 소좌는 전투 직전 병사 1인당 실탄 100발씩 지급했다고 말했는데,[144] 아카마츠(赤松) 소위는 전투상보에서 도합 612발을 소비했다고 적었다.[145] 일본군 78명과 부속 관군 34명이 1인당 5-6발을 소비한 셈이 된다. 그런데 아카마츠(赤松) 소위가 홍주성으로 달아나 10월 27일 서울 일본공사에게 보낸 급보에 보면, 그 사이 전투가 없었는데도 스나이더 소총의 실탄이 거의 다 떨어져가니 인천 남부병참감부에 알려달라고 요청했다.[146] 필경 일본군 78명과 부속 관군 34명은 탄약을 100발씩 지급받고도 20-30발을 탄대에 지녔고, 나머지는 배낭에 넣은 채 탈취 당했던 것이었으니, 동학군은 6-7천발의 탄약을 획득했을 것이다. 별동대는 10월 3일. 6일. 24일에 걸쳐 도합 1만 발에 달하는 탄약을 노획했던 것으로 보인다.[147]

143 『주한일본공사관기록』 1, 六, (14) 「충청도동학당토벌상황(忠淸道東學黨討伐狀況) 및 전황보고(戰況報告) 사본송부(寫本送付)」, 1894년 11월 27일 [갑오년 11월 2일]. 하라다(原田)는 괴산전투 시 관아에 둔 배낭이 다 소실되었다고 보고했다.

144 미나미 고시로(南小四郎), 「동학당정토약기(東學黨征討略記)」 *supra*.

145 『주한일본공사관기록』 1, 六, (5) 「승전곡부근전투상보」, 1894년 11월 21일 [갑오년 10월 24일].

146 『주한일본공사관기록』 1, 六, (15) 「홍주적도격퇴상황(洪州賊徒擊退狀況) 보고(報告) 및 원병요청(援兵要請), 별지(別紙)」 1894년 11월 28일 [갑오년 11월 2일]

147 인천 남부병참감부에서 시모노세키(下關)로 운송 받은 스나이더 소총 실탄은 총 10만발이었다. 이토(伊藤) 사령관은 이를 동로군 서로군 중로군에 배분하고 일부는 예비로 갖고 있었던 것으로 보인다.

Ⅳ. 대청지역 전승의 효과와 영향

1. 공주성 위기에 따른 일본 중로군과 호서동학군 을대의 작전목표

(1) 중로군의 작전목표: 공주성을 포위한 연합동학군의 배후공격

연합동학군이 전개한 공주성 진입작전에는 전봉준 대장이 주도한 10월 24-25일 공주성 동변 효포전투와 11월 8-9일 우금치전투가 알려져 있다. 그러나, 두 전투 사이에 10월 29일 손병희 통령의 호서동학군 갑대가 주도한 공주성 포위작전이 있었고, 문의의 중로군 본대가 그날 아침 공주 지원에 나선 것을 호서동학군 을대가 그 후방을 교란해 중도에 포기하게 만든 것은 모르고 있다. 연합동학군은 10월 24-25일 공주성 동변 효포전투에서 패하여 남쪽 경천과 이인으로 밀려난 후에 금방 논산으로 내려간 것이 아니라, 10월 그믐께까지 공주 인근에 있으면서 재공략의 기회를 노렸다. 특히 손병희는 24일 공주성 북문외(北門外)로 당도하지 못해 진입작전에 제때 합세하지 못한 것을 자책하며, 28일 교조탄신일에 즈음하여 동학교도의 결집된 힘으로 공주성 서변 봉황산 하고개로 진입작전을 새로 전개하려고 했다.[148]

그 정황은 그날 서로군 중대장 모리오(森尾) 대위가 미나미(南) 소좌에게 "형세가 극히 위험하니 속히 와서 구해 달라"라고 호소한 것과,[149] 그 무렵

148 전봉준의 호남우도 동학군이 손병희의 호서동학군 갑대와 공주성 진입작전을 전개하다가 10월 그믐께 논산으로 갔다는 것은 「전봉준공초(全琫準供招)」 을미(乙未,1895)년 3월 7일조 참조, 손병희의 호서동학군 갑대를 처음부터 끝까지 종군한 임동호도 역시 비슷한 취지를 회고록에 남겼다. 『균암장임동호씨약력(均菴丈林東豪氏略歷)』.

149 미나미 고시로(南小四郎), 「동학당정토약기(東學黨征討略記)」, *supra*.

인천 남부병참감부 이토(伊藤祐義) 중좌가 미나미(南) 소좌에게 문의에 있는 중로군과 홍주성에 있는 아카마츠(赤松) 소위가 이끄는 서로군 지대를 29일 공주로 이동하여 위기에 처한 공주성을 구원하라고 지시한 것으로 미루어 짐작할 수 있다.[150] 실제로 문의에 있던 미나미(南) 소좌는, 인천의 직속상관 이토(伊藤) 중좌의 지시와 공주의 직속부하 모리오(森尾) 대위의 구원요청에 따라, 10월 29일 이른 아침 위기에 처한 공주를 지원하기 위해, 예하 중로군 본대를 이끌고 떠날 채비를 했다. 작전목표는 공주성으로 진격해서 포위작전을 하고 있는 연합동학군의 배후를 타격해 격멸하려는 것이었다.

(2) 호서동학군 을대의 작전목표: 공주지원에 나선 중로군 본대의 배후 교란

10월 29일 미야모토(宮本) 지대는 마달령 봉계곡(鳳溪谷) 전투에서 을대의 포위공격을 받고 이른 오후 간신히 북쪽으로 퇴로를 열고 달아났지만, 계속 동학군의 추격을 받아 늦은 오후 지명(芝茗)에 이르러, 미처 금강을 건너지 못하고 야산으로 은신했다. 동학군 을대는 작전목표가 그들을 격멸하는 데 있지 않았으므로, 야산에 숨어든 지대를 회피하고, 지명나루를 건너 문의로 가서 중로군 본대의 행방을 찾아 나섰다.[151]

150 『주한일본공사관기록』 1, (六), (30) 「홍주부근(洪州附近) 동학당정토(東學黨征討) 및 시찰소견(視察所見)에 관한 야마무라(山村) 대위(大尉)의 보고사본(報告寫本) 송부(送付)」. 그 무렵 이토(伊藤) 사령관이 홍주성 서로군 지대와 문의의 중로군 본대의 공주행을 지시한 데에는 27일을 전후해 공주를 방문하는 이노우에(井上馨) 공사의 안전을 도모하려는 측면도 있었다.

151 미야모토(宮本) 지대는 하사 이하 17명의 일본군이 109명의 조선 교도병을 지도해 전투를 하여 그 전투력이 그리 높지 않았다. 교도병은 교도소의 군인 죄수여서 동기부여가 쉽지 않았다.

을대 동학군은 문의에서 중로군 본대가 그날 오전 연기로 간 것을 확인하고, 한 무리는 중로군이 간 연기 쪽으로 가서 길을 차단하고, 다른 무리는 중로군 본대의 후방을 교란하기 위해 청주 진남영을 습격하러 갔다. 미야모토(宮本) 소위는 얼마 후 지명에서 흩어진 병사들을 불러 모아서 조심조심 문의로 진출했다. 동학군이 청주를 습격하러 간 것을 확인하고, 추격해서 그 배후를 공격하려고 했지만, 전의를 상실한 교도병이 응하지 않아 좌절하고 말았다.[152] 미야모토는 그날 저녁 대대장 미나미(南)에게 그날의 거듭된 패전을 보고하는 파발을 띄울 수밖에 없었다.

2. 미나미(南)의 공주행 포기와 작전목표의 달성

(1) 미나미가 공주행을 포기하게 된 경위

미야모토(宮本) 소위가 이끄는 중로군 지대가 10월 29일 정오경 시작된 마달령 봉계곡 전투부터 패전을 거듭하다가 저녁때 문의에 이르는 동안, 그날 아침 중로군 본대를 이끌고 문의를 떠나 공주를 향해 연기로 가던 미나미(南) 소좌는 어떻게 되었을까? 미나미 본대가 오전 10시 문의를 떠날 때는 날씨가 맑고 푹했는데, 오후가 되자 검은 구름이 몰려들었다. 늦은 오후 연기현 접경에 들어서자 하늘이 컴컴해져 비가 올 것 같았다. 공주가 40-50리 지경이라 밤에 다다를 수가 있었지만, 불길한 예감이 들었다.[153] 그 일대는

152 「증약부근전투상」 *supra*.

153 문의접주 오일상(吳日相)의 집은 한다리(大橋) 인근 연기현 남면 월성리(月城里)에 있었다. 당시 이종만의 집은 회인 북면 수곡리 뫼꼴에 있었다. 둘 다 문의현에 주소를 두지 않았지만 문의포를 함께 운영했다.

'난폭자' 오일상과 이종만의 무리가 활동하는 곳이라서 또 무슨 변을 당할지 모르기 때문이었다.[154]

그날 저녁 미야모토(宮本) 소위가 보낸 급보에 "증약 부근에 수만 명의 적도(동학군)가 있었는데 그들이 청주로 진출하여 우리 지대가 패배(敗北)했다"는 것이었다.[155] 지대가 오전 주안(周岸)으로 갔다가 이른 오후 봉계곡 전투에서 패배해 늦은 오후 지명(芝茗)까지 추격을 당해 인근 야산으로 피했는데, 동학군은 지대를 따돌리고 문의로 쳐들어가 진남병을 격파하고 청주로 습격해 들어갔다는 것이었다. 미야모토(宮本)가 야산에 은신해있던 대원들을 다시 모아 문의에 도착해서도, 교도병의 사기저하로 청주로 즉각 추격하지 못했다는 것이었으니, 종일 겹겹이 패배만 당해 본대의 후방이 동학군 수중에 들어간 것이었다.[156]

공주로 가서 동학군의 배후를 친다는 것은 이제 수포로 끝난 것이었다. 미나미(南)는 공주행을 멈추고 금남면 용포에서 일박을 하기로 했다. 야전을 맡은 자신이 전장을 지켜야 했는데, 직속상관 이토(伊藤)와 직속부하 모리오(森尾)의 강청으로 무리해서 공주로 이동한 것이 잘못이었다. 명일 문의로 돌아가서 원래 구상대로 남쪽으로 내려가서 마달령을 장악하고 을대 동학군의 본거지를 소탕하기로 결심했다.[157]

154 미나미 고시로(南小四郎), 「동학당정토약기(東學黨征討略記)」, *supra*.

155 『주한일본공사관기록』 6, 二, (3) 「각지전투상보(各地戰鬪詳報) 및 동학당정토책(東學黨征討策) 실시보고서(實施報告書) 송부(送付)의 건(件)」. '수만의 적도'는 과장이고, '수천'이 맞을 것이다.

156 인근에 따라오던 교도중대를 이끄는 영관 이진호의 보고에도 회덕에 동학군의 기세가 크다고 했다. 『순무선봉진등록(巡撫先鋒陣謄錄)』 갑오년 11월 초3일조.

157 미나미 고시로(南小四郎), 「동학당정토약기(東學黨征討略記)」, *supra*.

(2) 미나미(南)의 공주행 포기의 영향

10월 29일 저녁 미나미(南) 소좌가 공주행을 포기하고 금남면 용포에 머물러 있던 차에, 공주성 모리오(森尾) 대위로부터 급보가 왔다: "동학도가 진격해 와서 거의 포위된 꼴이 되었다. 당장 어찌 될지 알 수 없는 위태로운 상태에 빠져 있으니, 어떻게 하면 좋은가?" 긴급구호(SOS) 요청이었다.[158] 미나미(南)는 즉각 명령을 내렸다: "오직 성을 사수하라. 한 발짝이라도 성 밖으로 나와서 싸우는 것을 허락하지 않는다."[159]

당시 공주성에는 손병희의 호서동학군 갑대가 서변 봉황산 하고개 방면으로 진입작전을 전개하고 있었다. 전봉준의 호남우도 동학군은 공주남변 우금치와 동변 곰티로 포위망을 펴고 있었다. 필경 모리오(森尾) 대위는 총성에 놀란 충청관찰사 박제순으로부터 심한 채근을 받고 그런 파발을 띄웠던 것 같았다. 선봉장 이규태도 역시 관찰사의 지시를 받았기에 같은 29일 오전 공주를 떠나 내포지역으로 가다가 그날 저녁 정안면 광정참(廣程站)에 유진한 이두황으로 하여금 장위영 군을 이끌고 급히 공주로 돌아오라고 전령을 발한 것으로 보인다.[160]

미나미(南)는 그날 저녁 공주성에서 이런 심각한 상황이 벌어졌다는 것을 알고서도, 용포에서 40-50리나 되는 거리를 당일 밤 주파할 수도 있었지만, 가지 않기로 했다. 같은 29일 이른 오후 미야모토(宮本) 지대가 마달령 입구

158 Id.

159 Id.

160 『양호우선봉일기(兩湖右先鋒日記)』, 갑오년 11월 1일조. 선봉장 이규태는 금영에서 저녁 7-9(戌)시에 광정의 이두황에게 회군을 명하는 파발을 띄웠는데, 그로부터 두 시간 후인 9-11(亥)시에 "적도(賊徒)가 날이 저물어 전의가 없는 것 같으니 회군 요청을 취소한다"는 취지의 전령을 다시 보냈다.

봉계곡(鳳溪谷)에서 패배한 데 이어서, 계속 확대되어간 패전 여파가 너무나 심각했기 때문이었다. 그것이 바로 호서동학군 을대가 노리던 바였는데, 드디어 달성된 것이었다. 그날 29일 아침 을대가 옥천을 떠나 정오경 마달령 입구 봉계곡에서 중로군 지대를 포위공격으로 위기에 몰아넣었던 것도, 그들이 퇴로를 열고 도주하자 지명(芝茗)까지 30리나 추격했던 것도, 거기서 미야모토(宮本) 지대가 야산으로 피하는 것을 따돌리고 금강을 건너 문의로 가서 두 무리로 나뉘어 한 무리는 연기의 길을 막고 다른 한 무리는 청주를 치러 간 것도, 모두 미나미(南)가 공주행을 포기하도록 하기 위한 것이었다.

그날 29일 공주 서변 하고개 방면으로 진입작전을 시도하던 손병희의 호서동학군 갑대도, 공주성 동변과 남변으로 접근하던 전봉준의 호남우도군도, 저녁에 먹구름이 몰려들고 음산한 바람에 비가 내려서 화승총 심지에 빗물이 들어 불을 붙일 수 없게 되자, 전투를 회피하고 논산으로 내려가기로 했다.[161] 다음 날 11월 1일 찬비가 내려 이동이 여의치 않았다. 2일에도 그랬다. 11월 3일 선봉진 보고에 사방의 동학군이 노성 논산 초포 등지에 둔진하고 있다고 했으니, 그 무렵 두 거두가 비로소 논산에서 처음 만나 합진에 이르렀던 것이다.[162]

161 전봉준은 공초에서 10월 그믐께 공주에서 논산으로 내려갔다고 말했다. 「전봉준공초(全琫準供招」, 을미(乙未,1895)년 3월 7일조.

162 『순무선봉진등록(巡撫先鋒陣謄錄)』, 갑오년 11월 3일조 참조. 표영삼은 손병희가 이끄는 호서동학군 갑대가 10월 14일 출정식 후 "청산을 떠나 영동 심천과 진산을 거쳐 16일에 논산에 당도하였다."며 논산에서 먼저 합진을 하고 공주로 함께 북상했다고 주장했으나, 아무런 근거가 없다. 표영삼, 「손병희통령과 동학혁명」 『교사교리연구』 (서울, 천도교중앙총부, 2000), 7면 참조. 이돈화도 같은 오류를 범했다. 『천도교창건사』 (서울, 천도교중앙종리원, 1933), 제2편 66면. 표영삼의 오류는 『기문록(記聞錄)』을 잘못 읽은 데 기인한 것으로 보인다. 『기문록(記聞錄)』 갑오년 10월 14-20

3. 중로군 이동차단과 교단철수 엄호작전

(1) 중로군의 마달령 진출

미나미(南) 소좌는 11월 1일 오후 비가 그치자 중로군 본대를 이끌고 문의로 돌아왔다. 동행했던 영관 이진호(李軫鎬)도 교도병 소대를 이끌고 그 뒤를 따랐다.[163] 미야모토(宮本) 소위가 미나미(南)소좌에게 자초지종을 보고했다. 29일 저녁 교도병 사기가 떨어져 적시에 청주로 가서 동학군을 소탕하지 못했고, 저녁 식사 후 교도병을 겨우 설득해 자정 무렵 청주에 닿았으나, 거기서도 교도병은 진남병이 남문 밖에서 서성이는 동학도 16명을 체포하는 것을 보기만 했다는 것이었다. 미나미(南)는 그 보고를 듣고, 미야모토(宮本) 지대를 즉시 동학군이 준동한다는 회덕(懷德)으로 이동하게 했다.[164]

미나미(南) 소좌는 비가 그치고 날이 개면 옥천의 동학군이 다시 활동할 것으로 예상하고, 원래 계획대로 중로군 본대와 교도병을 인솔해 증약으로 이동하여 마달령을 장악하기로 했다. 그리하여 2일 미야모토(宮本) 지대를 회덕에서 주안(周岸)으로 이동시켰다. 미나미(南)가 교도병 중대장 이진호에게 금산 진안 등 산악지대를 소탕할 계획을 제시하자, 대원 316명과 말 43필이 먹을 식량이 없어 걱정이라고 했다.[165] 즉각 관아를 통해 상부에 식량 문제를 상신했더니, 다행히 3일 오전 상부로부터 교도중대가 이르는 곳 관

일조 참조. 호서동학군 갑대의 이동경로는 『균암장임동호씨약력(均菴丈林東豪氏略歷)』 참조.

163 Id.

164 미나미 고시로(南小四郎), 「동학당정토약기(東學黨征討略記)」, *supra*.

165 『순무선봉진등록(巡撫先鋒陣謄錄)』, 교도중대장 이진호 보고, 11월 5일조.

아에서 식량을 조달토록 했다는 제답(題答)이 왔다.[166] 미나미(南)는 즉시 중로군을 반으로 나누고 교도병 소대를 붙여 증약으로 보내 마달령을 장악하게 했다.[167]

(2) 동학교단의 철수엄호작전

최시형은 중로군이 증약 마달령으로 진출할 조짐이 있자, 11월 3일 김연국(金演局) 등 측근과 함께 별동대의 엄호를 받으며 먼 남녘으로 향했다. 금강을 거슬러서 금산으로 가면 편했지만, 세인의 눈을 피해 영동현 양강, 양산 사이를 지나 무주로 가는 지름길을 택했다. 읍대 동학군은 3-4일 청산, 옥천에서 금산까지 동학교단의 철수엄호작전에 나섰다.

별동대는 4일 날이 개자 해월의 셋째부인 밀양손씨를 청산 북동쪽 백화산(白華山,933m) 후미진 곳으로 피신시켰다.[168] 그러나 첫째부인 밀양손씨는 연로하여 그런 험한 산악지대로 홀로 피신케 할 수가 없었으므로, 둘째부인 안동김씨가 낳은 딸 17세 최윤(崔潤)과 함께 멀리 백학산(白鶴山,993m) 인근 산골동네로 숨게 했다.[169]

4일 미나미(南) 소좌는 문의에서 중로군 본대를 이끌고 율봉도를 따라 마달령 증약으로 이동하여 지대와 합류했다. 오래간만에 중로군이 부속 교도중대 및 진남병 소대와 함께 집결하게 되었다. 소문에 옥천 청산에 동학군

166 Id.

167 Id.

168 백화산(白華山,933m)은 경상북도 상주시 모동면 수봉리 일대다. 셋째부인 밀양손씨는 나중에 연고가 있는 음성 봇들(洑坪)으로 다시 피신했다.

169 백학산(白鶴山,993m)은 경상북도 상주시 공성면 효곡리 일대에 있다. 첫째부인 밀양손씨와 둘째부인 안동김씨의 딸 최윤(崔潤)은 피신 중 민보군에 체포되었다.

이 '5-6만'이나 있다고 했다.

(3) 청산의 보루 석성촌 공방전

미나미(南) 소좌는 5일 아침 중로군 본대와 교도중대 등 지대를 모두 거느리고 증약에서 20리를 걸어 옥천으로 이동했다. 옥천 지역에 '5-6만'이나 준동한다던 동학군이 통 보이지 않았다.[170] 중로군이 나타나자 다 금산 방면으로 물러간 것 같다고 했으나, 대다수는 교단철수 엄호작전이 완료되자 계룡산 일대로 이동해 전열을 가다듬고 있었다. 미나미(南)는 시라키(白木) 지대를 청산현 서면 석성촌(石城村)으로 보냈다.[171] 석성촌은 보은에서 정남으로 원암을 거쳐 인근 청산에 이르는 곳으로, 사방에 4백여 미터 내외의 산으로 둘러싸여 청산 방어의 보루였다. 석성촌 남쪽 인근 포전리에 교단의 거두 김연국(金演局)의 집이 있었다.[172]

시라키(白木) 지대가 오후 4시 반 석성촌(石城村)에 도착해보니, 교단의 주요 인물은 모두 떠나버렸고 향토를 지키려는 열성 동학군 백여 명이 석성에서 지대를 향해 공포를 쏘며 항전의지를 보였다.[173] 시라키 중위가 교도병 2개 분대를 일본군 1개 분대 좌우에 배치하고 사격을 개시하자, "동학군은 3명의 사망자를 내고 별 저항을 하지 못하고 퇴각했고 마을 안에 잠복해 있

170 『순무선봉진등록(巡撫先鋒陣謄錄)』, 11월 5일조.

171 『주한일본공사관기록』 1, 六, (20) 「석성부근전투상보(石城附近戰鬪詳報)」, 1894년 12월 1일 [갑오년 11월 5일]. 석성촌은 인근에 저점산성(猪店山城)이 있어서 붙여진 이름이다. 나중에 화동리와 석성리가 합쳐서 청성면 화성리(和城里)가 되었다.

172 포전리(浦田里)는 나중에 거흠리(巨欠里)와 합쳐서 거포리(巨浦里)가 되었다. 필자는 2019년 11월 3일 옥천 향토사학자 전순표의 안내로 청산면 한곡리와 청성면 포전리 석성촌 일대를 답사했다.

173 삼국시대 신라군이 건설한 저점산성(猪岾山城)이다.

던 70-80명도 역시 산골짜기를 넘어 퇴각했다."고 한다.[174] 그런데 이날 석성촌 전투에서 시라키 중위 밑에서 교도병을 지휘한 대관 이겸제(李謙濟)는 동학군 300명을 사살했고, 50명을 생포해서 서도필(徐道弼) 등 9명을 처단했다고 보고서를 썼다.[175] 어느 쪽이 맞는 것인지 의아하지 않을 수 없다. 여하튼, 시라키 지대가 불과 두어 시간 만에 실탄 366발을 소비했다니, 10월 26-27일 문의 지명 전투시 이틀에 600발을 사용한 것에 필적하는 것이었다. 동학군이 석성에 포진하여 공격이 어려웠던 것 같다.

시라키(白木) 지대는 6일 아침 석성촌에서 10리를 걸어 청산으로 갔지만, 다들 피해 한산했다. 8일 오전 구와하라(桑原榮次郎) 소위가 이끄는 군로실측대(軍路實測隊)가 상주(尙州)에서 청산으로 넘어와 1개 분대가 오후에 문바위골(門岩里) 최시형 집을 덮쳤다.[176] 동학교단이 이미 6일 전에 무주 방면으로 떠난 뒤라서, 사소한 문서 몇 점 외에 소득이 별로 없었다.[177]

(4) 중로군 이동차단과 유인을 위한 양산 게릴라전

청산지역은 6일 사실상 일본군 수중에 들어가고 말았다. 을대 동학군에게는 이제 인근 지역에서 중로군을 게릴라전으로 괴롭혀 가급적 오래 옥천에 머무르게 하는 것이 상책이었다. 전봉준과 손병희는 논산에서 병력을 중

174 「석성부근전투상보」, *supra*.

175 『선봉진일기(先鋒陣日記)』 갑오년 11월 29일조, 관보.

176 『주한일본공사관기록』 1, 七, (1) 「문암양산부근전투상보(文岩 · 梁山附近戰鬪詳報)」 1) 「문암부근전투상보(文岩附近戰鬪詳報)」. 1894년 12월 4일 [갑오년 11월 8일]. 문바위골(門岩里)은 현재 청산면 한곡리(閑谷里)다. 인접 용산면에도 한곡리(閑谷里)가 있다.

177 Id. 구와하라(桑原)는 11월 9일 새벽 3시 문바위골을 덮쳐 동학도 100여 명을 축출했으나 소득이 별로 없었다.

강해 다시 공주로 북상할 태세였으므로, 호서동학군 을대는 연합동학군이 공주성 진입작전을 치르게 되는 경우에 중로군이 또 다시 공주로 이동하지 못하게 막고, 가급적 그들을 금산 진안 진산 등 산악지대로 유인하여 지연작전을 하다가 적시에 타격하는 것이 또한 상책이었다.

미나미(南) 소좌는 공주 전황이 유동적이라 공주를 지원하러 가는 경우 옥천 청산 영동을 시라키(白木) 지대가 감당해야 했으므로, 7일 영동현 용산에 이른 시라키 중위에게 일본군 2개 분대를 더 붙여주었다. 시라키는 이제 교도병 소대 109명과 일본군 1개 소대를 예하에 두게 되어, 중로군 전체 전력의 근 4분의 1을 행사하게 되었다.

시라키(白木) 중위는 8일 동학군이 준동한다는 영동현 양산(梁山)으로 들어갔다. 예상 외로 조용해서 좀 이상하다고 생각했는데, 밤 10시 동학군의 기습을 받았다. 금산 쪽에서 잠입한 동학군 게릴라였다. 1시간 반 총격 끝에 동학군은 40명의 사망자를 내고 창 20자루와 화승총 2정을 두고 퇴각했다. 시라키 지대가 탄약 1,152발을 소비한 것을 보면 전투가 매우 치열했던 것을 알 수 있다.[178]

4. 협조된 지연작전

(1) 미나미의 우금치 전투 전망과 금산행 결심

시라키(白木) 지대가 11월 9일 금산으로 들어간다니 미나미(南) 본대도 합류하면 좋겠지만, 공주성에서 우금치를 중심으로 전투가 치열하게 벌어지

178 『주한일본공사관기록』 1, 七, (1) 「문암양산부근전투상보(文岩・梁山附近戰鬪詳報)」, 2) 「양산부근전투상보(梁山附近戰鬪詳報)」. 1894년 12월 4일 [갑오년 11월 8일].

고 있어 옥천에서 그대로 대기해야 했다. 10월 24일 승전곡에서 패배한 아카마츠(赤松) 지대가 아직도 홍주성에서 있어, 공주성에서는 모리오(森尾) 대위가 서로군 반개 중대 78명과 천명 내외의 경군을 부려 방어해야 했기 때문에, 함락 위기에 처할 수도 있었다.[179] 위급시 미나미(南) 중로군이 지원에 나서야 했지만, 10월 29일 문의에서 섣불리 공주로 지원하러 나섰다가, 호서동학군 을대가 마달령 봉계곡(鳳溪谷)에서 미야모토(宮本) 지대를 격파하고 청주로 북상해 배후를 교란하는 바람에, 중도에 공주행을 포기하고 문의로 돌아왔던 뼈아픈 기억을 상기하지 않을 수가 없었다.[180]

걱정을 하고 있던 차에, 모리오(森尾) 대위가 우금치에서 종일 벌어진 전투에서 연합동학군을 물리쳤다는 소식을 한밤에 전해왔다. 앞으로 연합동학군이 또 공격해올 수는 있겠지만, 공주지역은 일단 모리오(森尾) 대위에게 맡겨두고, 금산으로 가서 시라키(白木) 지대를 진안 고산 등 남쪽 산악지대로 보내고, 미나미(南) 본대는 동학군의 소굴이라는 진산을 거쳐 연산으로 우회해 연합동학군 배후를 치기로 했다.[181]

179 아카마츠(赤松)가 홍주성에서 10월 27일 인편에 보낸 지원요청 비밀서신이 11월 2일 이노우에(井上) 공사에게 전달되었다. 이노우에는 즉일 그 서신을 첨부해 이토(伊藤) 인천 남부병참감에게 지원을 요청했다. 이토는 3일 야마무라(山村) 대위에게 1개 중대를 이끌고 홍주에 가서 아카마츠(赤松) 지대를 지원케 했다. 후원병 1개 중대 200명을 태운 증기선이 4일 오전 인천을 출발하여 5일 오전 아산만에 착륙했다. 야마무라(山村)는 7일 탄약과 조선 돈을 아카마츠에게 인도했다. 그러나 아카마츠 지대는 9일 홍주를 떠나 대흥(大興), 유구(維鳩)를 거쳐 우금치 전투가 끝난 뒤 11일 공주로 들어갔다.

180 미나미 고시로(南小四郎), 「동학당정토약기(東學黨征討略記)」, *supra*.

181 Id.

(2) 중로군 금산 진입과 동학군의 지연작전

미나미(南) 본대는 10일 옥천을 떠나 깊고 긴 골짜기를 통해 천신만고 끝에 금산에 이르렀다.[182] 금산은 동서남북으로 도로가 통하는 교통의 요지로 동학군도 정토군도 확보해야 할 요충으로 여겼다. 백성들의 참상이 이만저만이 아니었다. 그간 동학군과 민보군과 전투가 잦아 400-500호나 되던 민가가 80여 호로 줄었다고 했다.[183]

시라키(白木) 중위는 11월 9일 오후 3시 금산에 진입해 북쪽에 포진한 동학군을 공격해 남쪽 용담과 서남쪽 고산 및 서북쪽 진산 방면으로 퇴각케 했고, 오후 5시에도 역시 금산현 북쪽에서 또 동학군 40-50명이 나타나 총격 끝에 남쪽 용담 방면으로 도주했다고 보고했다.[184] 그날 전투에서 동학군 6명이 죽었고, 말 3필과 스나이더 소총 3정을 노획했다고 했다.[185] 호서동학군 을대의 소행으로 보였다. 문의부근 지명전투와 증약부근 마달령 봉계곡 전투 후, 을대 동학군 대다수는 계룡산 쪽으로 갔지만, 박석규 동학군처럼 옥천 영동 금산 일대에서 민보군 제어 활동하며 중로군을 유인하고 게릴라전을 편 부류도 많았다.[186]

현감 이용덕(李容德)이 동학군에 중상을 입어 자제를 시켜 연초 2다발과

182 Id.

183 Id.

184 『주한일본공사관기록』 1, 七, (3) 「금산부근전투상보(錦山縣附近戰鬪詳報)」, 1894년 12월 5일 [갑오년 11월 9일].

185 Id.

186 11월 8일 금산 방면에서 양산으로 진출하여 시라키(白木) 지대를 습격한 동학군이 그런 부류에 속했다. 「양산부근전투상보」 *supra*. 옥의포 박석규 대접주 휘하에 있던 유병주(柳炳柱) 유현주(柳賢柱) 이복록(李福祿) 등 여러 동학군 지도자가 그런 활동을 하다가 순도했다.

소 1마리를 미나미(南)에게 바쳤다.[187] 주민들이 "만일 내일 귀군(중로군)이 떠나가면 '진산의 비도(동학군)'가 또 내침할 것이라며 하루만 더 있어 달라"고 간청했다.[188] 미나미는 환대에 감동해 하루 더 머물기로 했다. 동학군의 지연전술이라는 것을 느낄 수 없었다.

미나미는(南) 공주사정이 궁금하여 12일 중로군 본대를 이끌고 진산으로 가기로 했다. 시라키(白木) 지대는 미나미(南) 본대가 진산으로 무사히 들어간 것을 확인하고, 다음 날 남쪽 진안으로 가기로 했다.[189] 본대는 탄현(炭峴)을 넘어 30리 경의 진산으로 들어섰다.[190] 동학군 아성이라 몹시 긴장했다. 현감의 영접도 없었고 동학군도 통 보이지 않았다. 알아보니 다들 피해 먼 곳에 숨어 버린 것이라고 했다. 수소문해서 현감 신협(申狹)을 찾아냈으나, 능청을 부리며 비협조적이었다. 동학군에 연루된 것이 분명해 처치하고 싶었으나, 국왕의 녹을 먹는 관리라서 어찌 할 수가 없었다.[191]

(3) 연산전투와 연합동학군 퇴로확보

11월 12일 전봉준 동학군이 공주에서 물러나 노성으로 갔다. 대청지역 전투 후 옥천에서 계룡산 쪽으로 이동해 우금치 전투에 참가한 호서동학군 을대는 다시 계룡산으로 들어갔다.[192] 그간 공주 서변 봉황산 전투에서 선전한 호서동학군 갑대도 이인으로 물러나 다시 논산으로 내려갈 태세였다. 이

187 미나미 고시로(南小四郎), 「동학당정토약기(東學黨征討略記)」, *supra*.
188 Id.
189 Id.
190 Id.
191 Id.
192 『순무사정보첩(巡撫使呈報牒)』, 기(其) 61(六十一), 갑오년 11월 12일조.

종만은 손병희 통령에게 중로군의 이동상황을 알리고 연산전투에 동참할 것을 간청했다.

이른 저녁 비가 내렸다. 그날 밤 전봉준은 노성산에서 '백성에게 고하는 글'을 발표했다.[193] 이제 어찌할 수 없다는 뜻으로 들렸다. 이종만은 전봉준 대장에게 중로군이 진산으로 진입했는데 명일 연산으로 이동할 것이라며, 공주의 서로군과 합세해 남북으로 협공을 당하면 큰 탈이니, 호서동학군 을대가 연산에서 중로군을 막아 논산으로 퇴로를 열도록 원병을 보내달라고 간청했다. 전봉준은 집강 김순갑(金順甲)을 부선봉으로 하여 특공대와 일부 포군을 지원해주기로 했다.[194]

13일 오후 비가 그치자, 미나미(南)는 예하 중로군 본대와 태마(駄馬) 78필을 이끌고 진산을 떠나 연산으로 진입했다. 현감 이병제(李秉濟)의 호의로 관사에서 묵기로 했다. 그날 밤 강추위가 몰아닥쳤다. 자정이 좀 지나 현감이 미나미를 깨워 동학군이 공격해올 것 같다고 말했다.[195] 사실 호서동학군 을대는 이미 별동대를 선봉으로 연산 포위작전에 들어갔던 터였다.[196] 별동대는 깊은 밤 중로군의 태마(駄馬) 78두 가운데 절반을 독침으로 죽였다.[197]

193 「선유방문병동도상서지등서(宣諭榜文並東徒上書志謄書)」.『동학란기록(東學亂記錄)』 하, 377-380쪽.

194 『주한일본공사관기록』 1, 七,(7) 「연산전투상보(連山戰鬪詳報)」, 1894년 12월 10일 [갑오년 11월 14일].

195 미나미 고시로(南小四郎), 「동학당정토약기(東學黨征討略記)」, *supra*.

196 Id. 미나미는 연산전투가 동학군이 수일 전부터 기획한 것이 분명하다고 회고했다.

197 Id. 미나미는 태마(駄馬) 78두 중 절반이 죽은 것을 보고 동사한 것으로 간주했으나, 13일 오후에 비가 그친 후 저녁때까지도 도로가 질퍽거릴 정도였는데, 밤새 아무리 강추위가 몰아닥쳤다고 하더라도, 영하 10이하로 내려가지는 않았을 것이니, 불과 10시간 만에 태마 78두 중 절반이나 동사할 수는 없다. 몽골에서는 말이 영하 30-40도를 오르내리는 혹한 속에서도 생존한다.

을대는 현지동학군과 함께 주변 산에 포위망을 펼쳤다. 중로군은 이제 산으로 겹겹이 둘러싸인 바구니 같은 연산(連山) 속에 갇힌 것이나 다름없었다.

14일 새벽 미나미(南)는 태마(駄馬) 절반이 동사한 것을 보고 한탄을 했다. 짐을 옮기려면 200명의 인부가 더 필요했다. 현감은 인부를 구해주겠다고 했지만, 시간을 끄는 것 같았다.[198] 현감이 수상해 기둥에 묶어놓고 호되게 취조한 결과, 동학군에 가담한 20세 장남이 2-3일 전에 다녀갔는데 중로군의 이동상황을 확인하고 간 것 같다고 했다.[199]

미나미(南)가 백방으로 인부를 구해, 정오가 좀 지난 시각 공주로 떠나려 하자, 동학군이 전면 산성 위에 나타났다.[200] 수천 명이 여기저기 나타나, 삽시간에 주위 산이 온통 동학군으로 허옇게 보였다. 동학군이 100여 개의 깃발을 흔들며 함성을 질렀다.[201] 검은 옷을 입고 후장총으로 무장한 별동대가 흰옷 입은 동학군을 지휘했다. 전봉준이 보낸 김순갑(金順甲)도 특공대를 이끌고 합세했다. 중로군은 완강히 저항했으나 중과부적으로 위기에 몰렸다. 그때 '천우신조'로 오전에 은진 쪽으로 정찰 나갔던 지대가 돌아오다 그 장

198 Id.

199 Id.

200 Id. 미나미(南)가 쓴 「연산전투상보」 *supra* 에서는 11시 5분경 동학군을 발견하고 사격을 개시해 전투가 시작되었다고 하는 등 1895년 5월 진술한 「동학당정토약기(東學黨征討略記)」와 차이가 있다.

201 Id. 미나미(南)은 동학군의 수를 3만여 명으로 보았으나, 동학군이 백여 개의 깃발을 든 것으로 보아, 한 포에서 50명이 참여한 것으로 치면 동학군이 5천여 명이나 참여한 것으로 추정해 볼 수 있다. 문의부근 지명전투나 증약부근 마달령 봉계곡 전투 때보다 동학군의 수가 배가 되는 것이었다. 전투가 끝날 무렵 당도한 호서동학군 갑대까지 치면 연산전장에 몰려든 동학군의 수는 미나미 식으로 어림계산을 하면 5만에 이를 것이다. 실제로는 그 10분의 1인 5천여 명에 달했던 것으로 보인다. 공주전투에 버금가는 최대의 격전이었던 셈이다.

면을 목격하고 동학군의 배후를 쳐서 간신히 퇴로를 열었다.[202] 중로군 지대가 도중에 호서동학군 갑대를 조우해 전투를 벌이다가 연산으로 밀리고 있던 터였다.[203] 호서동학군 갑대가 중로군 지대를 밀어붙이며 연산 외곽에 이르렀을 때는, 간발의 차이로 상황이 끝난 뒤라서 연산에서 싸우던 동학군이 물러나고 있었다. 호서동학군 갑대는 연산에서 나오는 동학군 일부와 함께 논산으로 향했다.[204]

15일 미나미(南) 중로군이 공주를 향해 북진했으나, 경천에 이르렀을 때 이상하게도 포성이 남쪽에서 울렸다.[205] 노성산에 집결해 있던 전봉준 동학군이 14일 저녁때 연산전투가 끝나고 서로군과 중 로군의 남북협공을 받게 되는 상황이 되자, 미리 야음을 타고 논산으로 후퇴했던 것이다. 15일 새벽 뒤늦게 노성산 공격에 나선 관군과 서로군이 허탕을 치고 공포를 쏘며 논산으로 추격하고 있었던 것이다.[206] 실로 호서동학군 을대가 이종만 별동대를 선봉으로 전봉준이 보내온 특공대와 함께 연산에서 중로군을 견제하지 않았더라면, 전봉준 동학군은 남북에서 중로군과 서로군의 협공을 당해 막대한 손실을 입었을 것이었다.[207]

202 Id. 일본군은 상등병 1명이 전사했다. 전봉준이 보낸 동학군 부선봉 김순갑(金順甲)도 전사했다.

203 Id.

204 『균암장임동호씨약력(均菴丈林東豪氏略歷)』.

205 미나미 고시로(南小四郞), 「동학당정토약기(東學黨征討略記)」, *supra*.

206 『순무사정보첩(巡撫使呈報牒)』 기65 [其六十五] 갑오년 10월 18일조.

207 김개남은 호남좌도군을 이끌고 뒤늦게 북상하여 11월 13일 새벽 청주성을 습격했다가 불과 두어 시간 만에 참패하고 신탄진과 유성 파군리로 후퇴했다. 김개남 군은 14일 진잠으로 후퇴했다가 관속과 주민의 저항을 받는 등 전투적 상황이 15일 새벽까지 계속되었으니, 14일 연산전투에 참여하지는 못했고, 15일 연산을 거쳐 은진 쪽으로 이동하다가 모리오(森尾) 서로군의 공격을 받고 논산 쪽으로 물러갔다. Id. 기65

결론

갑오(1894)년 만추 전봉준의 호남우도 동학군과 손병희의 호서동학군 갑대는 연합해서 공주성 진입작전을 2-3회 시도하다가 최신무기로 무장한 관군과 일본군에 무참히 패했으나, 정작 대청지역에서 그들을 돕는 위치에 있던 호서동학군 을대는 탈취한 후장총으로 무장한 이종만 별동대를 선봉으로 일본군과 대등한 전투를 벌여 곳곳에서 선전했다.[208] 그들은 그해 봄 동학혁명운동과 9월 하순 청주성 전투에서 익힌 실전경험을 바탕으로 10월 6-7일 괴산 전투와 24일 승전곡 전투에서 승리했고, 다시 26-29일 문의부근 지명 전투와 증약부근 마달령 봉계곡 전투에서 지형을 이용한 뛰어난 기만전술로 중로군 지대를 격파했다.

그 승리의 효과는 개별적인 전투에 그치는 것이 아니었다. 29일 오후 호서동학군 을대는 패주하는 중로군 지대를 30리 밖의 지명(芝茗)까지 추격했고, 또 거기에 그치지 않고 문의를 거쳐 청주로 북상하며 공주로 서로군을 지원하러 떠난 중로군 본대의 배후를 교란했다. 그날 저녁 미나미(南) 소좌는 연기현 금남면 용포에 이르러 호서동학군 을대가 마달령 봉계곡 전투에

[其六十五] 갑오년 11월 15일조. 『순무선봉진등록(巡撫先鋒陣謄錄』 갑오년 11월 15일조.

208 이종만(李鍾萬,1870-1956)의 행적은, 동학전란 후 의병항전에 이어 독립운동을 하다가, 제1차 세계대전 발발 후 이종찬(李鍾瓚)으로 개명하고 귀국하여 제2의 인생을 산 탓에, 잘 알려져 있지 않다가, 1953년 8월 상배(喪配)한 후, 전국 각처에서 수많은 조문객이 찾아와서 동학전란을 회고하던 중 일부가 드러났다. 특히 최시형의 딸 최윤(崔潤,1878-1956)이 경주에서 천리길을 걸어와 가으내 이종만 가에 살면서 저녁마다 편 동학전란 고사는 총기 좋은 자부와 그가 남기고 간 12살 먹은 외동 손자를 통해 살아남게 되었다.

서 미야모토(宮本) 지대를 격파해 지명(芝茗)까지 추격전을 벌이다가, 그들을 따돌리고 문의로 진격하여 진남병을 제압한 후, 한 무리는 연기로 통하는 도로를 차단했고, 다른 한 무리는 청주로 진남영을 습격하러 갔다는 급보에 놀라 공주행을 포기하고 돌아왔다.

그 승리의 영향으로 전봉준의 호남우도 동학군과 손병희의 호서동학군 갑대는 그날 29일 그믐밤 남쪽으로 물러나 11월 초 논산에서 비로소 합진하기에 이르렀다. 중로군 지대를 격파하고 본대의 후방 교란에 성공한 호서동학군 을대는 계룡산 일대를 기반으로 한 무리가 11월 8-9일 우금치 전투를 지원하면서 다른 무리는 중로군이 공주로 투입되지 못하게 이동을 방해하고 차단했다.

우금치 전투 후, 과연 호서동학군 을대는 이종만 별동대를 선봉으로 중로군을 금산 진산 방향으로 추격해, 14일 연산에서 또 한 차례 포위작전을 전개하여, 노성에 집결해 있던 전봉준 동학군의 퇴로를 열어주었다.[209] 그 결

209 신영우는 손병희 영향 하에 한강유역에서 남하해, 청산 옥천을 거쳐 공주로 출정한 호서동학군의 공주 전적을 「균암장임동호씨약력」에 기초해 논하면서, 연산전투에 관해서도 그 연장선상에서 호서동학군이 전봉준 동학군의 협조를 얻어 주도적으로 전개한 것으로 기술했다. 호서동학군은 척왜항전 초기부터 '호북' 한강유역에서 온 갑대와 '호중' 금강 중상류의 을대로 구분되어 있었고 그 역할도 달라 이를 구분해서 논해야 하는데도, 후자에 관한 자료가 거의 없어 논하기 어려웠던 것 같다. 그렇다고 하여 연산전투를 「균암장임동호씨약력」에 있는 애매한 회고담 몇 줄을 가지고, '호북' 호서동학군 갑대가 주도한 것으로 말할 수는 없다. 당시 일본군 지휘관이 쓴 「연산전투상보」 및 「동학당정토약기」와 비교해 보면 연산전투에서 '호북' 호서동학군 갑대는 중로군 지대를 밀면서 연산 외곽까지 왔지만 지대의 견제를 받아 제대로 뜻을 이루지 못하고 돌아간 것이 분명하다. 오히려 연산전투에서 큰 역할을 한 것은 전봉준이 보낸 특공대와 각처 포접 동학군이었다. 위 자료와 비교해보면, 연산전투는 중로군을 추적해온 '호중' 호서동학군 을대가 여러 날 기획하여 주도적으로 전개한 것이 분명하다. 신영우, 「북접농민군의 공주 우금치 · 연산 · 원평 · 태인전투」 『한국

과 전봉준 동학군은 14일 밤 서로군과 그 부속 관군의 공격을 받지 않고 무사히 논산으로 후퇴할 수 있었다. 하마터면 서로군과 중로군의 남북협공으로 일어날 뻔한 대참사를 막아낸 것이었다.

그 일련의 역사적 장거를 이루어낸 현장의 중심인 문의 지명(芝茗)과 마달령 봉계곡(鳳溪谷)이 대청호에 수몰되어 오랜 세월 속에 잊혀진 것은 참으로 안타까운 일이다. 필자는 관련 사료와 함께 이종만 등 전투 참가자로부터 직접 들은 증언과 문중의 고사를 종합적으로 분석하고 유지들의 협조를 얻어 하마터면 잃어버릴 뻔한 동학전란사의 중요한 부분을 복원해 내려고 노력해 보았다. 그 작업은 마치 옛날의 토기파편을 찾아내 원형을 재현해 내는 것처럼 어려운 일이었다.[210] 사료부족으로 전후사정과 정황증거로 추정을 할 수 밖에 없어 증명이 다소 미진한 곳이 더러 있어 아쉬운 마음을 금할 길이 없다. 관심 있는 분들의 비평과 지도로 차차 개선해 나갈 수 있기 바란다.

사연구』(154) (2011) 278-288쪽.

210 필자는 2020년 5월 13일 대전 향토학자 백남우의 안내로 문의 지명진과 마달령 초입 봉계곡 수몰지역을 답사했다. 또 6월 26일 청산 동학학회에 본 논문 취지로 기조강연을 하러 가는 도중에 대전에서 그를 다시 만나 중약 마달령 아감 봉계 일대를 거듭 답사했다. 당일 학회에 참석한 세종시 향토학자 송성빈이 마달령 봉계곡 초입 사러리 태생이어서 수몰 전 그 일대의 지리 지명 전반에 걸쳐 회고담과 의견을 들을 수 있었다. 또한 7월 29일과 9월 17일 그를 통해, 마달령 입구 '바깥아감'에 사는 원주민 송백순(1938년생)으로부터, 봉계를 포함한 마달령 일대의 지명과 지리적 사실을 확인했고, 신작로 통행이 보편화되기 전에 주민들이 주안에서 봉계곡을 거쳐 아감고개를 넘어 옥천에 이르는 길을 선호했다는 것을 알게 되었다.

옥천 지역 동학농민혁명 스토리텔링과 문화 콘텐츠 활용 방안

채 길 순
명지전문대학교 교수

Ⅰ. 들어가며

이 글은 옥천 지역 동학 및 동학농민혁명사의 문화 콘텐츠[1] 활용 방안에 대한 연구이다. 이를 위해서는 역사적 사건에 대한 연구가 우선되어야 하는데, 그동안 필자가 정리한 옥천 지역 동학 및 동학농민혁명사 연구를 근거로 하여, 사적지에 대한 인물, 사건, 배경(시간 공간적)을 재구성하여 스토리텔링[2]의

1 문화 콘텐츠에 대한 정의 중에는 좀 더 협의의 대상을 지칭하는 경우도 있다. 즉 기존의 오프라인 콘텐츠 모두가 아니라 그 가운데에서 디지털 기술을 기반으로 하는 콘텐츠만으로 그 대상을 축소하여 지칭하는 경우이다. 이는 문화 콘텐츠라는 용어가 실제적으로 사용되기 시작했던 정황과 관련이 있다. 그간 기존의 오프라인 문화산업들이 존재해 왔으나 종래부터 있던 장르를 문화 콘텐츠라고 부르지 않았던 반면, 디지털 기술이 마련된 후 디지털 매체를 기반으로 한 작품들을 가리킬 때부터 문화 콘텐츠라는 용어가 본격적으로 사용되었기 때문이다. 문화 콘텐츠의 영역은 디지털 기술 발달에 맞춰 범위가 넓어져 가고 있으며, 따라서 현재적 의미를 지닌다. 즉 문화 콘텐츠는 디지털 콘텐츠는 물론 기존의 오프라인 콘텐츠들과도 겹치는 용어이다. (박상천, 『한국언어문화』 22호, 2006. 9-10쪽)

2 스토리텔링(Storytelling)이란 알리고자 하는 바를 단어, 이미지, 소리를 통해 사건, 이야기로 전달하는 것이다. 즉, '이야기를 전달하는 행위'로 정의할 수 있다. (류수열 외, 『스토리텔링의 이해』, 글 누림, 2007, 19쪽) 여기서 스토리텔링은 단순히 '말하는' 것과 같은 의사소통보다는 '서사를 가진 이야기를 전달하는' 행위를 지칭한다. 즉 스토리텔링에서의 '스토리'는 '서사'의 측면이 강하다고 볼 수 있다. 따라서 본고는 이야기

근간이 될 서사[3]를 중심으로 기술했다. 이어서 이에 기초하여 문화 콘텐츠로 활용하는 방안을 제안하고자 한다. 연구 방법으로, 다른 지역 문화 콘텐츠 활용 실태와 비교 분석을 통해 새로운 콘텐츠 방안을 제시할 것이다.

이 글은 옥천 지역의 사적지 현황, 옥천 동학 및 동학농민혁명의 흐름을 시기별로 살펴보고, 인물과 사건 배경을 중심으로 스토리텔링을 정리하고자 한다. 이를 바탕으로 옥천 지역 동학농민혁명사의 문화 콘텐츠 활용 방안을 제시하고자 한다.

II. 스토리텔링으로 본 사적지 현황

1. 사적지와 스토리텔링의 관계

역사 연구의 궁극적인 목적은 대개 스토리텔링에 의한 독자의 기억 재생에 있다. 이때 스토리텔링이란 역사적인 인물과 사건과 배경(시간과 공간)에 의해 총체화된 사건과 의미를 통칭한다. 따라서 문화 콘텐츠란 그 지역에 있었던 사건에 대한 기억 재현에 목적이 있다고 볼 수 있다. 여기서 재현이란 스토리텔링에 의존하게 되는데, 대략 강연과 답사 등의 학습을 통해서, 혹은 영화, 소설, 시, 뮤지컬, 노래, 연극 등 다양한 장르를 통해 습득되는 지

를 넓은 개념의 서사로 규정할 것이다.

3 서사란 이야기를 지닌 모든 것을 의미한다. 민담, 설화, 전설, 동화 등은 물론 역사나 일기 기행문 등도 서사에 속한다. 이렇게 언어로 된 서사뿐만 아니라 영화, 만화, 오페라, 그림과 같은 비언어적인 서사도 많이 있다.(오탁번, 이남호, 『서사문학의 이해』, 고려대학교 출판부, 1999)

식을 뜻한다. 따라서 사적지란 1차적으로 현재의 실증적인 장소 개념이 성립되며, 구체적인 소도구까지 포함한다. 사적지는 어떤 식으로든 인물과 사건, 배경이 내포된 사건의 종합화를 의미한다. 따라서 사적지 소개는 가능한 한 스토리텔링의 조건에 맞춘 기록이다.

2. 스토리텔링 조건으로서의 옥천 동학 동학농민혁명 사적지

(1) 문바위골 최시형 은거지 및 재기포 선언 터(청산면 한곡리, 문바위골) : 최시형이 문바위골 김성원 가(다른 기록으로 김낙현(안산 김씨)의 집으로, 김낙현은 1898년 4월에 체포되어 처형되었다는 구전도 있다)로 들어온 시기는 1893년 7월이며, 손병희, 조재벽 등의 소개로 성사되었다. 여기서 보은 장내리를 오가며 9.18 재기포 선언 등의 교단 일을 수행했다. 현재 박승재 씨 집 사랑채이며, 지금도 부엌 바닥에서 불에 탄 쌀알이 출토되는데, 동학농민혁명 2차 기포 시기에 불 탄 흔적이다. 집 뒤로 불 탄 밤나무 등걸이 집 뒤편에 흩어져 있다.

(2) 문바위골 최시형의 아들 묘와 동학농민군 훈련 터 : 1893년 3월 동학교도 수만 명의 집회 때 이곳은 '새 장안'으로 이미 은거처가 되었을 가능성이 크다. 마을 이름이 유래한 '문바위'에 주동자인 박희근 등 7명의 이름이 새겨져 있다. 한곡리 저수지(1987년 축조) 위 오른쪽 산기슭에 최시형의 아들 최봉주의 묵뫼[4]가 있고, 왼쪽으로 9.18 재기포 선언 이후 보은 장안으로 집결한 동학농민군 세력이 이곳까지 진출하여 주둔했다. 동학농민군은 논

4 저수지 서쪽으로 1백여 보 떨어진 산 아래에 위치한다. '최봉주의 묘' '최부품 법헌의 묘(이 지역 사람들은 '최부푸리(법헌) 묘'라고 불렀다.)

산으로 이동하기 전까지 너럭바위를 중심으로 훈련했다. 한편, 장군재를 넘어오는 이 길은 동학농민혁명 당시 영동 청산 보은을 잇는 길이었지만 현재는 묵은 길이다.

(3) 증약전투기념비 : 1894년 10월 29일, 군북면 증약리에서 관군과 동학농민군 사이에 전투가 벌어져 수많은 동학농민군이 희생됐다. 논산 공주로 이동해 간 손병희 동학농민군 주력에서 빠져 지역 방어를 위해 남아 있던 동학농민군 세력이었다. 현재 이들의 희생을 기리는 기념비가 서 있다.

(4) 옥천 동장(東場) 동학농민군 총살 터 : 1894년 11월 4일, 옥천 민보군에 의해 정원준(鄭元俊) 접주가 체포 당일에 총살됐다.(『갑오군정실기 4』, 85쪽, 1894년 11월 4일 조) 현재 이 장소는 추정하기 어렵다.

(5) 청산 석성리전투 사적 및 김연국 가옥 : 당시 청산현 석성리는 포전리(거포리, 청산면 거포1길 111번지, 현 청성면 화성리 295-1)와 접경지역이며, 이 일대에서 1894년 11월 5일 3만여 동학농민군이 관군과 전투를 벌여 동학농민군 40여 명이 희생되었다. 당시 거포리에는 김연국 대접주의 집이 있었다. 동학농민혁명 시기에 이 길은 문바위(이 글에서 문바위골은 한곡리 일대 골짜기 마을을 총칭하는 용어로 쓴다)에서 청산 읍내를 거치지 않고 이곳을 지나 보은 장내리로 연결되는 길이 있었다.

(6) 양산장 싸움 터[5](현 충북 영동군 양산면 가곡리) : 1894년 11월 8일에는 양산장터 싸움이 벌어졌다. 대관 이겸재가 "11월 8일에는 양산장에서 (동학농민군) 수천 명과 접전해 50명을 포살했다."고 했으니 많은 동학농민군이 희생된 전투였다.

5 당시 이곳은 행정구역 상 옥천 지역에 속했다.

(7) 청산 동학농민군 처형터(장소 불상) : 11월 29일, 충경포(忠慶包)의 접사(接司) 여성도(呂聖度)와 김성칠(金成七)을 청산읍의 거괴(渠魁) 강경중(姜敬重)을 붙잡아 모두 즉각 총살했다.[6]

(8) 청산 동시(東市, 청산면 법화리) 총살 터 : 1894년 11월 30일, 강경중(姜敬重 · 팔로도성찰), 허용(許用, 동부성찰)이 김석중이 이끄는 상주 민보군에 의해 포살됐다.

(9) 청산 한곡리(소사동, 小巳洞 · 작은 뱀티) 총살 터 : 1894년 12월 2일, 김경연(金景淵, 포덕장), 서오덕(徐五德, 선봉장)을 총살했다.[7]

(10) 옥천 동학농민군 처형 터(장소 불상) : 12월 4일에는 옥천(沃川)에 도착하여 대장 정윤서(鄭允瑞)를 사로잡아 총살했다.[8]

(11) 옥천 오정동 체포 터(현, 영동군 양산면 죽산리)[9]: 1895년 1월 9일, 고경일(高敬一), 고덕현(高德賢), 고원행(高遠行), 김고미(金古味, 포수, 영동) ,김철중(金哲仲, 접사, 영동), 김태평(金太平, 성찰, 영동), 박추호(朴秋浩, 성찰, 영동), 배순안(裵順安, 접주, 영동) 등 13명의 동학농민군이 오정동에서 체포되어 총살된 날이다. 1895년 1월 9일은 옥천 동학농민군의 최대 비극의 날이다. 이들의 출신지와 활동지로 미루어 옥천, 금산 지역에서 활동하던 조재벽포의 동학농민군일 가능성이 높다. 이곳은 옥천 동학농민군 희생의 대표적인 장소

6 소모사 정의묵이 보고, 갑오군정실기 9 179쪽.

7 소모사 정의묵이 김석중의 보고를 다시 보고, 갑오군정실기 9 179쪽.

8 소모사 정의묵이 보고, 갑오군정실기 9 179쪽.

9 영동군 홈페이지 참조 : 죽산리 연혁에 의하면, 본래 양산현 지역으로 옥천군(沃川郡) 양내면(陽內面)에 속했다가 고종 광무 10년(1906) 영동군에 편입되었다. 1914년 행정구역 폐합에 따라 오정동(梧亭洞). 죽항동(竹項洞)과 남이면(南二面), 중심동(中深洞)을 병합하여 죽항과 마니산(摩山)의 이름을 따서 죽산리라 하고 영동군 양산면에 편입되었다.(옥천문화원 이안재 제공)

로, 표지판이 필요하다.

(12) 청산관아 터(현, 지전 2길 35-17, 지전리 187) : 당시 교단과 현감의 관계에 대해서는 알려진 바 없지만, 비교적 우호적이었을 것으로 짐작된다. 지금은 민가로, 현청 복원 방안이나, 현청 터 사적지 표지판이 필요하다.

(13) 청산공원 재기포기념비 : (현, 청산읍에서 청산교 건너기 직전 좌측 소공원)

(14) 동요작곡가 정순철 생가 터와 벽화거리(현, 청산면 교평3길 3, 교평리 294-3, 310번지. 마을회관) : 해월 최시형의 외손자 정순철 선생 생가 터가 부근에 있다.

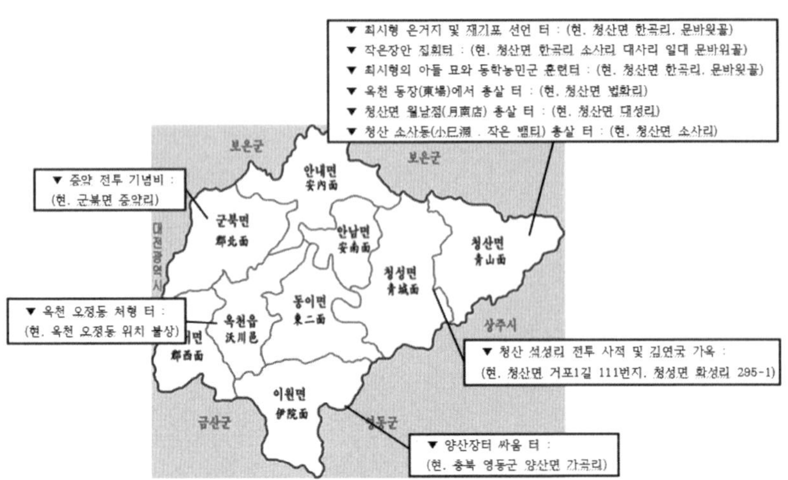

Ⅲ. 시기 별로 본 스토리텔링

1. 동학 창도 초기

창도주 최제우가 재세 시기에 직접 옥천의 이웃 고을인 금산, 진산, 지례, 김산 등지에 직접 포교했고, 창도기에 상주 왕실촌에 피신했던 동학교도들이 상주 모서(牟西) 팔음산(八音山)을 넘어 청산으로 넘나드는 통로였기 때문에 상주와 보은, 옥천, 청산은 일찍이 동학교도들의 왕래가 빈번했다. 이로 보면 옥천에 동학이 유입된 시기는 창도 시기인 1861년까지 거슬러 올라갈 수 있지만, 확정적인 자료는 아직 없다.

위의 정황에 대한 또 다른 근거로, 최제우가 선전관 정운구에게 잡혀 서울로 압송될 당시 호송 행렬이 추풍령에 이르자 "창도주 최제우의 탄압에 불만을 품은 동학교도들이 모여 있다는 말을 듣고 상주 쪽으로 방향을 바꾸었다."는 기록이 보인다. 추풍령 지경은 영동, 황간, 김산(김천)의 지역으로, 이 지역에 동학이 최제우 재세 시기에 포교되었을 가능성이 크다. 결국 호송 행렬이 상주, 화령을 거쳐 보은 관아로 들어왔는데 "이방(吏房)이 (동학도인으로) 최제우에게 예물을 바쳤다."는 더 구체적인 정황 기록이 보인다.

또 최시형이 상주 왕실촌에서 속리산을 넘어 보은 장내리로 들어오는 길과 상주 모서에서 팔음산을 넘어 청산으로 넘나드는 길이 주된 도피 통로가 됨으로써 옥천 청산 지역에 교세가 급속히 확장되었을 것으로 보고 있다. 여기다 또 다른 길은 김산(김천)과 접경한 지역인 황간 조재벽 접주에 의한 포덕이다. 1887년에 입도한 황간 출신 조재벽은 영동, 옥천, 청산 일대에 동학을 포교했다. 동학이 황간에서 영동, 용산을 거쳐 청산으로 들어왔을 것으로 보이는 대목이다. 이후 조재벽은 1890년에 들어와서는 금산(錦山), 진산(珍山), 고산(高山), 용담(龍潭) 등지로 포교 활동 반경을 넓혀 나갔다.

2. 교세 확장기

최시형에 의한 잠행 포덕으로 중흥 시기를 맞게 된 동학교단이 어느 정도 안정기에 접어들 무렵, 1871년 이필제(李弼濟)[10]가 교조신원운동의 일환으로 영해관아를 습격하여 영해부사 이정을 처단하는 사건이 일어났다. 이로 인해 동학교단은 다시 관의 지목을 받아 혹독한 탄압을 받게 되고, 최시형이 관의 지목을 피해 강원도를 거쳐 충청도로 넘어오면서 차츰 서울, 경기, 황해, 전라 등지로 교세가 확장되는 교두보가 되었다.

최시형이 청주 손병희와 황간 조재벽의 주선으로 문바위골 김성원(金聖元)의 집으로 들어온 시기는 1893년 7월이었다. 이보다 앞선 3월 10일에 "최제우의 조난 일을 맞아 청산군 포전리 김연국의 집에서 손병희, 이관영, 권재조, 권병덕, 임정준, 이원팔 등 지도자들과 제례(祭禮)를 지냈다."는 기록으로 보아 이 시기에 청산 문바위는 보은 장내리와 함께 동학교단의 중심지였음을 알 수 있다. 이는 관아의 움직임에 대처하는 방안이었다.

현재 옥천·청산 지역에 동학이 유입된 경로는 정확하게 단정하기 어렵지만, 최시형에 의한 직접 포덕과 황간 출신 조재벽 대접주 중심으로 영동, 용산, 청산, 옥천을 거쳐서 유입된 경로가 유력해 보인다. 조재벽이 이끄는 동학교도 세력이 교조신원운동과 보은취회뿐만 아니라 1894년 3월에는 이웃 고을인 금산 진산으로 진출하여 초기 동학농민혁명을 주도했기 때문이다.

10 1863년 동학에 입교한 이필제는 자신이 체포되어 처형당하는 1871년 말까지 9년 동안 진천, 진주, 영해, 문경 등지에서 4회에 걸쳐 봉기를 주도했다.

3. 교조신원운동 시기에 청산 문바위골은 '작은 장안'

1892년 공주와 삼례취회를 통해 충청전라 감사에게 "교조 최제우의 신원을 풀어주고, 동학도인 탄압을 중지해 줄 것과 종교 활동의 자유"를 요구했다. 이 시기에 최시형은 보은과 청산을 오가며 손병희, 조재벽 접주 등의 동학 지도자들과 함께 신원운동을 계획했다.

1893년 2월, 충청도 동학교도를 중심으로 광화문복합상소와 같은 신원운동이 전개되었고, 임금으로부터 "각자 돌아가 제 업에 충실하면 뜻대로 되리라."는 교지를 받고 흩어졌으나, 여전히 동학교도를 탄압하자 동학교단은 보은취회를 결정한다.

1893년 3월, 충청도 보은 장내리에 조선팔도에서 최소 2만 7천여 명의 동학교도들이 모여 보국안민(輔國安民), 척양척왜(斥洋斥倭)의 기치를 내걸고 시위에 들어갔는데, 이는 최초의 사회운동으로 평가된다. 당시 이웃 고을 청산 문바위골은 '작은 장안'이라고 불릴 정도로 '전국에서 말들이 빈번하게 드나드는' 장소였다. 이와 관련한 전설로 "물가에 버드나무 숲은 당시 전국 각지에서 말을 끌고온 동학교도들이 고삐를 맸던 버드나무 말뚝이 살아 뒷날 울창한 버드나무 숲이 되었다"는 전설이 전해지기도 했다.

4. 동학농민혁명 초기

1894년 3월, 전라도 무장에서 동학농민군이 봉기했을 때 '충청도에서도 산발적으로 동학교도의 움직임을 보였다'는 정도로 언급되었다.

이 시기에 옥천 · 청산 동학교도는 조재벽 접주의 지도 아래 금산, 진산으로 들어가 활동했다. 참여자 기록에도 "옥천 출신의 장명용(張命用, 성찰), 이

관봉(李寬奉), 이오룡(李五龍, 포군), 이대철(李大哲, 利原驛 省察), 이판석(李判石, 접주), 배순안(裵順安, 접주) 고덕현(高德賢, 오정동 접사), 고경일(高敬一, 포군), 고원행(高遠行, 접사), 박추호(朴秋浩, 성찰), 김태평(金太平, 성찰), 김철중(金哲仲), 김고미(金古味, 포수) 등이 기포하여 전라도 금산 진산을 공격하는 데 앞장섰다."고 했다.

5. 동학농민혁명 재기포 시기

1894년 8월. 청일전쟁에서 일본군이 청군을 국경 밖으로 몰아내고 요동반도를 점령하자 일본은 무력으로 경복궁에 침입하고, 지방 곳곳에서 동학 두령들을 참살하는 등 본격적인 침략 야욕을 드러내기 시작했다. 또한 일본군은 후환이 될 동학농민군을 초멸할 계획도 점차 가시화하고 있었다.

최시형이 머물고 있던 청산 문바위골에 전국 도처에서 찾아온 동학 지도자들이 봉기할 것을 간청하기에 이른다. 1894년 9월 18일 마침내 최시형은 동학 지도자들을 모아놓고 무력 봉기를 선언한다. 총기포령에 따라 근거지별로 집결한 동학군들이 속속 모여들자 작은 장안 청산과 보은 장내리는 충청, 경상, 경기, 강원 지역에서 온 동학농민군으로 들끓었다. 한곡리 저수지 위 갯밭은 이렇게 모여 든 동학농민군이 호남의 동학농민군과 논산으로 합류하러 가기 전까지 군사훈련을 했다고 전한다.

옥천의 동학농민군은 손병희를 따라 논산으로 들어간 세력과 함께 공주 동북쪽으로 진출한 것으로 보인다. 『갑오군정실기1-9』[11]에, "임금께 아뢰기

11 『갑오군정실기』는 2011년 일본으로 반출된 문화재 환수 과정에서 확인된 사료다. 당시 조선 정부는 동학농민군 2차 봉기를 진압하기 위해 특별지휘부인 양호도순무영(兩

를 지금 출진 영관(出陣領官) 안성군수 홍운섭의 첩보를 보니, '지난 10월 2일에 후원 영관(後援領官) 구상조와 함께 군대를 인솔해서 공주 효포(孝浦)를 방어하였습니다. 비도(匪徒) 전봉준이 옥천 비도와 대교(大橋)에서 회합한다고 하기에 그 소문을 듣고 진군했더니, 숲과 산기슭에 집결해서 깃발을 세우고 둘러싼 것이 거의 수만 명이 되었습니다. 몰래 배후에서 숲에 기대어 있는 적을 급습하여 포를 쏘아 20여 명을 죽였고, 6명을 사로잡았으나 마침 날이 저물어서 공주에 주둔하였습니다. 위에서 말한 6명[사로잡은 비도]은 목을 베어 사람들을 경계하였고, 군물(軍物)은 성책해서 올려보내겠습니다.'라고 하였습니다. 군물은 특별히 별단(別單, 奏本)에 덧붙이는 문서나 명부)을 갖추어 들이도록 감히 아룁니다." 별단(別單) 연환(鉛丸, 납으로 만든 총알) 3석(石), 화약(火藥) 2석, 기엽(旗葉, 깃발) 25면, 위의 것은 불태웠다. 회룡총(回龍銃) 4자루, 소 1마리, 노새 3필, 말 3필, 깃발….[12] 위의 기록으로 보아 옥천 동학농민군은 (1) 독자적으로 대교 방면으로 진출한 세력, (2) 손병희를 따라간 세력, (3) 지역에 남아 지역을 방어하던 세력으로 나뉜 것으로 보인다.

한편, 손병희가 이끄는 호서동학농민군과 전봉준이 이끄는 호남동학농민군은 논산 소토산에서 동학농민연합군을 형성한 뒤, 공주를 넘어 서울로 쳐들어갈 것을 결의한다. 그렇지만 동학연합군이 공주 우금티에서 관-일본군의 신식무기에 막혀서 대패하고 후퇴를 거듭한다. 손병희가 이끄는 호서동학농민군은 살아남은 대열을 추슬러 남원 새목치까지 후퇴한다.

湖都巡撫營)을 설치했으며 『갑오군정실기』는 이 기구에 1894년 9월 22일부터 12월 27일까지 모두 10권(총 923면)으로 정리한 기록이다.

12 동학농민혁명기념재단 편역, 『동학농민혁명 신국역총서』 6, 『갑오군정실기』 2, 23쪽.

6. 토벌 시기의 옥천 동학농민군 토벌

동학농민혁명이 공세 시기를 지나 수세기에 접어들었을 때 옥천 지역 동학농민군은 옥천 지방 관아 세력과 청주병영군, 조정에서 파견한 경군, 일본군, 옥천 지역 민보군, 상주에서 넘어온 김석중 민보군, 상주 지방군 등 여러 세력에 의해 토벌 대상이 되어 쫓기거나 목숨을 잃었다.

먼저, 옥천 지역 동학농민군을 토벌한 지역 민보군은 지도자만 해도 12명이나 되었다. 곧, 김재빈(金在斌) 박주양(朴胄陽) 김규항(金圭恒) 김재소(金在韶) 김중현(金重鉉) 송병기(宋秉紀) 전맹호(全孟鎬) 김영희(金永禧) 민치용(閔致龍) 유형로(柳絅魯) 박성환(朴聖煥) 박정빈(朴正彬) 등이다.

충청감사(忠淸監司) 박제순(朴齊純)이 첩보하기를 "청산현감이 올린 첩정에, "11월 23일에 옥천의 창의군이 본 청산현에 이르렀다는 소식을 듣고 현감인 제가 몸소 나갔더니, 먼저 황음리(黃音里)의 이아지(李牙只)의 집을 부순 뒤, 이어 남면(南面)에 가서 두 집을 방화하고, 또 저정리(猪頂里)에 가서 한 집을 방화하였습니다. 또 금대리(金臺里)에 가서 세 사람을 체포했는데 체포된 자의 친척이 울면서 따라오자, 창의군(倡義軍)이 문득 총으로 쏘아 세 사람을 사살하였고, 청산 고을 곳곳에서 불빛이 끊이지 않으니, 필시 화상을 입은 사람이 많을 것입니다."라고 보고한다. 이에 충청감사 박제순이 조정에 육상필(陸相弼)과 박정빈(朴正彬)의 패악을 보고하고 이에 대한 답변으로 "관문을 발송하여 박정빈을 체포하여 수감하라. 그리고 육상필의 군관 첩지는 환수하고 그를 올려 보내라."[13]라고 했다.

13 동학농민혁명기념재단 편역, 『동학농민혁명 신국역총서』 7, 『갑오군정실기』 6, 219쪽.

조정으로부터 "책으로 엮은 보고문을 받았으니, 그들(육상필)과 박정빈으로 하여금 더욱 힘을 다하게 하라. 감옥에 있는 여러 놈들의 죄는 용서할 수가 없으니 엄중히 곤장을 때리고 그 정황을 보고해 올려라. 그리고 너는 일단 격식을 갖추어 죄인 신성렬(申性烈) 등 5명과 대접주 임궁호(任弓鎬=任奎鎬의 오기)의 처와 거괴 최시형의 여식을 엄중히 감옥에 가두어라.[14]" 하는 답신을 받게 된다. 이에 따라 최시형의 딸 최윤(崔潤)이 청산 감옥에 갇히게 된다.[15]

옥천의 동학농민군 주력이 공주에서 대회전 중이던 11월, 최시형은 옥천 모처에 머물다 남원 새목치로 이동해 갔다. 일본 후비보병 19대대 병력과 경리청군(經理廳軍)과 김석중이 이끄는 상주 소모영군, 그리고 옥천의 민보군이 옥천과 그 주변에서 최시형을 체포하기 위해 또 동학농민군을 토벌하기 위해 대대적인 정토 활동을 벌이게 된다. 이 시기에 많은 동학농민군이 체포되어 처형되었다. 당시 조정에서 파견한 경리청군이나 소모영군은 신식 총으로 무장하고 있었다.

14 동학농민혁명기념재단 편역, 『동학농민혁명 신국역총서』7, 『갑오군정실기』8, 108쪽. 군관 육상필(陸相弼)의 보고에 "지난 11월 10일에 본 읍의 선비 김재빈(金在斌) 등과 함께 박정빈(朴正彬)을 추대하여 맹주(盟主)로 삼고 모인 의병을 수습하니 4~5백 명이 되었습니다. 20일에 마침 청산의 비도 수백 명이 모여 있다는 소식을 듣고, 병사를 이끌고 달려가 4 명을 칼로 베고, 접주 최태운(崔泰雲)을 사로잡았습니다. 28일에 보은에 도착하여 윤봉길(尹奉吉) · 신재기(辛在基) · 신성렬(申性烈)과 최법헌(崔法軒, 최시형)의 딸, 임규호(任奎鎬)의 처 등을 병영으로 압송하였습니다."

15 최시형의 딸 최윤(崔潤)이 옥에 갇힌 시기는 대략 청산 지역이 관 일본군 수중에 들어가는 11월 6일 이후였을 것으로 추정된다. 동학농민혁명이 끝난 뒤 청산 군수가 아전인 정주현(鄭注鉉)에게 최윤과 결혼을 알선했는데, 1898년 해월 최시형이 교수형에 처해진 직후였을 것으로 추정된다. 이런 연으로 태어난 정순철(1901년 생)은 방정환과 함께 1920년대 어린이운동을 펼친 이다.

교도 중대장 이진호의 첩보에 “이번 달(11월 4일)에 파견한 대관(隊官) 이겸제(李謙濟)가 1개 소대를 인솔하여 일본군 100명과 합세해서 정찰대를 만들어 청산과 영동으로 가서 옥천에서 군물(軍物)을 찾아낸 것이 적지 않았습니다. 후환이 있을 듯해서 화약 3,000근(斤)을 물에 떠내려 보냈고, 연환(鉛丸, 납으로 만든 탄환) 20말은 일본군 대대(大隊) 진영에 맡겨 놓았습니다. 총 150자루를 깨어 부수었고, 환도(環刀) 100자루는 녹였으며, 철로 만든 창과 죽창(竹槍) 600자루 및 여러 가지 긴요하지 않은 집물(什物)은 태워 버렸습니다. 오늘(11월 4일) 잡은 정원준(鄭元俊)이라고 하는 비도의 접주를 옥천 동장(東場)에서 쏘아 죽였습니다.” 라고 하였다.[16]

10월 29일에는 옥천군 군북면 증약리 일대에서 증약전투가, 11월 5일에는 청산 석성리 싸움이, 11월 8일에는 양산장터 싸움이 벌어져 옥천 청산 일대는 전화(戰禍)에 휘말리게 되었다.

7. 임실 새목치에서 보은 북실까지 이동 과정의 호서동학농민군 행적

임실 새목치까지 밀려내려 갔던 손병희가 이끄는 호서동학농민군은 전봉준의 호남동학농민군과 헤어진 뒤 소백산맥을 따라 북상하면서 장수 무주 영동 황간 용산 청산 보은으로 이동하면서 18차례의 크고작은 전투를 치렀다. 용산장터에서 싸움을 벌인 동학농민군은 장군재를 넘어 관군에 의해 초토화된 문바위로 들어온다. 이 시기에 눈보라가 몰아치고 추위가 닥쳐서 불탄 문바위에 머물 수 없어 비운의 땅 보은 북실로 들어간다.

16 동학농민혁명기념재단 편역, 『동학농민혁명 신국역총서』 6, 『갑오군정실기』 4, 77쪽.

Ⅳ. 인물과 사건으로 본 스토리텔링

(1) 최시형(崔時亨, 1827-1898)이 문바위골 김성원 가로 들어온 시기는 1893년 7월이며, 손병희·조재벽의 소개로 성사되었다. 최시형은 여기서 보은 장내리를 오가며 광화문복합상소와 보은취회, 9.18 재기포 선언 등의 교단의 크고 작은 일을 수행했다. 현재 박승재 씨 집 사랑채이며, 지금도 부엌 바닥에서 불에 탄 쌀알이 출토되는데, 동학농민혁명 당시 김성원 가가 불에 탄 흔적이다. 최시형은 9.18 재기포 선언 이후 옥천 영동 지역에 은거하다가 임실 새목터로 이동했고, 가족은 민보군에 체포되었다.

(2) 김연국(金演局, 1857-1944)은 강원도에서 출생하였으며, 일찍이 동학에 입도하여 손병희 손천민 등과 함께 최시형의 3대 제자가 되었다. 동학 2대 교주 최시형을 보좌하기 위해 청산 갯밭마을에서 기거했다. 1898년 해월이 교수형을 당하자 체포되어 4년간 옥살이를 했다. 그 후 손병희와 손잡고 1905년 동학을 천도교로 개칭하여 대도주가 되었으나 뜻이 맞지 않아 1908년 이용구(李容九)의 시천교(侍天教)로 들어가 대례사(大禮師)가 되었다. 그러나 이용구 사망 후 탈퇴하여 1913년 서울 가회동에 별도로 시천교를 세웠다. 1926년 계룡산 신도안에 이전하여 교명을 '상제교(上帝教)'로 바꾸었다. 김연국은 교육사업, 자선사업을 하며 일제의 탄압 속에서도 교단을 이끌어 오다가 1944년 사망했다.

(2) 송병호(宋秉浩)는 청성 출신으로, 8도대장으로 용산장터 싸움에 이어 장군재 전투에 참여했다. 경북 상주군에 거주하는 딸의 집으로 피신했다가 관군에 체포되었다. 서울로 압송되어 1895년 3월 5일에 처형되었다.

(4) 이만영(李晩榮, 접사)은 동학농민혁명에 참여했다가 1894년 11월 청산, 옥천 등지에서 활동하다가 체포되어 옥살이를 했으며, 유현주(柳賢柱), 박원

칠(朴元七), 이권용(李權容), 박석구(朴錫球, 지도자), 오승서(吳升西), 김치옥(金致玉), 전성근(田聖根)은 동학농민혁명 참여자로 기록되었다. 이 중 전성근은 10월 증약 전투에 참여했다가 부상을 입고 귀가했다.

(4) 강채서(姜采西), 정원준(鄭元俊)은 1894년 9월~10월경 충청도 옥천, 대전 등지에서 동학농민혁명 전투에 참여했고, 그 해 10월 하순경은 공주성 공략을 위한 효포전투에 참여한 뒤, 11월 초순경에는 초포(草浦), 논산에서 주둔했다.

(5) 유상열(柳商烈)은 증약전투 참가자로 군자금을 담당했고, 황학현(黃鶴顯), 황구현(黃龜顯) 형제는 동학농민혁명 시기에 옥천, 금산, 공주 일원에서 군자금 조달 활동을 하다가 동학사로 피신하여 연명했다가 귀가했다.

(6) 유재손(柳在孫), 박승춘(朴升春), 이홍서(李興西), 권금봉(權今奉)은 충청도 공주 출신으로, 1894년 충청도 옥천에서 동학농민혁명에 참여했다가 1897년 3월 공주에서 체포되었다.

(7) 청산 박태용(朴泰鎔), 김경윤(金璟潤), 박해수(朴海壽)는 동학농민혁명에 참여했으며, 특히 박해수는 1894년 11월 충청도 청산 월남(月南)에서 최시형에게 은신처를 제공한 것으로 알려졌다.

(8) 송일회(宋一會, 1865-?)는 1894년 동학농민혁명이 끝난 뒤에도 최시형에 대한 추적은 계속되었다. 관에서는 최시형의 주된 은거지로 옥천 지방을 지목했는데, 1897년 영동 출신 동학교도인 송일회를 붙잡아 최시형의 도피생활을 도왔다는 사실을 알아낸다. 송일회를 고문하여 최시형이 원주 송골(전거론)에 은거한다는 사실을 포착하여 72세의 노구(老軀) 최시형은 마침내 38년에 걸친 잠행 시기를 마감한다. 최시형의 재판이 서둘러 진행되었는데, 이 때 옥천 출신 박윤대와 송일회가 나란히 법정에 선다.

(9) 박윤대(朴允大, 1845-?)는 머슴살이를 하다 동학교도가 되었는데, 김연

국의 연원에 속했던 인물이다. 김연국의 명을 따라 최시형의 옥바라지 임무를 수행했는데, 두 번이나 잡혔다가 풀려났다. 처음에는 별스런 혐의가 보이지 않아서 풀려났다가 두 번째 붙잡혀 최시형과 함께 재판을 받았다. 박윤대는 장(杖) 1백대에 종신형(終身刑)을 선고받았으나 그 뒤로 감형, 15년 징역형에 처해진다.(판결문 참조) 이 같은 형량은 당시 동학 지도자들이 받았던 형량과 맞먹는다. 이 밖에 청산 출신 김순영(金順永 · 당시 72세)이 장 1백대에 3년형을 언도받은 재판기록이 보인다.

(10) 최시형의 외손자 정순철과 동학농민혁명 : 정순철은 1901년 옥천군 청산면 교평리에서 태어났다. 그의 어머니 최윤은 최시형의 딸이다. 동학의 교주인 최수운이 참수형을 당하고 난 뒤부터 30여 년의 세월동안 최시형은 쫓겨 다니며 포교를 할 수밖에 없었다. 부인 김씨는 그 와중에 병으로 세상을 떠났고, 딸 최윤은 1894년 옥천의 민보군에 붙잡혀 관아에 갇히고 말았다. 그 후, 현감은 통인 정주현에게 최윤을 데려가 살라고 내주었고, 정순철은 이 두 사람 사이에서 태어났다.

청산에서 보통학교를 다니던 정순철은 학교를 중퇴하고 옥천역에서 화물차에 몰래 숨어 서울로 올라갔다. 이후 동학 3세 교주인 손병희의 배려로 1919년 보성고등보통학교를 졸업했다. 정순철은 방정환과 절친으로 지내며 '천도교소년회' 활동을 같이 했다. 천도교소년회는 1923년 3월부터 월간 『어린이』를 창간하고 소년계몽운동을 주도했다.

정순철은 1930년대 초에 〈색동회〉 회원인 정인섭, 이헌구와 함께 경성보육학교에서 보육교사들을 가르치며 '녹양회'라는 동극단체를 만들어 소나무, 백설공주, 파종, 금강산 등의 동화극과 학교극을 발표했다. 이 동극 안에는 수많은 노래가 들어 있다. 모두 정순철이 작곡을 한 노래들이다. 〈반달〉의 윤극영, 〈짝자꿍〉의 정순철, 〈오빠생각〉의 박태준, 〈봉선화〉의 홍난파는 1920~1930년대 우리나라를 대표하는 동요작곡가였다.

정순철은 1931~1934년까지 경성보육학교에 재직했으며, 1939~1941년까지 두 번째로 음악 공부를 하러 동경에 체류했다. 1948년에는 서울 성신여고에서 교편생활을 시작했고, 성신여고 재직 시 6.25가 발발했다. 학교 교장이 피난을 가면서 정순철에게 학교를 부탁하여 학교에 홀로 남았다. 정순철은 인민군이 후퇴하던 9월 28일 납북되었고, 그 뒤 생사는 물론 종적을 알 수 없다.

Ⅴ. 나가며

앞에서 살펴본 바와 같이 옥천 청산 지역은 최시형이 은거하면서 포덕하거나, 동학교도에게 동학의 교리를 강설했던 곳이다. 보은 장안에 있던 대도소와 더불어 청산 문바위골은 최시형이 머물며 교단의 주요 문제를 결정하던 중요한 곳으로 작은 장안이라 불릴 만큼 많은 동학도들이 방문하던 곳이기도 하다. 문바위골은 최시형이 9월 18일 재기포령을 내렸던 역사의 현장이며, 백범 김구도 그 시기에 이곳을 방문하여 접주 임첩을 받고 재기포령을 직접 듣기도 했다. 또 1894년 말 공주 전투에서 패배한 동학농민군들이 남원까지 후퇴했다가 소백산맥을 따라 장수, 무주, 영동, 황간을 거쳐 북상할 때 문바위골에서 전투를 벌인 사실도 중요하다. 특히 9월 재기포 이후에 옥천-청산 지역에서는 관-일본군, 민보군에 의해 많은 동학농민군이 포살되었다.

이와 같이, 옥천 지역의 동학 및 동학농민혁명 관련 사건은 다양하게 전개되었으며, 역사적 의의 또한 자못 높다. 그렇지만 옥천군 홈페이지에 동

옥천군 홈페이지(https://www.oc.go.kr/intro_new.jsp)

학농민혁명사 관련 내용은 전혀 없다.

그동안 일부 지역의 시 · 군 · 구에서 해당 지역의 동학농민혁명사 관련 사적 발굴에 나서면서 홈페이지 소개가 다양화되고 있다. 그러나 현재 옥천군 홈페이지에 동학농민혁명사 소개는 전무하다. 요즘 대민(對民) 문화 콘텐츠의 출발점은 군청 홈페이지다.

옥천 지역 동학 및 동학농민혁명사 관련 역사 연구 못지않게 군청 홈페이지에 소개도 이뤄져야 한다. 모든 연구는 검증 과정을 거쳐 이를 교육 프로그램화하고, 자료를 데이터베이스(data base)화해야 한다.

다음 단계로 정보 공유를 위해 다양한 문화 콘텐츠를 개발해야 한다. 그중 하나가 홈페이지 활용 방안이며, 연구 자료와 이를 근간으로 한 스토리텔링(storytelling)이 이루어져야 한다. 스토리텔링이란 시간의 연속에 따라 정리된 사건의 기술이며, 인과 관계에 따른 사건의 서술을 총칭한다. 역사 연구를 토대로 홈페이지 소개는 모든 문화 콘텐츠의 출발점이다.

문화 콘텐츠 활용 단계를 제시하면 다음과 같다.

첫째, 역사 연구 사료를 군청 및 시민단체 홈페이지에 올리고, 주민 및 지역단체들의 자발적인 학습 참여와 실천 방안을 마련해야 한다. 이는 옥천 지역 동학농민혁명사와 관련된 학술 세미나를 비롯한 '역사와 함께 걷기' 행사, 문학작품 낭송회, 연극, 뮤지컬 등 다양한 기획이 함께 진행된다면 효과적일 것이다. 앞에서 살펴본 바와 같이 옥천군 동학 사적은 대부분 청산면에 분포하고 있다. 현재 옥천 청산 두 지역의 동학농민혁명은 연결 고리가 없다. 청산 동학농민혁명도 청산면과 문바위에 대한 연결 고리가 거의 없다. 그러나 당시 청산현아와 동학도소의 지도자들 사이에는 긴장감이 감돌았다. 현재 청산현아의 흔적은 청산교 좌측의 비석거리에 밀려나 있고, 동학총기포기념표지석이 있다. 이를 '청산 동학 스토리텔링'의 우산 아래 주제별로 묶어 현아와 문바위와 갯밭마을, 청산 곳곳의 처형 터를 스토리텔링화하는 콘텐츠가 필요하다. 이는 옥천-청산 지역의 동학농민혁명 사적 답사 둘레길 개발을 위한 바탕이기도 하다.

아래 두 사례는 기왕에 이루어졌던 모 시민단체 행사를 일부 보완한 방안이며, 이는 한 본보기이다.

〈청산에 남긴 최시형의 자취를 찾아서〉 당시 일어서지 않으면 안 되었던 동학농민군의 시대적 아픔을 이해한다. 청산면 소재지에 있는 청산 관아터(지금은 민간인 집) 혹은 주변 동학 지도자들이 살았던 마을을 돌아보고, 청산면 입구에 있는 동학농민군 재기포기념비를 거쳐서 청산의 작은 장안 문바위골로 이동한다. 또 다른 길로, 청산면에서 석성리 싸움터(김연국 가옥 중심)로 이동하여 문바위골로 이동하는 길도 있겠다. 문바위골에 남아 있는 동학 사적지를 돌아보면서 최시형의 민중에 대한 애정의 숨결을 새긴다.

〈동학농민혁명, 고난과 비극의 길〉 1894년 동학농민혁명 시기 동학농민군들의 열망과 정신을 새긴다. 보은 장내리, 청산 작은장안을 떠난 호서의 동학농민군은 호남의 동학농민군과 연합하여 서울로 진격하기 위해 공주성 공격에 나서게 된다. 그러나 공주전투에서 일제의 신무기 앞에서 패한 호서 동학농민군은 남원 새목치까지 후퇴했다. 호남 동학농민군과 헤어진 후 손병희가 이끄는 호서 동학농민군은 소백산맥을 따라 올라오면서 18차에 걸쳐 싸움을 벌여 극도로 지쳐 있었다. 이들의 옛 여정을 따라 걷는다. ① 무주군 설천면 영동의 경계 달밭재 → ② 영동 관아 → ③ 황간 서송원(노근리) → ④ 수석리(이용직 대감댁, 동학농민군의 공격을 받음) → ⑤ 용산장터 싸움(현 용문중학교) → ⑥ 장군재(용산장터 싸움에 이어 청산 문바위까지 이어짐) → ⑦ 문바위골(갯밭마을 최 부품의 묘와 동학농민군 훈련 터, 최시형의 은거지) → ⑧ 청산현(9월 재기포 기념비)과 주변 마을 → ⑨ 보은 장안(대도소 자리와 보은취회지) → ⑩ 보은읍 → ⑪ 보은 북실(동학농민군 집단 학살 매장지)

둘째, 옥천 지역 동학농민혁명사 관련 사적지에 대한 안내 표지판이나 표지석 설치가 이루어져야 한다. 지자체와 군민 단체가 함께하는 기획이면 더 효과적이다.

셋째, 다양한 문화 콘텐츠 개발 단계이다. 예컨대 옥천 동학농민혁명 체험 둘레길, 관광지도, 리플렛, 만화, CD 매체, 다큐멘터리 동영상 등 다양한 장르의 콘텐츠로 제작하여 보급하거나, 군청 홈페이지를 통해 소개한다.

지금까지 옥천 지역 동학농민혁명의 전개 과정과 관련 사적의 현황 및 문화 콘텐츠 활용 방안에 대해서 살폈다. 요즘 문화 콘텐츠의 정보는 인터넷이나 스마트폰을 통해 빠른 속도로 확산되고 있다. 그렇지만 빠르게 확산된 만큼 관심 밖으로 밀려나는 것도 빠르다. 옥천 지역 동학 및 동학농민혁명사에 대한 지속적인 관심을 위해서는 문화 콘텐츠의 체계적인 관리와 효과적인 활용 시스템이 필요하다.

정순철 동요집의 음악적 연구

김 정 희
한국예술종합학교 전통예술원 강사

Ⅰ. 들어가며

정순철은 〈우리애기行進曲(짝짜꿍)〉, 〈졸업식 노래〉 등 온 국민이 알고 있고, 지금까지도 널리 불리는 노래를 작곡한, 한국음악사에서 중요한 위상을 가진 작곡가이다. 그는 어린이운동과 동요 작곡에 평생을 바쳤으나, 〈반달〉의 윤극영과 달리 그 이름이 일반에 널리 알려지지 않았으며, 그에 관한 연구 또한 얼마 되지 않는다.

정순철에 관한 본격적인 연구는 도종환으로부터 시작되었다.[1] 특히 그의 『정순철 평전』은 그의 삶을 넓은 시각으로 조명함으로써 많은 정보를 주고 있으며,[2] 그 뒤 박영기,[3] 장유정 등이 정순철 연구를 이어왔다. 장유정은 권정구의 조언을 바탕으로 『갈닙피리』 수록곡의 음악적 요소를 고찰하였으

1 도종환, 「어린이 노래운동의 선구자, 정순철」, 『아동청소년문학연구』 제1호, 한국아동청소년문학학회, 2007.

2 도종환, 『정순철 평전』, 옥천: 충청북도 · 옥천군 · 정순철기념사업회, 2011. 이듬해인 2012년에는 정순철과 방정환에 대해 짧은 글과 사진을 통해 소개하기도 했다. 도종환, 「동요 작곡가 정순철과 방정환」, 『창비어린이』 Vol.10 No.1, 창비어린이, 2012.

3 박영기, 「동요에 바친 한 인생, 정순철 연구」, 『한국아동문학연구』 제19호, 한국아동문학학회, 2010.

며, 유성기음반에 수록된 정순철 작곡의 유행가 〈종로네거리〉를 발견하기도 하였다.[4]

도종환과 장유정이 백창우와 권정구에게 각각 조언을 구하여 음악적 특징에 대해 부분적으로 논하기는 하였으되, 음악적 관점에서의 본격적인 연구는 아직 없는 실정이다. 정순철이 '작곡가'라는 점을 염두에 둔다면 그의 음악 세계에 관한 연구가 지금이라도 정밀하게 수행되어야 마땅하다. 따라서 본고에서는 그의 두 동요집 『갈닙피리』와 『참새의 노래』를 중심으로 그의 음악 세계를 구성하고 있는 여러 요소와 그 이면에 대해 음악적 관점에서 고찰하고자 한다.

II. 정순철의 삶과 노래

정순철의 삶에 대해 어린이 운동을 중심으로 살펴본 후, 그의 글에 나타난 노래에 대한 생각을 살펴보도록 하겠다.[5]

4 장유정, 「정순철의 동요곡집 『갈닙피리』 연구」, 『방정환연구』 Vol.1 No.1, 방정환연구소, 2019, 188~189쪽 참조. 김동환 작사, 정순철 작곡, 채규엽 노래, 콜럼비아 40270, 1931년. 이 곡은 경서도 소리꾼 전병훈이 2018년 8월 16일 한국문화의 집(KOUS)에서 열린경기 경기 프로젝트 4'에서 복각하여 연주한 바 있으며, 유튜브를 통해 전병훈의 소리로 감상할 수 있다. https://bit.ly/3gRZvnm 접속일 2020.5.15.

5 이 장은 대체로 도종환, 앞의 책을 참고하였다. 그 외 참고한 자료는 별도로 각주에 명시하였다.

1. 정순철의 삶

정순철은 1901년 충북 옥천군 청산면 교평리에서 태어났으며, 보통학교를 중퇴 후 상경하여 1909년부터 서울 가회동에서 어머니 최윤, 해월의 부인 손시화(1827~1898, 손병희의 여동생) 등과 함께 살았다. 1917년부터는 손병희의 셋째 사위가 된 방정환 또한 한집에서 살았으며, 1919년 보성고등보통학교를 졸업한 후 1922년 동경음악학교 선과에 입학하여 '창가'를 전공했다. 학적부에 의하면 1922.11.8.에 입학하여 1924.3.31.까지 이 학교에 다녔다 한다. 1923년 3월 16일, 동경에서 색동회가 발족되고, 어린이날 제정과《어린이》창간 등 어린이운동이 본격적으로 시작되던 무렵, 같은 해 9월 1일 일본에서 일어난 동경대진재로 인하여 학업을 중단하고 1924년 귀국한다.

귀국 후 1927~1938년 동안 동덕여고에 재직하였고, 1929년에는 첫 동요작곡집『갈닙피리』를 출간한다. 1931년부터는 경성보육학교에서 음악을 가르치며 녹양회(綠陽會) 활동을 전개한다. 1932년, 두 번째 동요집『참새의 노래』을 발간하였고, 1939년 일본으로 두 번째 유학을 떠난다. 1942년부터는 중앙보육학교(중앙대의 전신)에서, 1948년부터는 성신여고에서 근무한다. 6.25가 발발한 1950년, 제자의 밀고로 납북된 후에는 그 소식을 알 수 없다.

널리 알려진 바와 같이 정순철은 동학의 2대 교조 해월 최시형의 외손자이며, 동학의 3대 교조이자 동학을 '천도교'로 개칭한 의암 손병희의 셋째 사위인 방정환과 함께 천도교단을 중심으로 어린이 운동에 일생을 바쳤다. 천도교소년회에서 방정환, 김기전 등과 함께 활동하면서 동요를 발표하고 보급하며, 노래하는 방법을 강연한다든지, 녹양회를 결성하여 아동극을 만들어 공연하는 등의 활동을 전개해나갔다.[6] 어린이운동과 관련된 그의 활동에 대해 좀 더 상세히 살펴보겠다.

(1) 천도교 내에서의 활동

김기전, 방정환 등의 주도로 1921년 5월 1일 천도교청년회[7] 산하에 천도교소년회가 결성되었다. 그리고 1922년 5월 1일 천도교소년회 창립 1주년 기념행사에서 '어린이의 날' 행사가 최초로 개최되었다. 1923년에는 천도교소년회뿐 아니라 불교소년회, 조선소년군과 연합하여 '소년운동협회'를 조직하였는데, 이는 어린이날 행사를 위한 비상설 임시단체였다. 당시에는 5월 1일을 '어린이날'로 정하였으며, 1927년에는 날짜를 5월 첫 일요일로 변경하였고, 광복 이후 5월 5일로 고정되었다.

방정환은 1920년에, 정순철은 1922년에 일본으로 유학을 떠났다. 3.1운동(1919)과 손병희의 별세(1922) 등으로 인하여 천도교 내의 형편이 어려워지면서, 두 사람은 매우 어려운 유학생활을 감내하며 일본 내에서 천도교소년회 활동을 이어가야 했다. 손병희 별세 후 천도교는 내분으로 어려운 시

6 도종환, 앞의 책, 26~131쪽 및 293~300쪽 참조.

7 1919년 9월 천도교 내 청년들이 교리 연구 및 선전, 조선의 문화향상과 발전을 목적으로 천도교교리강연부(天道敎敎理講硏部)를 설립하였고, 1920년 3월 이를 개편하여 천도교청년회라 개칭했다. 월간잡지 『개벽(開闢)』, 여성잡지 『부인』(1922.6.), 소년잡지 『어린이』(1923.3.)를 창간함으로써 우리나라 신문화운동을 주도해나갔다. 산하에 체육부, 편집부, 지육부, 음악부, 실업부 등을 두어 활동하였다. 이돈화(李敦化)·정도준(鄭道俊)·박달성(朴達成)·박내홍(朴來弘)·김옥빈(金玉斌)·이두성(李斗星)·신태련(申泰鍊) 등이 주도하였으며, 1923년 9월 발전적으로 해체되어 '천도교청년당'으로 명칭이 바뀌었다. 한국민족문화대백과 참조. https://bit.ly/3fu5QoY 접속일 2020.5.17.

기를 겪으며 소년운동단체들도 분열하게 되지만, 이 시기에도 색동회의 활동은 계속되어, 동화, 동요, 동극 대회 등을 개최한다.

1923년 3월 16일, 동화와 동요를 중심으로 일반 아동 문제까지 연구하는 것을 취지로 하여 동경에서 색동회를 창립한다. 초기 회원은 방정환, 강영호, 손진태, 고한승, 정순철, 조준기, 진장섭, 정병기 등 8명이었고, 그 뒤 윤극영, 조재호, 최진순, 마해송, 정인섭 등이 가담하였다. 3월 20일에는 김옥빈 발행, 방정환 주간으로 잡지《어린이》를 창간하였으며, 개벽사에서 월 2회 발행하였다. 동화, 동요, 동극, 역사, 지리, 과학 등 다양한 내용을 다루었으며, 색동회원 대부분이《어린이》의 집필진일 만큼 이 잡지의 발간은 색동회의 핵심적 사업이었다. 정순철 또한 집필진으로 적극 참여하여 동요 보급에 앞장섰다. 색동회의 활동은 3.1운동 후 제반 사회운동이 어려움에 처한 상황에서 어린이 운동을 통해 전개한 새로운 저항운동의 의미를 갖는다.

1923년 7월 23일부터 28일까지 경운동 소재 천도교당에서 우리나라 최초의 소년 지도자 대회인 전조선(全鮮)소년지도자 대회가 열렸다. 소년운동에 대해서는 김기전, 동화와 소년문제는 방정환, 동요이론은 진장섭, 동요에 관한 실제론은 윤극영과 정순철, 동화극은 조준기, 아동교육과 소년회는 조재호가 맡았다.[8]

정순철은 1924년 귀국 후, 1925년부터 어린이날 행사 준비에 적극 참여하였으며, 행사에서 동요 독창을 하는 등의 역할을 하였다. 이후 서울 시내 40여 단체가 참가한 소년운동회에서 월례회, 지방 순회 동화 구연대회, 강연회 등의 활동을 전개하는데, 방정환은 동화를 구연하고, 정순철은 동요를

8 동아일보 기사(1923.6.10.) 참조. NAVER 뉴스라이브러리, https://bit.ly/2CymDbW 접속일 2020.5.17.

부르며 함께 활동하였다.

1928년, 전국의 천도교 산하 소년회를 망라한 천도교소년연합회를 결성하였으며, 그해 10월 2~7일에는 색동회가 중심이 되어 경운동 천도교당에서 세계아동예술전람회를 개최한다. 20개국이 넘는 나라의 3천여 점에 이르는 작품이 출품된 세계 최초의 이 아동작품 전람회는 어린이들의 개성을 자유롭게 발휘할 기회를 제공하며, 일반의 아동에 대한 관념을 높이는데 큰 기여를 하였다. 또한 세계 각국의 어린이 작품을 통해 어린이들의 시야를 틔우는 계기가 되었다. 이 행사에서 정순철은 준비위원으로서 진열부를 담당하였다.

정순철의 천도교 내 활동은 이상과 같이 크게 천도교소년회와 색동회 활동으로 대표되며,《어린이》 발간, 어린이날 행사, 세계아동예술전람회, 각종 어린이 대회 등 다양한 어린이운동의 주체로서 활동을 전개하였다.[9]

(2) 경성보육학교와 녹양회, 그 외 교육활동

경성보육학교는 유일선(柳一宣)이 1927년 서울에 설립한 유치원교사 양성학교로, 교육과정은 윤리학 · 교육심리학 · 유희 · 음악이었으며, 특히 음악교육에 중점을 두었다. 1928년 당시 교수진은 독고선(獨孤璇) · 홍난파(洪蘭坡) · 김원복(金元福) · 김성태(金聲泰) · 김자경(金慈璟) · 이홍렬(李興烈) 등이었고, 매년 졸업생은 20명 내외로 대부분 유치원교사로 취업하였다. 음악 활동이 활발하여 교수와 학생들을 위한 음악회가 자주 개최되었고, 유치원교사를 위한 음악강습회 운영 및 학생들의 전국순회음악회 등이 개최되

9 도종환, 앞의 책, 106~155쪽 및 192~203쪽 참조.

었다. 경성보육학교는 15여 년 동안 당시의 유치원교사 양성을 담당하다가 1943년에 폐교되었다.[10]

정순철은 1931년부터 조재호, 정인섭, 최영주, 이헌구 등과 함께 경성보육학교 운영에 참여하였다. 색동회 회원이 대거 운영에 참여함에 따라 이 학교의 음악교육의 방향과 방법도 기존과 차별되는 전환점을 맞았을 것이다. 정순철은 정인섭, 이헌구와 함께 동요 동극단체 '녹양회(綠陽會)'를 만들었다. 녹양회는 창작 동극 「오뚝이」, 「마음의 안경」, 「쳉기통」, 동화극 「소나무」, 「백설공주」, 학교극 「파종」, 「금강산」 등을 공연했는데, 정순철은 작곡과 노래지도를 맡았다. 이때 동극을 위해 만든 다수의 동요들이 1932년에 발간한 그의 두 번째 동요집 『참새의 노래』에 수록된 것으로 보인다.

정순철의 첫 번째 동요집 『갈닙피리』의 수록곡인 〈헌 모자〉와 〈우리애기行進曲(園兒用)〉은 「쳉기통」에, 〈물새〉는 「금강산」에 삽입된 곡이며, 『참새의 노래』 첫 수록곡인 〈참새〉는 동요극 「허수아비」에 삽입되었다. 그 외 정인섭의 「허수아비」에 삽입된 〈봄노래〉,[11] 「파종」의 왕녀의 노래 2곡,[12] 「소나무」의 소나무의 노래 2곡 및 〈오뚝이〉와 〈맹꽁이〉 등은 현재까지 악보를 찾지 못하고 있다.

동극은 이야기와 노래, 연극이 결합한 특성으로 인하여 가치관과 심성,

10 한국민족문화대백과사전 참조. https://bit.ly/2ZHgROh 접속일 2020.7.19.

11 노랫말: 보리 밭에 종달새 노래 부르니 / 나물 캐던 누나가 하늘을 보네 / 어디서 오라는지 보이지 않고 / 노랑 나비 한 마리 날으고 있네(2, 3절 생략), 도종환, 앞의 책, 221~222쪽.

12 노랫말: 1. 종소리 들린다 / 종소리 들린다 / 에밀레 종소리 / 오늘도 들린다 / 2. 종소리 울리고 / 내 마음 울려도 / 세상의 마음은 / 울리지 못하네 // 도종환, 앞의 책, 222쪽; 끝곡 노랫말: 바람아 불어라 / 번개야 내려라 / 이 종이 깨질 때 / 세상이 눈 뜬다 // 도종환, 앞의 책, 216쪽.

자질을 양성하려는 교육적 목적에 활용하기 매우 적합한 양식이다. 따라서 정순철 등이 미래에 어린이 교육을 담당할 주체들을 양성하는 데 동극을 활용한 것은 탁월한 판단이었다 하겠다. 녹양회의 활동은 그의 음악 인생에서 두 번째 무대였다고 할 수 있다.

정순철은 또한 동덕여학교(1927.4.~1938.8.), 경성보육학교(1931~1933), 중앙보육학교(1942~1946), 무학여고(1947), 성신여고(1948)에서 교직 생활을 하며 음악을 가르쳤다. 동덕여학교는 손병희가 1910년부터 원조했고 1912년 인수했으며,[13] 무학여고에서는 '노래동무회' 활동을 이어갔다. 성신여고는 1936년 서울 종로구 경운동의 천도교기념관을 임시교사로 하여 출발하였다.[14] 이처럼 그가 근무했던 학교는 천도교와 밀접한 연관이 있으며, 여고라는 공통점이 있다.

최시형은 일찍이 「내수도문(內修道文)」과 「내칙(內則)」을 통해 여성의 역할의 중요성을 강조하고 구체적 생활지침을 제시하며, 「부인수도(婦人修道)」에서는 "부인은 한 집안의 주인이니라. (중략) 부인 수도는 우리 도의 근본이니라. 이제로부터 부인 도통이 많이 나리라. 이것은 일남구녀를 비한 운이니…"라는 설법으로 여성의 위상이 높아짐을 강조한 바 있다.[15] 천도교가 다수의 여학교를 지원한 것은 그러한 최시형의 가르침이 바탕이 되었으며, 정순철 또한 이러한 맥락에서 교육활동을 이어갔을 것이다. 어린이를 키우는 주체가 될 여학생들을 가르치는 일은 또한 그에게는 어린이운동의

13 다음백과 참조. https://bit.ly/32z9KsQ 접속일 2020.7.19.

14 한국민족문화대백과사전 참조. https://bit.ly/2OGhJfA 접속일 2020.7.19.

15 최시형, 「내수도문(內修道文)」, 『天道教經典』, 서울: 천도교중앙총부, 2017, 369쪽; 「내칙(內則)」, 같은 책, 372~373쪽; 「부인수도(婦人修道)」, 같은 책 342~343쪽 참조.

연장이었을 것이다.[16]

2. 정순철의 노래 철학

정순철은 자신의 어린 시절을 무척 외롭고 쓸쓸했다고 밝히며, 이를 잊기 위해 노래와 옛이야기를 통해 즐거움을 찾고자 했던 것이라 한다. 그의 글을 통해 그가 가진 노래에 대한 생각을 살펴보겠다. 먼저 노래의 내적 성질과 기능에 대한 그의 생각이다.[17]

> 노래는 쓸쓸한사람에게는 충실하고유순한동모가되여주고 호을로 외로울때 마음이아푸고괴로울때 그외로움과괴로움을 잠재여도 줍니다. 때로는 끝없는히망을말해주며 우리의하는 가지가지일에「리즘」을주는 다시업는 친한친구가되어줍니다.

> 괴로운사람이나 일하는사람이나 번민하는사람이나 누구나 자기의 처지에딸아 노래를부르고 잇습니다.

> 아침에 일직이 소를끌고 들로나가일하는 농부는 소와더부러 노래하고 잇고 나무하는초동은 흩어진 낙엽과같치 노래하고잇으며 푸른바다에 배

16 도종환, 앞의 책, 210~236쪽 참조.
17 이하 인용문은 정순철, 「노래 잘 부르는 법: 동요「옛이야기」를 발표하면서」, 《어린이》 제11권 제2호, 서울: 개벽사(1933.2.), 20~24쪽에서 발췌. 가급적 원문 그대로를 옮겼다.

를저으며 고기잡으러가는어부들은 바다를노래하고 잇습니다.

첫째, 그는 노래와 정서 · 마음의 관계를 언급한다. 그에게 노래는 희로애락을 표현하고 어려움을 극복할 수 있게 돕는 매개이자 친구이다. 둘째로는 노래와 일의 관계를 언급한다. 노래는 농부든 어부든 그들이 하는 여러 일에 '리듬'을 준다. 실제로 토속민요에는 일노래(노동요)가 가장 많은데, 일의 종류에 따라 수반되는 노래의 빠르기와 박자, 형식 등이 결정된다. 노래의 기능이 심적인 면뿐 아니라 일과도 밀접한 연관이 있음을 논한 것이다. 이는 생산을 담당하는 기층 민중 속에서 한 구성원으로서 자라고 살아온 자라야 할 수 있는 이야기일 것이다. 즉 그의 음악관의 바탕에는 민중의 정서와 생활이 자리하고 있다.

다음은 노래의 외적 표현에 대한 그의 생각이다.

여러분은 생각하시기를 노래를잘하자면 첫재 목소리가조와야한다-고하시겟지요! 그러나 목소리가아조낫버서병적(病的)으로 소리가숭업지안타면 그만입니다. 세상에서유명하다는 성악가(聲樂家)도 목소리가 조치못한 사람이 十에七八이나 된다니 목소리의아름답다 아름답지안타하는것은 문제가안된다고 볼수가잇습니다. 다시말하면 목소리가 조타하는것과 노래를잘한다는것과는 별문제로 생각할것입니다. 목소리가조타고하면 그것은 성악(예술)이아니라 그것은 성대긔술(聲帶技術)이 조타고할것입니다.

이멜로듸를부를때 - 엄마와어린이 히미한등불깊어가는밤 그리고쓸쓸하야 옛이야기를듯고싶어하는 어린이의마음(心理) 이모든것을 머릿속에생각하면서 이러한정경을 잘낱아내여야합니다.

그리고 노래의말 즉시(詩)에대한 충분한이해(理解) 를가지고 그시를 잘 해석한후에 음악의작곡을 잘재현하여야만 거긔서완전한 예술적노래를 발견할수가잇는것입니다.

노래를 잘하기 위해서는 목소리 자체의 아름다움을 추구하는 것이 아니라, 노래의 내용을 잘 표현하는 것이 더 중요하며, 그러기 위해서는 노랫말을 잘 이해해야 함을 강조한다. 스스로 노래 안의 화자(話者)가 되어 노랫말의 이면에 있는 풍경과 심정 등을 그려가야 하며, 이를 바탕으로 작곡가의 의도를 잘 재현하여야 예술적 노래를 구현할 수 있다고 보았다. 노래의 외형적 아름다움보다 내용적 이해와 표현을 더 중시했음을 확인할 수 있다.

다음은 여학생들에게 동요를 권하는 그의 글이다.[18]

그런데 나는 아직 변변히조흔노래가업는대로(조흔노래가만히생긴후라도) 여러분녀학생에게 고흔동요(童謠)를브르시라고권고하고십습니다. 노래 중에도 동요처럼 곱고 깨긋하고 조흔노래는업다고생각합니다. 아모리밧브거나 복잡한일에파뭇쳐잇슬때러도 고흔동요를한구절부르면 그만 마음이 시원하고도고요해지고 씀즉이깨긋해지는것을 투철히늣김니다. 남의부르는것을엽헤서 듯고만잇서도 마음이순화(純化)되고 정화(淨化)되는것을 늣김니다. 동요는 어린사람들의심령을 곱게 아름답게길러주는이만큼 젊은이 특별히 젊은녀학생의마음에도 곱고 아름답고 깨긋한심정을붓돋아주리라고 나는믿고잇습다.

18 정순철, 「동요를 권고합니다」, 《신여성》 제2권 제6호(1924.6.17), 52~53쪽.

당시의 여학생들은 미래에 어린이를 낳아 기르는 어머니가 될 사람들이므로 이들에게 동요를 적극적으로 권한 것은 당연한 일일 터이다. 그런데 정순철은 어린이를 키우는 과정에서 동요가 필요하다는 실질적인 이유보다도 마음을 정화해주는 동요의 심적 기능을 더욱 강조한다. 동요를 부름으로써 어린이의 마음과 같이 맑아질 수 있다고 본 것이다. 정순철이 이같이 동요에 각별한 애정을 가진 배경에는 그의 외할아버지인 최시형의 영향이 컸으리라 추측된다. 최시형의 법설 중 어린이에 관한 내용을 살펴보겠다.

> 어린 자식 치지 말고 울리지 마옵소서. 어린아이도 한울님을 모셨으니 아이 치는 것이 곧 한울님을 치는 것이오니, 천리를 모르고 일행 아이를 치면 그 아이가 곧 죽을 것이니 부디 집안에 큰 소리를 내지 말고 화순하기만 힘쓰옵소서.[19]

> 경에 말씀하시기를 「모신다는 것은 안에 신령이 있고 밖에 기화가 있어 온 세상 사람이 각각 알아서 옮기지 않는 것이라」 하셨으니, 안에 신령이 있다는 것은 처음 세상에 태어날 때 갓난아기의 마음이요, 밖에 기화가 있다는 것은 포태할 때에 이치와 기운이 바탕에 응하여 체를 이룬 것이니라.[20]

> 아이가 난 그 처음에 누가 성인이 아니며, 누가 대인이 아니리오마는 뭇

19 최시형, 「내수도문(內修道文)」, 『天道教經典』, 369쪽.
20 최시형, 「영부주문(靈符呪文), 앞의 책, 293쪽.

사람은 어리석고 어리석어 마음을 잊고 잃음이 많으나….[21]

명덕명도(明德命道-인용자 주) 네 글자는 한울과 사람이 형상을 이룬 근본이요, 성경외심(誠敬畏心-인용자 주) 네 글자는 물체(몸)을 이룬 뒤에 다시 갓난아이의 마음을 회복하는 노정 절차니, 자세히 팔절을 살피는 것이 어떠할꼬.[22]

어린아이도 한울님을 모신 존재이며, 갓 태어난 아이의 마음은 성인(聖人)의 마음과 같고, 갓난아이의 마음을 회복하는 것이 수도의 목적이라는 최시형의 가르침은 정순철의 가치관에도 굳건히 자리 잡았을 것이다. 그리고 어린이의 노래인 동요는 그 매개가 될 수 있다고 여겼을 것이다. 그가 동요와 동극 등 어린이운동에 매진한 바탕에는 이러한 최시형의 가르침이 자리 잡고 있었던 것으로 보인다. 또한 그러한 가르침은 비단 외손자인 정순철뿐 아니라 색동회를 비롯한 당시 어린이 운동 주체들의 철학적 기반이기도 했다.

III. 정순철 동요집의 음악적 분석

이 장에서는 정순철 동요집 수록곡의 음악적 특징을 박자 · 리듬형 등 리듬요소와, 조성 · 음역 · 선율진행 등 선율적 요소, 형식, 그리고 기법적 특

21 최시형, 「성인지덕화(聖人之德化)」, 앞의 책, 316~317쪽.

22 최시형, 「수도법(修道法)」, 앞의 책, 336쪽.

성으로 나누어 자세히 분석하겠다.

1. 『갈닙피리』 수록곡의 음악적 분석

도종환은 백창우의 분석에 바탕하여 정순철 작품 34곡의 특징을 모두 네 가지로 정리했다. 첫째 모든 곡이 장조(major)곡이며, 둘째, 5음계를 바탕으로 하며(fa가 가끔 쓰이나 비중이 낮음), 셋째, 『갈닙피리』는 홍난파, 윤극영, 박태준 등 당시의 동요작곡가들과 거의 같은 선법을 쓰며, 넷째, 『참새의 노래』에는 유희요(놀이노래)가 여러 곡 들어 있는 것으로 보아 녹양회의 동극에 삽입된 노래로 추정된다는 점이다.

장유정은 권정구의 분석에 바탕하여 『갈닙피리』에서 나타나는 정순철 작품의 음악적 특징에 대해 다음과 같이 언급한다. fa와 si를 거의 쓰지 않는, 전통적 5음과 친연성을 가진 5음계를 사용하였다. 그럼에도 불구하고 서양음악 어법에 기대어 작곡한 결과 전통적으로 들리지 않는데, 그 구체적 요인은 주로 4/4박자와 장조를 사용하였으며, 대체로 넓은 음역대를 사용하였고, 아르페지오를 즐겨 썼기 때문이라는 것이다. 또 노랫말이 대체로 부정적인 내용이며, 7.5조의 운율이 주를 이룬다는 점도 언급하였다. 반면 윤극영의 동요곡집 『반달』에 실린 노래들 또한 4/4박자를 가장 많이 사용하였으나, 그 외 3/4, 6/8, 2/4를 골고루 사용하였으며, 7음계가 상대적으로 많다고 하였다.[23]

이상 선행연구에서는 박자, 조성, 음계, 마딧수 등의 기본적 음악 요소에

23 장유정, 앞의 논문, 187~188쪽 참조.

대해 고찰하였으나, 세부적 분석을 수행하지는 못하였으며, 따라서 정순철 작품의 음악적 특성을 뚜렷이 하기 위해서는 분석이 보완될 필요가 있다. 이에 먼저 〈표 1〉에서 1929년에 발간된 『갈닙피리』 수록곡의 음악 요소에 음역, 도약 횟수, 형식, 리듬형, 기법적 특성 등을 추가하여 정리하였다.

〈표1〉 『갈닙피리』 수록곡의 음악적 요소

순서	곡명	작사/역 운율	박자	조성	음역	도약	형식	비고
1	싸치야	김기전 7.5조	4/4	Eb	b♭~e♭″ (1oct+p4)	7회	a-b-c-d (두도막)	제7 · 12 · 15마디 fa 동형진행, 𝅗𝅥♩♩., ♩𝅗𝅥𝄽
2	길일흔 싸마귀	이정호 7.5조	6/8	Eb	b♭~e♭″ (1oct+p4)	12회	a-b-c (작은 세도막)	제10마디 fa ♩♪♩♪
3	녀름비	방정환(역) 7.5조	4/4	E	b~e″ (1oct+p4)	7회	a-b-c (작은세도막)	제3마디 fa 제9마디 외 세 부분 리듬 동일
4	봄	한정동 7.5조	4/4	F	d′~d″ (1oct)	4회	a-b, (6마디, 변형 한도막)	제3 · 6마디에 늘임표, 동형진행 앞부분 리듬 동일
5	나무닙배	방정환 7.5조	6/8	E	b~e″ (1oct+p4)	8회	a-b-c-d (두도막)	♩. ♩ ♪, ♪♪♪♩.
6	늙은잠자리	방정환 7.5조	4/4	Eb	b♭~e♭″ (1oct+p4)	8회	a-b-c-b′ (두도막)	제15마디 fa ♩.♪♩♩
7	물새	허일봉 7.5조	6/8	Eb	b♭~c″ (1oct+M2)	14회	a-a′-b (작은세도막)	동형진행 ♩♪♩♪, ♩♪♩.
8	헌모자	황세관 7.5조	4/4	F	c′~f″ (1oct+p4)	5회	a-a′ (한도막)	동형진행 ♪♪♩𝅗𝅥, ♪♪𝅗𝅥♪♪
9	갈닙피리	한정동 7.5조	4/4	E	b~e″ (1oct+p4)	4회	a-b, (7마디, 변형 한도막)	제7마디에 늘임표
10	우리애기 行進曲(園兒用)	윤석동 5.3조	4/4	E	e~e″ (1oct)	5회	a-b (한도막)	동형진행 ♩♩♩♪♪, ♩♩♩𝄽

*(역); 번역. 도약; 장3도 이상(무반음 5음계는 장2도와 단3도가 순차진행이며, 장3도 이상은 도약임). oct; 옥타브, M2; 장2도, P4; 완전4도, 음역; 중앙c 아래는 소문자, 중앙c 음역은 c′, 1옥타브 위는 c″

운율에서는 〈우리애기行進曲〉(짝짜꿍) 한 곡만 5.3조이고 나머지는 모두 7.5조 내지는 이의 변형(6.5조, 8.5조)이다. 5.3조는 4.4조의 변형으로 볼 수 있다. 7.5조는 일본에서 유입된 운율로, 이 점에 대해서는 뒤에 다시 논할 예정이다.

리듬적 요소에서 박자는 4/4가 7곡, 6/8가 3곡이며, 〈표 1〉의 '비고'란에서 보이듯 〈갈닙피리〉 1곡을 제외하면 다른 모든 곡에서 뚜렷이 즐겨 쓰는 리듬형이 있다.

선율적 요소에서 조성은 Eb · E 장조 각 4곡, F조가 2곡이다. 선율에 fa를 사용한 곡은 4곡이나 그 비중이 높지 않고, Si나 si를 쓴 곡은 없다.[24] 선행연구에서 지적했듯 전반적으로 5음계를 바탕으로 하였으며, 모든 곡이 장조이며, do로 종지한다. 그러나 전통음악 중 평조 계통의 5음계(창부타령조, 서도개타령조)[25]에서 Sol 종지가 가장 많은 것과 비교할 때, 전통적 5음계보다는 서양음악의 5음계(pentatonic) 또는 일본의 요나누키 장음계와 더 가깝다. 이 점에 대해서도 뒤에 다시 논하겠다.

음역은 일반적으로 동요에서 주로 쓰는 1옥타브+완전4도 이내에서 선율이 전개되며, 〈헌모자〉는 음역이 c'~f''로, 다른 곡들보다 음역대가 약간 높다. 〈봄〉과 〈우리애기行進曲〉의 음역은 1옥타브에 국한되며, 형식도 가장 짧은 한도막형식에 속하는데, 〈우리애기行進曲〉에서 '園兒用'이라 덧붙인 바와 같이, 상대적으로 더 어린 연령층을 염두에 둔 것으로 볼 수 있다. 장3

24 계이름은 do 이상의 음역은 소문자, 그보다 아래의 음역은 대문자이다. 옥타브 초과시는 각각 '를 붙인다.

25 창부타령조: 구성음은 Sol · La · do · re · mi이고, 핵음은 Sol · do이며, 종지음은 do보다 Sol이 더 많다. 순차 위주의 선율진행을 보이고, 핵음(하나 또는 둘)을 얕게 떠는 경향이 있다. 두 핵음 바로 위의 음이 퇴성하는 경향이 있다. / 서도개타령조: 구성음은 Sol · La · (do) · re · mi이고, 핵음은 Sol · re이며, 종지음은 re보다 Sol이 더 많다. 제3음 do를 생략하는 경향이 있고, 위의 핵음 re를 떠는 경향이 있다. 김정희, 「민요 음조직론과 음조직명에 대한 제언」, 『한국민요학』 제53집, 한국민요학회, 2018, 101-102쪽 참조.

도 이상의 도약은 특히 〈길일흔싸마귀〉와 〈물새〉에서 두드러지는데, 따라서 이 두 곡의 난이도가 높은 편이다.

형식은 한도막형식이 4곡(변형 포함), 두도막형식 3곡, 그리고 작은 세도막형식이 3곡이다. 한도막형식 중 〈봄〉은 6마디, 〈갈닙피리〉는 7마디로 된 변형 한도막형식인데, 〈봄〉은 제3 · 6마디에, 〈갈닙피리〉는 제7마디에 늘임표가 있어, 실제로는 8마디의 한도막형식과 큰 차이는 없다고 볼 수 있다. 다만 늘임표에서 얼마나 늘일 것인지에 대해 자율성을 부여하는 점이 조금 다르다.

특히 눈여겨 볼 점은 선율형의 형식이다. 예컨대 〈싸치야〉는 a-b-c-d로 구성된 두도막형식으로서, 네 마디 단위의 각 악구에서 반복되는 선율형이 없다. 대신 제1 · 2마디()와 제5 · 6마디()의 음형을 각각 반복하고, 𝅗𝅥♩♩와 ♩𝅗𝅥𝄽의 리듬형을 즐겨 쓰며, 제10 · 11마디()와 같이 동형진행[26]을 활용하여 곡의 통일성을 추구한다. 제10 · 11마디는 또 제1 · 2마디의 동형진행이기도 하다. 〈봄〉, 〈물새〉, 〈헌모자〉, 〈우리애기行進曲〉 등도 동형진행이 두드러진다. 〈헌모자〉는 유일하게 a-a′의 반복 변주 구조로 된 한도막형식이며, 〈우리애기行進曲〉은 a-b 구조의 한도막형식이나, 실제로는 2마디 단위로 동형진행을 하여 가장 익히기 쉬운 구조의 곡이다.

26 계이름은 do 이상의 음역은 소문자, 그보다 아래의 음역은 대문자이다. 옥타브 초과 시는 각각 ′를 붙인다.

〈악보 1〉〈우리애기行進曲〉의 동형진행 양상

〈악보 1〉에서 제1~2마디 원 안의 선율형을 한 단계씩 음고를 높이고, 끝음만 장2도 더 높인 것이 제3~4마디이다. 서양의 7음계에서는 2도는 순차진행, 3도는 도약진행으로 간주하나, fa와 si를 쓰지 않는 무반음 5음계에서는 장2도 또는 단3도가 순차진행이므로, 제1~2마디에서 각 구성음을 한 단계씩 올리면 제3~4마디가 되는 셈이다. 마찬가지 원리로 제5~6마디에서 한 단계씩 음고를 낮추면 제7~8마디가 되는데, 다만 제8마디의 '저'는 동형진행이라면 re가 되어야 하나, 완전4도 높은 sol을 썼다. 이는 종지를 좀 더 단호하게 하려는 음악적 의도로 보인다. 이처럼 이 곡은 2마디 단위로 동형진행을 하며, 또한 2마디 단위로 리듬형이 모두 일치한다. 이 곡은 『갈닙피리』 전체에서 가장 간결하고 익히기 쉬운 구조이며, 이러한 점은 이 곡이 널리 사랑받게 된 요인의 하나로 볼 수 있다.

『갈닙피리』 수록곡의 작곡기법을 보면, 동서고금을 막론하고 동요에서 흔히 쓰이는 선율의 반복을 선호하지 않고, 대신 주로 리듬형의 반복과 동형진행을 통해 통일성을 추구했다는 점이 가장 큰 특징이라 할 수 있다. 그리고 모든 곡의 정종지는 최종종지에 1회만 썼는데, 두도막형식의 경우 대개 한 도막(8마디)이 마무리될 때 정종지를 쓰는 경우가 많은 것과 비교된다. 16마디로 구성되는 두도막형식에서 정종지를 최종종지에 1회만 쓰면 무척 호흡이 긴 노래가 된다. 이러한 특징으로 인해 정순철의 곡은 동요로는 난이도가 높은 편에 속한다. 그리고 『갈닙피리』는 오선보와 숫자보[27]를 병기한 점도 특징이다.

2. 『참새의 노래』 수록곡의 음악적 분석

1932년에 발간된 정순철의 두 번째 동요곡집 『참새의 노래』는 앞서 발간된 『갈닙피리』와 다소 다른 면모를 보인다. 곡수가 많으므로 요소별로 살펴보겠는데, 우선 전체 수록곡의 음악적 요소를 정리하면 〈표 2〉와 같다.

〈표 2〉 『참새의 노래』 수록곡의 음악적 요소

순서	곡명	작사/ 역 운율	박자	조성	음역	도약	형식	비고
1	참새	정인섭 변형7.5조	2/4	Eb	b♭~b♭′ (1oct)	5회	a-a′-b (작은세도막)	제1 · 2악구 동형진행 ♪♪♪𝄾, ♪♪♪♪
2	쉼노루	정인섭 4.3조	2/4	Eb	b♭~c′ (1oct+M2)	7회	a-a′-b (작은세도막)	제1 · 2악구 도돌이표 악구마다 정종지 ♪.𝅘𝅥𝅯♪.𝅘𝅥𝅯, ♪. 𝅘𝅥𝅯 ♩(부점)
3	코끼리코	정인섭 5.3(4.3)조	2/4	F	c~c′ (1oct)	4회	a-b (한도막)	전반적으로 단순
4	처마끗헤 새한마리	정인섭 4.3.3조	3/4	E	b~c#′ (1oct+M2)	6회	a-b (변형 한도막)	4+2마디 구조, 동형진행, ♪.𝅘𝅥𝅯♩♩

27 숫자보(數字譜): 숫자로 음높이를 나타낸 악보로, do는 1, re는 2, mi는 3, fa는 4, sol은 5 등으로 나타낸다. do 아래로 내려갈 때는 각 숫자 아래에 점을 찍는다. ♩.는 숫자 옆에 점을 찍고, ♪는 숫자 아래 밑줄을 그으며, 𝅗𝅥는 숫자 옆에 줄을 긋는다.

순서	곡명	작사/ 역 운율	박자	조성	음역	도약	형식	비고
5	버들피리	정인섭 7.5조	2/4	F	c~d′ (1oct+M2)	5회	a-b (한도막)	♪♪♪♪, ♪♪♩
6	암탉 세마리	독일 요 3.3조	4/4	F	c~c′ (1oct)	4회	a-b, (6마디, 변형 한도막)	♩♪♪♪♪♪𝄾
7	어미새	미상	2/4	Eb	e♭~e♭′ (1oct)	5회	a-b-c (작은세도막)	♪♪♪♪, ♪♪♩
8	애보는 애기	조성문	2/4	f*	c~d♭′* (1oct+m2)	7회	a-b-c (작은세도막)	요나누키 단음계로 추정됨, ♪♪♪♪
9	도라오는배	윤복진 8.5조	6/8	Eb	b♭~e♭″ (1oct+p4)	7회	a-b (한도막)	♩♪♪♪♪
10	고향집	윤복진 6.5조	4/4	Eb	b♭~e♭″ (1oct+p4)	3회	a-b (한도막)	♩♪♪𝅗𝅥, ♩♩𝅗𝅥
11	굴쑥쟁이	정인섭 변형7.5조	4/4	F	c~d′ (1oct+M2)	10회	a-b-c-d (두도막)	♩. ♪♩♩
12	가을나븨	정인섭 7.5조	3/4	Eb	b♭~e♭″ (1oct+p4)	10회	a-b-c-d (두도막)	각 악구 리듬 동일 〈兄弟별〉 리듬 유사 ♪♪♩♩, ♩. ♪♪♪
13	녯이약이	윤복진 8.5조	4/4	F	c′~c″ (1oct)	13회	a-b-c-d (두도막)	제7마디 fa, 당김음 리듬 ♩. ♪♩♩, 𝄾♪♩. ♪♩
14	눈	방정환 8.5조	4/4	Eb	b♭~e♭″ (1oct+p4)	8회	a-b-c-a′ (두도막)	♩♩♩♩, ♩. ♪♩♩
15	떠러진 아기별	미상	4/4	C	c′~e″ (1oct+M3)	6회	a-b-c-d (두도막)	각 악구 종지 외는 모두 ♩. ♪♩♩
16	설날	정인섭 4.4조	2/4	G	d′~e″ (1oct+M2)	4회	a-b (한도막)	♩♩, ♩. ♪
17	싀골까치	이헌구 7.5조	4/4	E	b~e″ (1oct+p4)	12회	a-b-c-d (두도막)	♩. ♪♩♩
18	헐버슨 인형	이헌구 7.5조	2/4	G	d′~e″ (1oct+M2)	8회	a-a′-b-b′ (두도막)	제11마디에 do # 8 · 16마디 정종지 ♪♪♪♪

*m2; 단2도

(1) 운율

『갈닙피리』 수록곡이 〈우리애기行進曲〉만 빼고 모두 7.5조 계열이었던 반면, 『참새의 노래』는 좀 더 다양한 운율이 보인다. 그러나 여전히 8.5 / 6.5 등 7.5조 계열이 13곡으로 가장 많으며, 4.3 / 3.3 / 5.3 등 4.4조 계열이 4곡, 4.3.3조가 1곡이다. 우리 전통운율로 볼 수 있는 4.4조 계열의 곡이 늘어났다는 점은 반가운 일이다.

(2) **리듬적 요소**

박자는 2/4 8곡, 4/4 7곡, 3/4 2곡, 6/8 1곡으로, 『갈닙피리』가 4/4와 6/8만 쓴 데 비해 다양해졌다. 특히 2/4가 많아졌는데, 이는 녹양회 활동과 관련이 있는 것으로 추정된다. 정순철이 1931년부터 녹양회에서 동극운동을 전개했으며, 여러 아동이 함께하는 동극에는 짧고 단순한 곡이 많이 필요했을 것이기 때문이다.

특정 리듬형을 반복하는 점은 『갈닙피리』에서와 같다. 특히 〈떠러진 아기별〉은 4마디 단위 각 악구의 종지 이외에는 모두 ♩. ♪♩♩을 써서, 리듬형 반복이 더 강화된 경향을 보인다. 〈쑴노루〉와 〈처마끗헤 새한마리〉에서는 부점리듬을 주로 쓴 점이 주목되며, 〈가을나븨〉는 2마디 단위 각 악구의 리듬이 동일하며, 특히 주요리듬형 ♪♪♩♩는 정순철이 스스로 가장 좋아하는 동요로 소개한 〈兄弟별〉과 일치한다.

그리고 〈넷이약이〉에서는 최초로 𝄾♪♩. ♪♩과 같이 쉼표로 시작되는 당김음이 출현한다. 〈악보 2〉에서 보이듯 강박인 첫박에 𝄾가 옴으로써 첫박의 강세는 쉼표 뒤의 ♪로 옮겨가고, 중강박인 셋째박의 강세는 둘째박에 부점이 붙음으로써 ♩.으로 옮겨간다. 이중 당김음인 셈이다. 이러한 리듬을 특정 부분에만 씀으로써 그 부분 노랫말을 강조하는 효과가 있다.

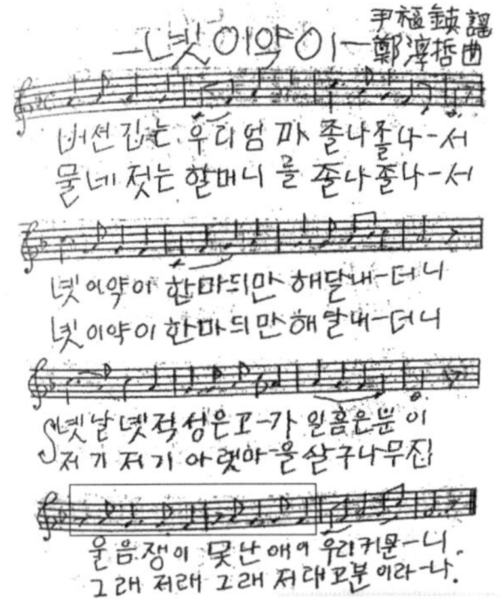

〈악보 2〉 〈녯이약이〉의 당김음

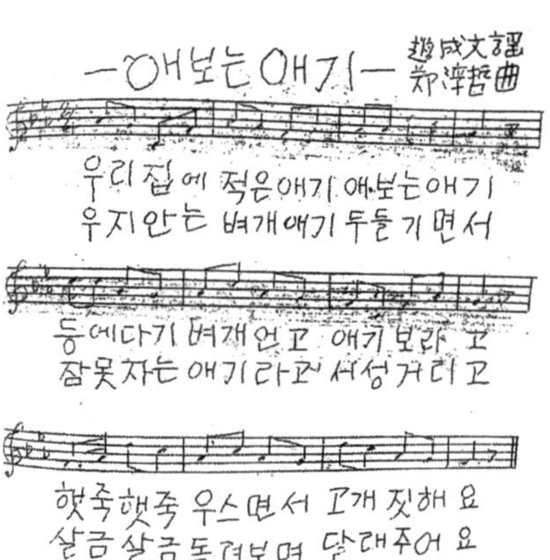

〈악보 3〉 〈애보는 애기〉의 조성

(3) 선율적 요소

조성에서는 Eb장조 7곡, F장조 5곡, E · G장조 각 2곡, C장조 1곡, 그리고 f 요나누키 단음계로 추정되는 1곡이 있다. C · G장조와 f 요나누키 단음계는 『갈닙피리』에는 쓰지 않았다.

〈악보 3〉은 〈애보는 애기〉이다.[28] 종지음이 f'인데, 현재 악보에 표시된 조표로 이 음은 re에 해당한다. 조표상의 구성음은 re · mi · fa · la · si가 되는데, 이러한 음계는 우리 전통음악에도, 서양음악이나 일본음악에도 쓰이지 않는다. 따라서 종지음인 f'는 la가 되는 것이 타당하고, 조표에도 ♭이 하나 더 붙어야 할 것이다. 그렇게 수정하면 이 곡의 구성음은 La · Si · do · mi · fa가 되며, 이는 일본 전통 미야코부시 음계의 구성음

28 도종환, 앞의 책, 179쪽에서 백창우는 이 곡을 E♭장조의 5음계로 보았으나, 그렇지 않다.

Mi · Fa · La · Si · do를 La부터 재배열한 요나누키 단음계가 된다.[29] 이처럼 반음을 쓰는 5음의 단음계는 일본 이외의 나라에서는 보이지 않는, 가장 대표적인 일본 고유의 음계이다. 우리 대중음악 중 '트로트' 계열에 이 음계를 쓰는 곡이 많다는 것은 널리 알려진 사실이다.[30] 정순철이 1922년에 동경음악학교 선과에서 '창가'를 전공하였으므로 일본음악의 영향을 받았을 개연성은 충분하나, 동요에 요나누키 단음계를 쓴 점은 뜻밖이다.

마찬가지로 다른 모든 곡들이 do로 종지한다는 점 또한 서양의 5음계나 요나누키 장음계와 유사하다. 전통악곡에서 평조계열의 곡은 do보다 Sol 종지가 더 많기 때문이다.

출현음에 fa를 1회 쓴 〈넷이약이〉와 do#을 1회 쓴 〈헐버슨 인형〉, 그리고 〈애보는 애기〉 외의 모든 곡은 무반음 5음계로 전개된다. 〈헐버슨 인형〉에서 사이음 do#을 쓴 것은 앞에서 보이지 않던 새로운 시도이다.

음역은 1옥타브+완전4도를 쓴 곡은 5곡으로 줄었으며, 1옥타브의 곡이 5곡, 나머지는 1옥타브+장 · 단 2 · 3도의 음역으로, 『갈닙피리』에서보다 전반적으로 좁아졌다. 이 점에서도 동극과의 연관성이 엿보인다. 마찬가지로 도약의 횟수도 『갈닙피리』에 비해 약간 줄어들었다.

29 일본의 전통음계 Sol · La · do · re · mi와 Mi · Fa · La · Si · do를 각각 서양의 장 · 단음계의 으뜸음인 do와 La를 기음으로 재배열했을 때, do · re · mi · sol · la와 La · Si · do · mi · fa가 되는데, 이는 서양의 7음계에서 각각 네 번째(ヨ, 요)와 일곱 번째(ナ, 나) 음이 빠진(ぬき, 누키) 것과 같다고 해서 요나누키(ヨナぬき) 장 · 단음계라 한다.

30 〈황성옛터〉, 〈목포의 눈물〉, 〈동백 아가씨〉 등을 비롯하여, 박정희가 작곡한 〈나의 조국〉도 요나누키 단음계이다.

(4) 형식과 작곡기법

형식에서는 한도막형식(변형 포함) 7곡, 두도막형식 7곡, 작은세도막형식이 4곡이다. 『갈닙피리』에 비해 곡 길이도 대체로 짧아졌으며, 동형진행도 그다지 두드러지지 않는다. 다만 특정 리듬형을 주요하게 씀으로써 통일성을 추구한 점은 동일하다.

『갈닙피리』에서는 〈헌모자〉만 유일하게 a-a′의 반복 변주 구조를 보였는데, 『참새의 노래』에서는 그러한 반복 변주가 좀 더 보인다. 〈참새〉와 〈숨노루〉는a-a′-b 구조의 작은세도막형식이며, 〈눈〉은 a-b-c-a′, 〈헐버슨 인형〉은 a-a′-b-b′의 두도막형식이다. 선율 반복이 『갈닙피리』에 비해 늘어나긴 했으나, 그 비중은 여전히 낮다.

주목되는 것은 〈숨노루〉에서 제1·2악구에 도돌이표를 써서 반복한 점과, 악구마다 정종지를 쓴 점이다. 〈처마끗헤 새한마리〉에서는 처음으로 4+2마디 구조를 썼으며, 〈헐버슨 인형〉에서는 각 악절의 종지인 8·16마디에 정종지를 썼다. 『갈닙피리』에서 모든 곡에 정종지를 1회만 쓴 점과 비교되는데, 이처럼 곡의 중간에 정종지를 쓰게 되면 곡이 간결해지고 익히기가 쉬워진다. 이 점도 동극에서의 활용도를 높이기 위한 변화로 볼 수 있다.

『참새의 노래』는 숫자보 없이 오선보로만 기보되었다.

이상 정순철의 두 동요집 수록곡의 음악적 요소를 비교하면, 우선 무반음 5음계를 바탕으로 하며, 대부분 장조이고, 선율 반복을 즐겨 하지 않는 대신 특정 리듬형을 반복하여 통일성을 추구하는 점이 공통된다. 주어진 노랫말이 대체로 어두우며, 스스로 어둡고 불행한 어린 시절을 보냈음에도 불구하고 1곡 외에는 모두 장조 계열이라는 점은 어린이의 심성에 밝고 고운 영향을 주려는 의도로 해석할 수 있다. 또 스스로도 그러한 동요 작업을 통해 심적 정화와 치유를 추구했다고 볼 수도 있다. 그러한 점은 색동회 전반의 경향이기도 하다.

반면 선율의 반복 변주라는 가장 쉽고 보편적인 기법을 굳이 즐겨 쓰지 않고 리듬형의 통일과 동형진행이라는 다른 기법을 취한 것은 자신만의 독창적 음악 세계를 추구한 결과로 볼 수 있다. 즉 작곡가로서의 자기 정체성과 자신만의 풍(風, style)을 추구한 것이다. 이는 당대의 다른 동요작곡가들과 구별되는 정순철의 특성이라 할 수 있다.

제1집 『갈닙피리』와 비교하면 제2집 『참새의 노래』에 몇 가지 변화가 보이는데, 우선 제2집에서 운율이 더 다양해졌으며, 4.4조 계열의 곡이 늘어났다. 박자와 조성 또한 다양해지고, 최초로 요나누키 단음계의 곡이 보인다. 사이음과 당김음 등 새로운 요소가 쓰였다. 그 외 음역이 좁아지고, 도약 횟수가 줄어들며, 곡 길이가 대체로 짧아지고, 형식이 단순화되면서 동형진행 또한 줄어들고, 곡 중간에 정종지를 쓰기도 하며, 특정 리듬형의 반복이 더 많이 보이는데, 이러한 변화는 동극에서의 활용도를 높이기 위한 의도로 추정된다. 동극은 여러 연령층의 아동이 함께하므로 쉽게 배울 수 있는 짧고 단순한 곡이 많이 필요했을 것이며, 다양한 장면을 나타내기 위해 음악적 요소도 다양해질 필요가 있었을 것이기 때문이다. 제1집에 보이지 않던 새로운 시도가 등장한 것 또한 그러한 맥락에서 이해할 수 있다. 동극활동은 정순철의 음악이 발전하는 주요한 계기가 된 것으로 보인다.

IV. 정순철 작품의 시대적 함의와 한계, 해결해야 할 문제들

1. 정순철 작품의 시대적 함의와 한계

정순철은 어린이도 한울님을 모신 소중한 존재로서, 언제나 존중받고, 충분한 교육을 받으며, 맘껏 뛰어놀고, 해맑은 정서를 기르기 위한 문화활동을 보장받아야 한다고 생각했으며, 이를 구현하기 위한 실천의 하나로 동요와 동극을 만들고 보급하는 일에 일생을 바쳤다. 그 자신도 외롭고 쓸쓸했던 어린 시절을 극복하기 위해 노래를 찾고 옛이야기를 찾았으며, 어른이 된 후 어린이들에게 더 좋은 동요를 풍부하게 제공하기 위하여 노력을 아끼지 않았다. 변변한 동요 하나 제대로 없는 나라에서 그가 쓴 맑고 고운 동요들이 어린이들에게 얼마나 큰 영혼의 영양소가 되었을지는 두말할 필요가 없을 것이다. 그러한 성과와 정신은 마땅히 오늘날에도 이어가야 할 것이다.

그러나 유감스럽게도 이런 뜻깊은 일이 문화적 정체성, 전통이라는 측면에서는 온전히 계승되지 못한 한계가 있다. 앞서 살펴보았듯 정순철의 철학적 바탕은 '동학'이며, 동학은 대표적인 민족종교이다. 수운 최제우는 다음과 같이 말하였다.[31]

> 내가 또한 동에서 나서 동에서 받았으니 도는 비록 천도나 학인 즉 동학이라. 하물며 땅이 동서로 나뉘었으니 서를 어찌 동이라 이르며 동을 어찌 서라고 이르겠는가. 공자는 노나라에 나시어 추나라에 도를 폈기 때문에

31 최제우, 『東經大全』「論學文」, 『天道教經典』 32쪽.

추로의 풍화가 이 세상에 전해 온 것이어늘 우리 도는 이 땅에서 받아 이 땅에서 폈으니 어찌 가히 서라고 이름하겠는가.

학문뿐 아니라 문화와 예술에서 동과 서가 서로 다름은 명백하다. 그러나 당시의 지식인들에게 전통은 관심과 연구의 대상이 아닌, '극복의 대상'으로 인식되었으며, 천도교 내에서도 전통을 계승, 발전시키는 일보다는 신문물의 수용을 더욱 강조하였다. 예를 들어 당시 천도교의 의식 노래인 '천덕송'에서 노랫말에는 종교적 내용뿐 아니라 일본 제국주의를 극복하고 민족자존을 회복하며, 사회적 요구를 반영하고, 세계평화에도 기여하고자 하는 시대정신을 담고 있으되 음악적으로는 민족적 양식과 전통적 요소를 계승하지 못한 한계가 있었다.

그 대표적인 문제가 운율에서의 7.5조이다. 민요, 가사, 시조 등 우리나라의 전통음악이나 구비문학은 대부분 4음보의 4.4 또는 3.4조이며, 3음보의 7.5조는 보이지 않는다. 7.5조는 일제강점기 전후로 출현했으며, 최남선의 창가 〈한양가〉(1905), 〈경부철도노래〉(1908), 〈세계일주가〉(1914) 등이 대표적인 예이다. 〈경부철도노래〉는 일본의 〈철도창가(鉄道唱歌)〉(1900)[32]를 모티브로 한 것이다. 와카 · 세도카 · 하이쿠 등 일본의 전통시는 거의 5와 7의 조합인데,[33] 이를 2/4 또는 4/4의 행진곡 리듬에 맞추면 7.5조가 된다. 즉 7.5

32 〈철도창가〉는 오오와다 타케키(大和田 建樹)가 작사하고 오오노 우메와카(多 梅稚)가 작곡하였으며 1900년(명치 33) 5월에 출판하였다. 문화원형백과. https://bit.ly/2DIWcRc 접속일 2020.5.21.

33 와카(わか, 和歌)는 6~14세기 일본의 궁정시이다. '짧은 노래'라는 의미의단카(たんか, 短歌)는 운율이 5 · 7 · 5/7 · 7이며, 전부 31음절이다. '긴 노래'라는 의미인 조카(ちょうか, 長歌)는 길이가 한정되어 있지 않고, 5 · 7음으로 된 행이 이어지며, 마지막

조는 우리 전통과 무관한, 일본에서 유입된 운율이다.

3.1운동을 계기로 하여 1920년부터 일제의 무단통치 정책이 문화통치로 바뀐 후 7.5조는 확산된다. 1920년에 데뷔한 김소월의 시 〈진달래꽃〉, 〈접동새〉, 〈풀따기〉 등과, 1923년에 결성된 색동회 소속 동요 작가들의 〈반달〉, 〈설날〉, 〈따오기〉, 〈고드름〉 등 수많은 동시, 동요들이 7.5조이다.[34] 정순철이 작사를 한 것은 아니나, 두 동요집 수록곡의 노랫말 또한 이러한 시대적 한계 속에 놓여있다.

2/4와 4/4자가 가장 많은 점 또한 일본 창가의 영향이라 하지 않을 수 없다. 우리 전통장단에는 2/4의 구조가 없으며, 4/4 또한 드물다. 4/4는 휘모리 · 동살풀이와 같이 빠른 장단에서 보이는 박자 구조이나, 동요에 쓰이는 4/4는 전통장단과는 거리가 있다. 전통장단의 가장 큰 특성은 3분박, 즉 1박을 셋으로 나누는 점인데, 6/8는 그런 면에서 2/4나 4/4보다는 나으나, 이 역시 2박자 계열이라는 점에서 전통과 거리가 멀다. 전통장단의 최소단위는 3박자이기 때문이다.[35]

정순철을 비롯한 당대 동요 작가들의 정신을 온전히 이어받아 계승하되, 음악적 요소에서 전통성과 정체성을 갖추어 나가는 것이 앞으로 우리의 과제로 남았다 하겠다.

행은 7 · 7음이다. '첫머리 반복시'라는 세도카(せどうか, 旋頭歌)는 5 · 7 · 7/5 · 7 · 7이다. '연시'라는 의미의 렌가(れんが, 連歌)는 세 사람 혹은 그 이상의 시인들이 5 · 7 · 5와 7 · 7음을 교대로 읊는다. 일본 시는 이후 5 · 7 · 5음의 하이쿠(はいく, 俳句)로 서서히 축소되었다. 다음백과 참조. https://bit.ly/3eLIaeq 접속일 2020.5.21.

34 김정희, 「《천도교회월보》에 나타난 일제강점기 천덕송」, 『공연문화연구』 제35집, 2017, 27~29 및 45~46쪽 참조.

35 노래에 쓰이는 장단 중 강박의 주기가 가장 짧은 장단은 민요에 주로 쓰는 세마치로, ♩. 의 3박자이다.

2. 〈兄弟별〉의 문제

세간에는 〈兄弟별〉이 방정환 작사, 정순철 작곡으로 알려져 왔다. 노랫말에 대해서도 "주권을 잃은 조국의 비운을 별 삼형제로 의인화하여 비극성을 더한 작품"[36]이라거나, "민족의 한이 잃어버린 별로 표출된, 하나의 역사시로 확대해석할 만한 작품으로 봐도 무리는 아닐 것"[37]이라는 등의 평가가 주를 이루어왔다. 그러나 한편에서는 이에 대해 꾸준히 문제 제기가 되어 왔으며, 아래 인용문에서 보이듯 북한에서도 〈兄弟별〉에 대한 정보는 부정확하다.[38]

> 그리고 이 책(윤수동, 「동요에 대하여」: 인용자 주)의 동요편에는 정순철이 작곡한 「새 나라의 어린이」, 「형제별」, 「짝자꿍」 세 편의 노래가 실려 있다. 그 중에 「형제별」은 정순철 작사로 되어 있다. 작사자에 대한 정확한 검증 없이 싣고 있는 것으로 보인다. 2003년에 발행된 『민족 수난기의 가요들을 더듬어』에도 동요편에 「형제별」이 수록되어 있는데 역시 정순철 작사 작곡으로 되어 있는 걸 보면 북에서는 이렇게 알고 있는 것으로 보인다.

일찍이 윤극영은 〈兄弟별〉이 방정환의 창작이 아닌, 일본 노래를 번역한 동요라 밝힌 바 있으며, 한용희는 노랫말은 방정환의 창작 가사이되 곡조는

36 이재철, 『한국 현대 아동문학 작가 작품론』, 서울: 집문당, 1996, 41쪽.

37 이상현, 『아동문학 강의』, 서울: 일지사, 1987, 197쪽.

38 도종환(2007), 190쪽. 윤수동, 「동요에 대하여」, 『계몽기가요선곡집』, 평양: 문학예술종합출판사, 2001.

우리나라에서 창작된 것이 아니라고 하였다.[39] 아래 윤극영의 회고에서는 작곡가가 '나까가와(中川)'로 소개된다.[40]

> "날 저무는 하늘에 별이 삼형제…(중략)"
>
> 잘 부르는 노래는 아니었으나 구슬픈 맛이 애틋하게 났다.
>
> "윤극영, 어때"
>
> "좋긴 좋은데 누가 번역했나?"
>
> "내가 했지"
>
> 우린 한바탕 웃었다. 그 노래는 나까가와(中川)라는 일본 사람이 작곡한 일본 노래였다.

그런데 1922년《부인》에는 〈兄弟별〉의 악보와 함께 다음과 같은 소개글이 실렸다.[41]

> 이동요는 서울텬도교소년회의 회원들이 부르기시작하야「언니를차즈려」라는 어린연극을상장할때에 극중(劇中)의 촌소녀(村少女)들이부른후부터 서울소년회소녀 사이에 류행(流行)한것임니다. 곡죠는 일본 셩전위삼(成

39 "윤극영은「나의 履歷書」에서 1923년 3월 봄에 방정환을 처음 만났다고 하는데 그때의 일화를 소개하면서「형제별」은 방정환의 창작동요가 아니라 일본 노래를 번역한 동요라고 밝혔다. 그런데 한용희는 "이 노래가 방정환의 창작 가사임에는 틀림없으나 곡조는 우리나라에서 창작된 곡조는 아니"라고 밝히고 있다." 염희경,『소파(小波) 방정환(方定煥) 연구』, 인하대학교 박사학위논문, 2007, 231쪽.

40 도종환(2011), 117쪽에서 재인용. 윤극영의「나의 履歷書」는 1973년 5월 8일부터 동년 6월 10일까지 26회에 걸쳐《한국일보》에 연재되었다.

41《부인》제1권 제4호, 1922.9, 26쪽.

田爲三)씨의작곡(作曲)인데 퍽쌔슷하고 어엽브고 보드러운곡죠에서 해저므는저녁때한적(閑寂)한촌에서 어린애들의 부르는소리를들으면 엇전지모르게 마음이크고눈물고이는곡조임니다.

이 글에서는 〈兄弟별〉이 일본 작곡가 성전위삼(成田爲三, Narita Tamezo)[42]의 곡이라 소개하고 있다. 그러나 성전위삼의 작곡집에도 〈兄弟별〉의 악보는 수록되어있지 않다고 한다.[43]

〈악보 5〉에서 보이듯《어린이》에 실린 〈兄弟별〉에서 정순철은 "동요로 가장 곱고 엽브고 보들어운 것으로 나는 이노래를 뎨일 조하합니다."라고 소개한다.[44] 이 악보에는 작사자와 작곡가가 명시되지 않았다. 정순철이 다

42 Tamezō Narita (成田為三, Narita Tamezō, 15 December 1893-29 October 1945) was a Japanese composer. Narita was born in Kitaakita District, Akita. Wikipedia 참조. https://bit.ly/313OR6N 접속일 2020.5.21.
"나리타는 일본 아키다 현(秋田縣) 출신으로, 1914년 동경 음악학교를 나왔다.「하마베노 우다」(「바닷가의 노래」)와 이름난 동요 시인인 사이죠 야소(西條八十)의「카나리어」를 작곡하여 이름을 얻은 사람이다. 이후 수준 높은 동요와 가곡을 많이 작곡하였다." 신현득,「방정환 바로알기」,《월간문학》, 2006년 5월호, 29~30쪽. 도종환, 앞의 책 165쪽에서 재인용.

43《개벽》(1922.10)의《부인》9월호 광고에 '新童謠 兄弟별—소파'로 소개되어 있으므로 방정환이「형제별」을 소개했을 것이며, 당시 천도교소년회의 어린이연극이 공연된 뒤 이 노래가 유행하자《부인》지면에 소개했다고 추정할 수 있다. 염희경 앞의 논문, 232쪽 참조. 염희경은 나까가와(中川)라는 사람이 일본의 음악사전이나 인명사전에 나오지 않으며, 동요 작곡가 나까야마 신페이(中山晋平)의 오자일 수 있다고 추정하였으나, 이상금에 의하면 나까야마 신페이의 전집에도 〈형제별〉은 실려 있지 않다고 한다. 이상금,『사랑의 선물-소파 방정환의 생애』, 한림출판사, 2005, 633면 참조. 또한 고은은 〈형제별〉이 '방정환의 번안곡'이라 했다 한다. 정인섭,『색동회어린이운동사』, 서울: 學園社, 1975, 396쪽 참조.

44《어린이》제1권 제8호, 1923.

〈악보4〉《부인》 제1권 제4호의 〈兄弟별〉 〈악보5〉《어린이》 제1권 제8호의 〈兄弟별〉

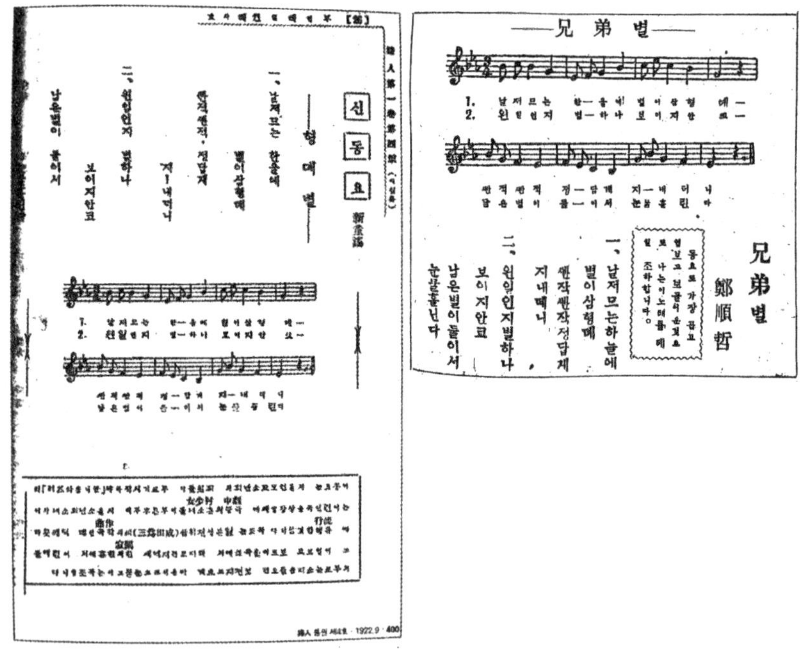

른 악보들에서 작사자와 작곡자를 분명히 밝혀온 것으로 보아[45] 이 곡은 정순철이 작곡하지 않았을 확률이 높다. 이 곡이 정순철의 자작곡이라면 이는 1924년에 발표된 윤극영의 〈반달〉보다 앞선 것이며, 자신이 공개적으로 발표한 첫 곡이 되는데, 스스로 작곡자임을 밝히지 않는다는 것은 설득력이 떨어진다. 또 만일 자작곡이라면 "나는 이 노래를 뎨일 조하합니다"와 같은

45 정순철 『갈닙피리』의 세 번째 수록곡 〈녀름비〉는 '方定煥 譯'으로 표기되어, '作'으로 표기한 다른 곡들과 차이를 두고 있다. 창작과 번역을 분명히 구분한 것이다. 그 정도로 매사 정확한 성격이었던 만큼, 방정환과 자신이 함께 창작한 노래라면 그 사실을 누락하지 않았을 것이다.

언급이 무척 부자연스럽게 된다.

〈兄弟별〉이 번안곡이라면 원곡의 악보를 찾아야 최종적으로 사실 확인이 되겠지만, 여러 정황상 번안곡으로 보는 것이 타당할 것이며, 향후 〈兄弟별〉을 정순철 작곡으로 소개하는 일은 지양해야 할 것이다.

3. 〈기럭이〉의 문제

장유정은 『참새의 노래』에 수록된 〈기럭이〉가 박태준의 〈가을밤〉과 동일한 선율이라는 점을 지적하며, 실제 작곡가가 누구인지 밝힐 필요가 있음을 제기한 바 있다.[46] 민경찬은 1924년에 발표된 윤극영의 〈반달〉보다 4년 앞선 1920년에 윤복진 작사, 박태준 작곡의 〈기러기〉가 작곡되었으며, 1929년 박태준의 창작동요집 『중중때때중』을 통해 발표했다고 한다.[47]

이유선은 〈기러기〉가 윤복선 작사, 박태준 작곡의 곡이며, 박태준 곡 가운데 윤복진의 작사에 곡을 붙인 50여 곡의 작품들이 윤복진이 한국전쟁 중 월북한 이후 가사가 바뀌거나 금지되기도 했다고 하였다.[48] 손태룡에 의하면 박태준은 월북한 윤복진과 신고송의 노랫말을 윤석중과 박목월에게 부탁하여 개사하였는데, 윤복진의 '기러기'와 이정구의 '가을밤'이 이들의 월북으로 부르지 못하게 되자, 이정구를 이태선으로 바꾸어 "가을밤" 동요가 불리게 되었다 한다. 즉 '가을밤'의 작사자는 이태선이 아니라 이정구이며,[49]

46 장유정, 앞의 논문, 191쪽 참조. 이후 박태준의 〈기러기〉로 표기되었다 함.

47 민경찬, 『(청소년을 위한) 한국음악사』, 서울: 두리미디어, 2006.

48 이유선, 『양악백년사』, 서울: 中央大學校 出版部, 1976.

49 손태룡, 「박태준의 작곡집 고찰」, 『음악문헌학』 제3권, 한국음악문헌학회, 2012, 9쪽 참조. 세간에는 이천 양정여자중학교 교장을 역임한 이태선 목사가 작사한 것으

1929년 12월 7일자 동아일보 5면에 '李貞求(이정구)'의 이름으로 이 노랫말이 실린 것을 확인할 수 있다.[50] 이후 1972년, 가수 이연실이 1930년 《신소년》에 발표된 이원수의 시 '찔레꽃'을 개작하여 같은 곡에 가사를 붙여 발표했다.[51] '기러기'는 포스터의 곡 *Massa's In The Cold, Cold Ground*를 번안한 "달 밝은 가을밤에 기러기들이….."로 시작하는 동명의 곡으로 인하여 윤복진의 노랫말에 붙인 〈기럭이〉와 혼돈되어 세간에 잘못 알려지기도 했다.

그런데 1932년에 발간된 정순철의 『참새의 노래』에 바로 이 〈기럭이〉가 〈악보 3〉에서 보이듯 '尹福鎭 謠 鄭淳哲 曲'으로 명기되어 실렸다. 『참새의 노래』가 1932년에 발간되었고, 박태준의 『중중때때중』 발간이 1929년인 점을 고려하면 박태준이 시기적으로 앞선다. 도종환은 이에 대해 "더 고증이 필요하겠지만 박태준 곡을 잘못 기록한 게 아닌가 싶다"고 하였으며, 《어린이》 1930년 9월호에도 〈기러기〉는 윤복진 요, 박태준 곡으로 소개한다.[52] 〈악보 6〉에서와 같이 『참새의 노래』에 수록된 〈고향한울〉에서 '鄭淳哲 曲'을 지우고 위의 여백에 '朴泰俊 曲'이라 쓴 것을 보면, 〈기럭이〉의 작곡가 표

로 잘못 알려져 있기도 하다. 그러나 이태선 목사는 1914년 황해도 사리원에서 태어나 1945년 감리교 신학대학을 졸업하고 황해도 벽성군에서 목회를 시작했으며 해방 뒤 월남, 충청도와 경기도를 중심으로 목회활동 및 아동문학가로 활동한 인물로, 월북한 이정구와 전혀 다른 인물이다. 국민일보 김지방, 「"꽃가지에 내리는 가는 비 멈추다"… 어린이 찬송시인 이태선 목사 소천」 기사 참조. https://bit.ly/3jo6OFM 접속일 2020.5.30.

50 "가을밤 / 마루끄테 나와안저 별만혬니다 / 李貞求 / 가을밤 고요한밤 잠안오는밤 가을밤 외로운밤 버레우는밤 기럭이 우름소리 놉고나즐째 도갓집 뒷산길이 어두어질째 누나정이 그리워 눈물나오면 엄마품이 그리워눈물나오면 마루끄테 나와안저 달만봅니다" NAVER 뉴스 라이브러리 참조. https://bit.ly/2Bj6SW4 접속일 2020.5.30.

51 다음백과 참조. https://bit.ly/3hkrRqz 접속일 2020.5.30.

52 도종환, 앞의 책, 167쪽 및 183쪽 참조.

〈악보 6〉『참새의 노래』 수록 〈기럭이〉와 〈고향한울〉

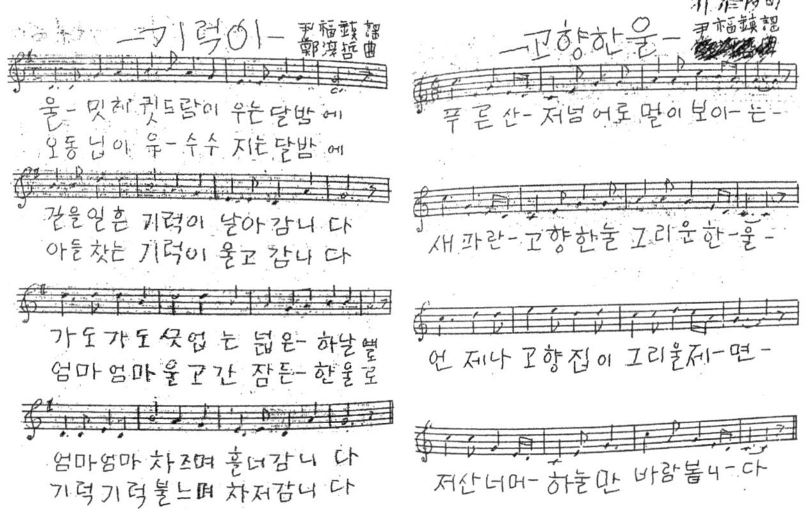

기 또한 오류일 가능성이 있다. 다른 명확한 근거가 새로이 발견되지 않는 한 〈기럭이〉가 정순철 작곡일 가능성은 낮아 보인다.

그 외 미발굴 작품을 발굴해내는 일과 납북 이후의 생애를 추적하는 일 또한 해결해야 할 문제이다. 예를 들어 경성보육학교는 1936년에 일본 동요와 우리 동요를 함께 수록한 『유치원용 동요집』을 발간하였는데, 총 236곡 중 2/3가 일본 동요였다고 한다. 이에 보육학교에서 따로 음악 전담 교수를 채용하여 우리 생활에 맞는 유치원용 동요를 작곡하도록 했다는데, 당시 경성보육학교를 색동회 동인들이 운영하였으므로 도종환은 이 '전담 교수'를 정순철로 추측하고 있으며, 이 『유치원용 동요집』에 정순철의 미발굴 작품들이 수록되었을 가능성이 높다고 보았다.[53] 따라서 이 동요집을 찾으면

53 도종환, 앞의 책, 181~182쪽; 한용희, 『한국동요음악사』, 서울: 세광음악출판사, 1988, 70쪽 참조.

정순철의 작품에 대해 더 많은 정보를 얻을 수 있을 것이다. 또한 1939년 두 번째 유학 이후의 작품들이 더 확보되면, 『참새의 노래』 이후의 창작 경향을 더욱 자세히 파악할 수 있을 것이다.

V. 나가며

이상 정순철의 음악 세계를 구성하고 있는 여러 요소와 그 이면에 대해 살펴보았다.

그의 천도교 내 활동은 크게 천도교소년회와 색동회 활동으로 대표되며, 잡지《어린이》발간, 어린이날 행사, 세계아동예술전람회, 각종 어린이 대회 개최 등을 대표적 활동으로 꼽을 수 있다.

경성보육학교의 녹양회를 비롯한 여러 여학교에서의 교육활동 또한 그의 음악 인생에서 중요한 무대였다. 동덕여학교, 경성보육학교, 무학여고, 성신여고 등 그가 근무했던 학교는 천도교와 밀접한 연관이 있으며, 여고라는 공통점이 있다. 어린이를 키우는 주체가 될 여학생들을 가르치는 일은 또한 그에게는 어린이 운동의 연장이었을 것이다.

그가 동요와 동극 등 어린이운동과 여학교 교육에 매진한 바탕에는 어린아이도 한울님을 모신 존재이며, 갓 태어난 아이의 마음은 성인(聖人)의 마음과 같고, 갓난아이의 마음을 회복하는 것이 수도의 목적이라는 최시형의 가르침이 자리 잡고 있었다. 그의 음악관의 바탕에는 민중의 정서와 생활이 자리하고 있었으며, 노래의 외형적 아름다움보다 내용적 이해와 표현을 더 중시하였고, 실용적 목적보다 마음을 정화해주는 동요의 심적 기능을 더욱 중시하였다.

정순철의 두 동요집 『갈닙피리』와 『참새의 노래』 수록곡에 대해 상세히 분석한 결과는 다음과 같다.

운율은 7.5조 계열이 가장 많으며, 그 외 4.4조 계열과 4.3.3조가 있다.

박자구조는 4/4와 2/4가 가장 많으며, 그 외 3/4과 6/8가 있다. 특정 리듬형을 반복하는 특징이 있으며, 『참새의 노래』에는 부점리듬과 당김음이 추가로 쓰였다.

조성에서는 Eb장조가 가장 많으며, F · E장조가 다음으로 많이 쓰였다. 『참새의 노래』에서는 G · C장조와 f 요나누키 단음계가 추가로 쓰였다. 대체로 무반음 5음계를 바탕으로 하며, 간혹 fa를 쓰나 비중이 낮다. 『참새의 노래』에는 사이음 do # 을 쓰는 곡이 있다. 대부분 정종지를 1회만 쓴다.

음역은 1옥타브~1옥타브+완전4도 범위에 있으며, b♭이 가장 낮은 음, f″이 가장 높은 음으로 쓰였다.

형식은 변형을 포함하여 한도막형식과 두도막형식이 가장 많이 쓰였으며, 그 외 작은세도막형식이 쓰였다. 선율 반복을 즐겨 하지 않는 대신 특정 리듬형을 반복하여 통일성을 추구하는 점이 작곡기법상의 특징이다.

『갈닙피리』에 비해 『참새의 노래』에서 음역이 약간 좁아지고, 도약 횟수가 줄어들며, 곡 길이가 대체로 짧아지고, 형식이 좀 더 단순화되면서 동형진행 또한 줄어든다. 곡 중간에 정종지를 쓰기도 하며, 특정 리듬형의 반복이 더 많이 보이고, 음악적 요소가 전반적으로 다양해지며, 새로운 시도들이 추가된다. 특히 우리 민족 고유의 운율인 4.4조 계열이 늘어난 점은 반가운 변화이다. 이러한 변화는 동극에서의 활용도를 높이기 위한 의도로 추정된다. 동극은 여러 연령층의 아동이 함께하므로 쉽게 배울 수 있는 짧고 단순한 곡이 많이 필요했을 것이며, 다양한 장면을 나타내기 위해 음악적 요소도 다양해질 필요가 있었을 것이기 때문이다. 제1집에 보이지 않던 새로운 시도가 등장한 것 또한 그러한 맥락에서 이해할 수 있다. 동극 활동은 정순철의 음악이 발전하는 주요한 계기가 된 것으로 보인다.

주어진 노랫말이 대체로 어두우며, 스스로도 어둡고 불행한 어린 시절을 보냈음에도 불구하고 1곡 외에는 모두 장조 계열이라는 점은 어린이의 심성에 밝고 고운 영향을 주려는 의도로 해석할 수 있다. 또 스스로 그러한 동요 작업을 통해 심적 정화와 치유를 추구했다고 볼 수 있다. 그러한 점은 색동회 전반의 경향이기도 하다. 반면 선율의 반복 변주라는 가장 쉽고 보편적인 기법을 굳이 즐겨 쓰지 않고 리듬형의 통일과 동형진행이라는 다른 기법을 취한 것은 자신만의 독창적 음악 세계를 추구한 결과로 볼 수 있는데, 이는 당대의 다른 동요 작곡가들과 구별되는 정순철의 특성이라 할 수 있다.

변변한 동요 하나 제대로 없던 시절에 그가 쓴 동요들은 어린이들에게 귀한 영혼의 영양소가 되었으며, 그러한 성과와 정신은 오늘날에도 이어가야 할 것이다. 그러나 음악 요소에서 전통적 양식을 계승하지 못하고, 운율에서 7.5조와 박자구조에서 4/4, 2/4 등 일본에서 유입된 음악 요소들 위주로 구성된 점은 시대적 한계라 하겠다. 향후 동요에서 전통적 양식을 계승 발전시켜 나가는 것이 오늘날 우리에게 남겨진 과제이다.

아울러 〈兄弟별〉과 〈기럭이〉에 관한 세간의 오해를 불식시킬 필요가 있으며, 미발굴 작품을 발굴해내고 납북 이후의 생애를 추적하는 일 또한 해결해야 할 과제로 남았다. 본 연구가 향후 남은 과제를 해결하는 또 다른 연구로 이어질 수 있기를 기대한다.

어린이 노래운동의 선구자, 정순철*

도종환
시인, 국회의원

* 이 원고를 일부 축약한 글이 『창비어린이』 17호(2007년 여름호)에 게재되었다. 이 글을 필자의 수락을 받아 다시 싣는다.

I. 여는말

정순철, 이 이름은 우리에게 낯설다. 그러나 이 땅에 태어나 사는 사람 중에 정순철이 작곡한 노래를 부르지 않은 사람은 없다. 아이를 키우는 엄마들 중에 〈짝자꿍〉이란 노래를 부르지 않은 사람은 없을 것이다. 이 노래를 만든 이가 정순철이다. 〈새나라의 어린이〉를 부르지 않은 학생들은 없을 것이다. "빛나는 졸업장을 타신 언니께 / 꽃다발을 한아름 선사합니다." 이 노래를 모르는 이는 없을 것이다. 이 〈졸업식 노래〉 역시 정순철이 작곡한 노래다. 그러나 우리는 이 노래의 작곡자가 정순철이라는 사실을 잘 알지 못한 채 지내왔다. 필자는 이에 한 의문을 갖고 몇 년간 정순철에 대한 자료를 찾기 시작했다.

정순철(鄭淳哲)은 윤극영과 함께 우리나라 어린이 동요운동의 선구자이다. 또 정순철은 방정환, 정병기, 손진태, 진장섭, 고한승, 강호, 조준기 등과 함께 색동회를 창립한 인물이다. 1929년 동요작곡집 『갈닙피리』를 발행하였으며 여기 수록되어 있는 〈우리 아기 행진곡〉(뒤에 〈짝자꿍〉으로 제목이 바뀜)은 어른 아이 할 것 없이 함께 부르던 동요이다. 해방 후에 그가 작곡한 〈졸업식 노래〉 또한 학교를 다닌 우리나라 국민이면 누구나 다 불러 본 노래이기도 하다. 정순철은 1930년에는 정인섭, 이헌구와 함께 녹양회(綠陽會)

라는 동요동극 단체를 만들어 「색동저고리」, 「백설희」, 「에밀레종」, 「허수아비」 등의 동극을 발표하기도 했다. 그는 특히 방정환과 가깝게 지내며 초기 어린이운동을 이끈 어린이운동, 동요운동의 선구자다. 그런데 이런 인물에 대해 전혀 알지 못하고 있는 이유는 어디에 있을까. 그것은 정순철이 6.25 전쟁 중 납북되면서 이름과 행적이 매몰되고 말았기 때문이다.

II. 정순철의 출생과 성장 그리고 동학

정순철은 1901년 9월 13일 충북 옥천군 청산면 교평리 310-1번지에서 태어났다. 본관은 연일(延日)이고 어릴 때 이름은 분답(分畓)이며 자는 성춘(星春)이다. 그의 어머니 최윤은 동학의 2세 교조인 해월 최시형의 딸이다. 해월은 동학을 박해하는 관가의 지목을 피해 산간벽지를 누비며 일생을 피신생활로 일관하면서 지하포교에 전념했다. 이런 피신생활로 인해서 가족이 있어도 따로 도망 다니느라 몇 년씩 소식조차 듣지 못할 때가 많았다. 그런 상황에서 해월의 김씨부인은 동학혁명이 일어나던 1894년 가을에 외동딸 최윤(崔潤)과 함께 충청도 관가에서 잡혀 옥천 감옥에 갇히는 몸이 되었다. 이렇게 하염없이 옥살이를 하던 어느 날 옥천 군수는 아전인 정주현(鄭注鉉)에게 최윤을 데려다 살라고 주어버렸다. 그렇게 되자 최윤은 시집 식구들로부터 역적의 딸이라는 눈총을 받으면서 굴욕적인 생활을 감내할 수밖에 없었다. 정순철은 바로 이 두 사람 사이에서 1901년에 태어났다.[1]

1 김응조, 「졸업식 노래 작곡가는 해월의 외손자」(김응조 편찬위원이 풀어쓰는 천도교 비화 ①), 『온세종교』 2호, 2006.6.30, 4쪽.

최윤은 6년 뒤 딸 순열을 낳았으며 정주현과는 끝까지 살지 못하고 집을 나와 딸과 함께 계룡산으로 들어갔다. 당시 계룡산 신도안에 해월의 양사위인 김연국이 상제교(上帝敎))의 교주로 있었기 때문이다.[2] 최윤은 신도안에서 딸을 출가시킨 후 1930년대 중반에 계룡산에서 나와 경주 월성군 구미산 자락에 있는 용담(龍潭)에 들어가 혼자 기거하였다. 용담은 바로 수운 최제우가 득도하여 동학을 창시한 용담정이 있던 성지다. 최윤은 마을과 동떨어진 이곳 구미산 골짜기에 움막 같은 조그만 집을 짓고 혼자서 용담성지를 지키며 평소 수도생활을 하면서 주변에 포교하는 것을 일과로 삼았다. 그래서 사람들은 최윤이 사는 집을 '용담정'이라 부르고, 경주 일원에서는 최윤을 '용담할머니'로[3] 불렀다고 한다. 마을 사람들은 가을에 수확을 하면 제일 먼저 용담할머니에게 가져다 드릴 정도로 존경을 받았다고 한다.

청산에서 자라며 학교를 다니던 어린 시절을 정순철은 이렇게 기록하고 있다.

> 그리도 행복슬업지 못하든 어린 시절 그리도 질겁지 안튼 어린 시절 언제나 쓸쓸하얏고 언제나 외로든 어린시절이섯습니다.
>
> 낮이나 밤이나 나호올로 외로섯습니다. 누나도 업고 동생도 업고 그리고 어머니 아버지의 따듯한 사랑도 모르고 지냇습니다.
>
> 어머니 아버지의 부드러운 웃음 자미스러운 말소리가 엇지도 그리 섯는지 몰르든 그 시절이엿섯습니다.
>
> 외롭고 쓸쓸히 하로 해도 서산을 넘고 외롭고 흠이 가득찬 어린이의 이

2 상제교는 김연국이 친일종교인 시천교(侍天敎)에서 이탈해 나와 1925년에 세운 교파.
3 김웅조, 앞의 글, 같은 쪽.

집에도 어둠의 밤이 찾아와서 팟알 만한 기름불이 히미하게 끔벅이고 잇섯습니다.

꿈고 짧을 여름밤도 지나고 가을밤도 짙어가면 뜰앞 감나무 마른닢이 우수수 흩어지고 뒷산 속 솔바람소리가 쇄- 구슯히 우는 부엉이 울음- 달밝은 밤 달을 시처 날라가는 기럭이 울음소리-

팟알같은 기름불 밑에서 버선 깁는 엄마의 청성구즌 군소리-

이러한 모든 밤이 주는 정경을 보고듯고 이 어린이는 외롭고 쓸쓸하고 무섭고 또 우울하얏섯섯슬 것입니다.[4]

보통학교를 다니던 정순철은 학교를 중퇴하고 집을 나와 옥천역에서 화물차를 몰래 숨어 타고 서울로 올라갔다. 정순철은 천도교인인 친척집에 머물러 있다가 천도교 3세 교조인 의암 손병희의 배려로 보성중학교에 입학하였다. 보성중학은 손병희가 인수하여 운영하던 학교였으며 외할아버지 최시형의 세 번째 부인이 손병희의 누이 동생이라는 인연이 있었다. 거기서 정순철은 손병희의 셋째 사위인 방정환과 절친하게 지내며 '천도교소년회'를 기반으로 활동하며 방정환의 옆을 떠나지 않고 늘 같이 활동을 했다. 1918년 보성중학을 졸업했는데 재학 시절의 별명은 '장안 멋쟁이'였다. 몸매가 쭉 빠지고 모양새가 좋았으므로 붙인 별명이었다.[5]

천도교소년회는 1921년 5월 1일 김기전, 방정환 등의 주도로 천도교청년회 산하에 결성된 모임이었다. 천도교청년회의 활동은 3.1운동 후의 천도

4 정순철, 「노래 잘 부르는 법」, 『어린이』 제11권 2호, 1933년 2월호.

5 차웅렬, 「잊혀진 이름, 동요 작곡가 정순철」, 『신인간』, 신인간사, 2001년 10월호, 115쪽.

교 지도부 공백으로부터 비롯된 것이기도 하다. "3.1운동 후 의암을 비롯한 운동에 가담한 천도교 지도자들이 대거 투옥되자 이돈화, 박래홍, 박달성, 정도준 등 청년 지도층은 1919년 9월 2일 천도교 청년교리강연부를 결성하여 안으로는 신앙의 정독(精篤)과 단결, 밖으로는 사상의 고취와 문화 촉진을 추구했다. 교리강연부는 1920년 4월 25일 천도교청년회로 명칭을 고치고 확대 개편된다. 천도교청년회는 그 산하에 포덕부, 편집부, 지육부, 음악부, 체육부, 실업부 등의 6개 부서를 갖추고 월간 잡지 『개벽』을 창간했다. 천도교청년회는 『개벽』과 부문단체의 활동을 통해 여성운동, 소년운동, 농민운동, 체육운동을 전개하는 동시에 순회강연으로 대중 계몽을 선도해 나갔다."[6]

이 중에 소년운동을 적극적으로 펼쳐나간 단체가 천도교소년회인 것이다. "당시 어린이들은 교육의 기회조차 얻지 못했고 온전한 인간으로서 대우받지 못하고 멸시와 구타, 각종 질병과 배고픔에 노출되어 있었다. 이에 천도교소년회는 지덕체를 겸비한 쾌활한 소년을 양성하는 것을 목적으로 창립되어 1923년 3월부터 월간 『어린이』를 창간하고 소년계몽운동에 나섰다. 이는 해월의 '사인여천'의 정신을 이어받는 것이기도 했다."[7]

천도교소년회의 이 운동은 우리나라에서 처음으로 시작된 어린이 문화운동과 어린이 인권운동이었다. 김용휘가 '해월의 사인여천의 정신을 이어받는 것'이라고 말한 것은 방정환과 정순철의 가족 관계를 보아도 여실히 드러난다. 방정환과 정순철 등은 가족관계에서나 교육받은 학교 그리고 사회활동 면에서도 동학의 직접적인 영향을 받으며 살았던 인물들이다.

6 김용휘, 『우리 학문으로서의 동학』, 책세상, 2007, 147쪽.

7 김용휘, 위의 글, 149쪽.

사람을 한울처럼 섬겨야 한다면 어린이도 역시 한울처럼 섬겨야 하며, 시천주(侍天主), 즉 사람의 마음속에 하느님이 모셔져 있다면 어린이 마음속에도 하느님이 있다는 생각, 사인여천(事人如天)하고 경인(敬人)해야 한다는 생각은 어린이에게도 똑같이 적용되어야 한다고 생각했을 것이다. 또한 해월선생이 반포한 「내수도문(內修道文)」 제4조에 나와 있는 "어린아이를 때리지 말라, 이는 한울님을 치는 것이니라."는 정신을 구체적으로 실천하는 운동이기도 하다 .

Ⅲ. 방정환과 정순철 그리고 어린이운동

방정환은 한 걸음 더 나아가서 패러다임 자체를 어린이 중심으로 바꾸자고 주장하였다.

> 늙은이 중심의 살림을 고쳐서 어린이 중심의 살림으로 만들어야 우리에게도 새 살림이 온다. 늙은이 중심의 생활이었던 까닭에 이때까지는 어린이가 말썽이요, 귀찮은 것이었고, 좋게 보아야 심부름꾼이었다. 그것이 어린이 중심으로 변하고 어른의 존재가 어린이의 성장에 방해가 되지 말아야 하고, 어린이의 심부름꾼이 되어야 한다. 낡고 묵은 것으로 새것을 누르지 말자! 어른이 어린이를 내리누르지 말자. … 부모는 뿌리라 하고 거기서 나온 자녀는 싹이라고 조선 사람도 말해 왔다. … 그러나 조선의 모든 뿌리란 뿌리가 그 사명을 잊어버리고 뿌리가 근본이니까 상좌에 앉혀야 한다고 싹 위에 올라 앉았다. 뿌리가 위로 가고 싹이 밑으로 가고 이렇게 거꾸로 서서 뿌리와 싹이 함께 말라 죽었다. 싹을 위로 보내고 뿌리는 일제히 밑으로 가

자! 새 사람 중심으로 살자.[8]

방정환은 어른 중심의 사회에서 어린이 중심의 사회로 바꾸자고 요구하였다. 세상을 바라보는 관점을 어린이 중심으로 바꿀 뿐만 아니라, 구체적인 생활에서도 그것이 실천되어야 한다고 말하고 있다. 뿌리와 싹으로 상징되는 어른과 어린이와의 관계도 달라져야 한다는 것이다. 어른에 의해 종속된 삶이 아니라 어른이 어린이를 위해 사는 사회가 되어야 희망이 있다고 본 것이다. 그래서 '어린이'이라는 말을 만들고 어린이를 위한 행사를 추진하고, 어린이들이 볼 잡지를 만드는 일을 시작한 것이다. 그러나 현실에서는 어린이에 대한 인식조차 제대로 되어 있지 않은 당시 사회 환경과 어린이 잡지에 대한 관심과 필요성을 느끼는 사람도 별로 없는 조건에서 시작한 막막하고 대책 없는 어린이운동이기도 했다.

> 막막하든 그때 어른들의 당치도 안은 권위 아래 온갓 억압과 말하는 인형 노릇만 하여 오든 조선의 어린 사람들에게도 일대광명을 얻게 되엿스니 그것이 곳 어린 사람의 해방운동을 의미한 집단으로 천도교소년회의 출현과 아울러 어린 사람의 예술운동을 의미한『어린이』잡지의 탄생이엿습니다. … 그때의 조선사회란 온갓 것이 묵은 것에서 새것으로 깨여나는 도정임에도 불구하고 어린 사람의 문제란 그와 하등 관련이 업는 듯이 냉시(冷視)하야 그 존재부터 인정되지 안헛습니다.[9]

8 방정환,「아동문제 강연 자료」,『소파방정환문집』(상), 하한출판사, 2000, 319-320쪽.
9 이정호,「백호를 내이면서-창간 당시의 추억」,『어린이』제10권 9호, 1932년 9월, 18-19쪽.

이렇게 시작된 어린이 문화운동은 어린이를 비로소 인격적 존재로 대우하기 시작하는 운동이면서 생명운동이요 구국운동이었다.

정순철이 방정환이 주도하는 어린이운동단체인 〈색동회〉 창립에 참여한 것은 함께 일본 유학 중일 때인 1923년이었다. 〈색동회〉는 1923년 3월 6일 발족하여 1923년 5월 1일 일본 도쿄에서 방정환을 중심으로 손진태(孫晋泰)·정순철(鄭順哲)·고한승(高漢承)·진장섭(秦長燮)·정병기(丁炳基)·강영호·조준기 등이 창립하고, 뒤에 조재호(曺在浩)·윤극영(尹克榮)·최진순(崔瑨淳)·마해송(馬海松)·정인섭(鄭寅燮)·이헌구(李軒求)·윤석중(尹石重) 등이 가입하였다. 다 알고 있는 것처럼 색동회는 1923년 3월 20일 창간되는 『어린이』 발행을 적극적으로 지원하였으며, 1923년 5월 1일을 어린이날로 제정하는 데도 기여했다.

정순철의 일본 유학은 경제적으로 여유가 있거나 풍요로운 생활과는 거리가 멀었다. 일본 유학에 드는 비용을 일가친척들이 모아 주었다고 한다. 해월의 손자인 최익환의 회고에 따르면 "정순철이 동경 유학 간다고 할 때 집에서 그때 돈 7원을 보태주었는데 그 당시에는 큰돈이었다고 하며, 그 돈과 일가친척들의 정성으로 모든 돈과 합쳐서 유학의 길에 올랐다."[10]고 한다.

친척들의 도움으로 떠난 유학 생활은 고난과 시련의 연속이었던 것으로 보인다. 막노동을 하며 고학을 하다시피 했고, 돈 없는 유학생들끼리는 큰 방을 하나 얻어 합숙을 하는데 일본은 습기가 많고 비도 자주 오는 등 한국과는 기후와 풍토 차가 심하여 합숙생 모두가 악성 피부병에 걸리곤 했다. 온몸이 가렵고 부스럼과 두드러기 등이 끊이질 않아 이루 말할 수 없이 고

10 차웅렬, 위의 글, 같은 쪽.

통에 시달리니 할 수 없이 밤에는 홀딱 발가벗고 다다미방 전체에 신문지를 깔고 덮고 잠을 청했다. 정순철이 유학하던 시절에는 서울집도 생활이 넉넉지 못하여 아내인 황복화(黃福嬅)[11]가 종이봉투 부치는 일을 거들어 매월 3원씩을 동경으로 보냈으니 얼마나 어렵고 힘든 살림이었을지를 짐작할 수 있다. 동경으로 돈이 오면 하숙집 주인인 일본인 아주머니가 '학생 옥상(일본어로 '부인')으로부터 반가운 소식 왔어요' 하고는 전하여 주었다."[12]고 한다. 정순철은 윤극영과 함께 자취를 하며 지내기도 했다.

> 나(윤극영-인용자)는 그때 일본 도쿄 변두리에서 정순철(동요작곡가)과 같이 자취생활을 하고 있었습니다. 점심때가 되어 이날 당번인 정선생은 부엌에 들어가 있었고, 나는 마루 끝에 나앉아 대발 오솔길을 내다보고 있었습니다. 거기서 누군지 부라질을 하며 이쪽으로 오는 것이에요. 약간 건방져 보였지만 그런 것도 아닌 것 같아서 내버려 두었더니, 불시에 부엌에서 정선생이 뛰어 나오면서 악수를 하는 것이었습니다.
>
> "이게 웬일야, 소파 선생이…."
>
> "잘 있었소?"
>
> "이분이 바로 언젠가 이야기했던 방정환 씨야."
>
> 나는 얼떨떨해지면서도 기억에 남는 이름이었기에 그렁저렁 인사를 끝냈습니다.

11 아내 황복화는 1902년에 경기도 광주군 낙생면에서 태어났다. 정순철과는 1918년에 결혼하였다. 슬하에 문화, 봉화, 기화, 윤화 네 아들과 경화, 영화, 홍심 세 딸을 두었다. 1976년 1월에 사망하였다.

12 차웅렬, 앞의 글, 116쪽.

"이것 봐 윤! 동요 작곡 좀 많이 해 줘. 참혹하게도 우리 아이들에겐 노래가 없어. 학교라는 데서는 일본말 일본 노래로 터무니없이 아이들을 몰아들이고, 사회라는 데서는 어른들이 부르는 방아타령, 홍타령 등이 얼떨결에 아이들을 구슬리고, 가정에서는 '창가가 무슨 창가냐 공부를 해야지' 하며 골방에다 꿇어앉히는 등 이것들을 다 어떻게 하면 좋지? 생각할수록 암해져…."[13]

윤극영의 이 글은 세 사람 사이의 관계를 알려주고 있다. 윤극영과 정순철은 도쿄에 유학하여 같은 시기에 음악을 공부하였으며 함께 자취를 하면서 생활하였다. 윤극영을 방정환에게 소개한 사람이 정순철이고 윤극영에게 동요를 작곡하도록 부탁한 사람은 방정환이었다. 방정환과 정순철은 함께 〈색동회〉를 만든 창립멤버였지만, 이런 만남을 통해 윤극영도 뒤이어 참여하게 되었고 그 중간에 정순철이 다리 역할을 한 것으로 보인다.

어려운 여건 속에서 정순철은 동경음악학교를 다니며 음악공부를 한다. 그리고 『어린이』 잡지에 어린이들이 부를 창작동요를 작곡하여 발표, 보급하는 데 앞장선다. "동경 유학을 마치고 귀국한 후에도 정순철은 색동회 멤버들과 함께 천도교소년회와 연계하여 종로구 경운동의 천도교대교당을 중심으로 각종 어린이운동을 역동적으로 전개해 나갔다. 그때 천도교 교당은 서울의 3대 건물의 하나이고 교당 옆에 근대식 극장형 건물(수운 최제우 탄생 백년 기념관)이 또 하나 있었기 때문에 당시 거의 모든 문화운동이 이곳에서 이루어졌다."[14]

13 윤극영, 「인간 소파상」, 『소파방정환문집』(상), 하한출판사, 2000, 65-67쪽.
14 김응조, 앞의 글, 같은 쪽.

정순철의 장남인 정문화 옹은 "일요일마다 청년들이 북을 치면서 '학도가' 등을 부르며 종로 일대를 돌면 아이들이 줄을 지어 따라다니다 천도교회로 들어오고, 그러면 방정환 선생이 이야기를 해 주고 정순철 선생이 노래를 가르치고, 함께 노래를 부르다가 울기도 하고 그랬지." 이렇게 당시를 회고한다.[15] 그런가 하면 지방 강연을 함께 다니기도 했다.

> 1925년 섣달 그믐께, 그때 경기도 수원에는 '화성소년회'라는 어린이 모임이 있었다. 화성소년회에서는 해마다 서울에서 소파 방정환 선생을 모셔다가 동화회를 열었는데 그 해에도 모셔다가 공회당에서 열 작정이었다.… 이번에는 방선생뿐만 아니라 '엄마 앞에서 짝자꿍' 노래를 작곡하신 색동회 동인 정순철 선생도 오시어 동요를 불러 주시게 되었고, 이정호 선생의 동화도 있고 하여 수원이 발끈 뒤집혔다. 어린이 어른 합해서 이천 명 이상이 들끓었다.[16]

방정환과 함께 다니며 방정환은 이야기를 해 주고 정순철은 노래를 가르쳐주며 어린이들을 위한 동화회 등의 행사를 한 것이다. 방정환의 아들 방운용 옹은 생전에, "방정환 있는데 정순철 있고, 정순철 있는데 방정환 있다. 정순철은 방정환의 그림자다." 이렇게 말했다고 정문화 옹은 전한다. 서로 친하게 어울려 지낸 일화는 여러 글에서 발견된다.

15 정문화 옹은 정순철의 장남으로 1923년 서울에서 태어났다. 조흥은행 안동지점장을 지냈으며, 천도교유지재단 이사를 역임했다. 정문화옹은 2007년 2월 6일과 4월 16일에 수운회관에서 만났다.

16 윤석중, 「아동문학의 선구 소파 선생」, 위의 책, 75-76쪽.

하로는 새벽브터 눈이 어떠케 만히왓는지 아츰에 일어나 보니 우리집 압뜰에는 여러 치가 되게 눈이 싸엿습니다.

나도 눈을 실혀하는 편이 아님으로 눈을 마저 가면서 눈을 치우노라고 서투른 비질을 하고 잇노라니까 門간편에서 方선생의 우렁찬 목소리가 들리더니 어느듯 方선생과 함께 색동會의 조재호, 최진순, 정순철 선생이 우리집 압뜰로 우루루 몰려왓습니다. 方선생은 그날 하도 눈이 잘 오기에 새벽에 일어나서 세 친구를 일일히 깨여 가지고 오는 길이라 합니다. 그래 우리 색동회의 다섯 동무는 하얀 눈 우에 발자죽 내는 것이 앗가운 듯이 가벼운 걸음으로 삽븐삽븐 걸어서 취운정으로 갓습니다.[17]

이른 새벽부터 집집마다 찾아다니며 친구들을 깨워 눈 구경 하러 다니는 모습에서 이들의 관계가 어느 정도이었는가를 짐작할 수 있다. 인용문 뒤에 이어지는 글에 의하면 이들은 아침밥 먹는 것도 잊고 눈에 취해 눈 이야기를 나눈다. 이들의 이런 순수함과 열정과 낭만이 어린이운동을 하게 한 모태일지도 모른다는 생각을 하게 된다.

IV. 정순철의 노래 그리고 짝자꿍

1929년 정순철은 정순철 동요작곡집 제1집 『갈닢피리』를 출간했다. 이 작곡집에는 〈짝자꿍〉을 비롯해 〈까치야〉, 〈길 잃은 까마귀〉, 〈여름비〉, 〈

17 진장섭, 「눈과 소파」, 『어린이』 제9권 7호(1931년 7월), 8-9쪽.

봄〉, 〈나뭇잎배〉, 〈늙은 잠자리〉, 〈물새〉, 〈헌 모자〉, 〈갈잎피리〉 등이 수록되어 있다.

1928년 1월 19일 《조선일보》에 발표된 〈자장가〉도 정순철이 작곡한 것이며, 동덕여고에 재직하면서 1932년에 펴낸 동요집 『참새의 노래』에도 〈참새〉 등의 동요가 수록되어 있다.

지금까지 확인된 정순철의 노래를 정리하면 다음과 같다.

형제별　작사자 없음, 정순철 곡, 『어린이』 제1권 제8호(1923.9)[18]

까치야　김기진 작, 정순철 곡, 『어린이』 제2권 제3호(1924.3)

자장가　김동환 요, 정순철 곡, 조선일보 1928년 1월 19일

봄　한정동 작, 정순철 곡, 『어린이』 제7권 제4호(1929.5)

까치야　김기진 작, 정순철 곡, 동요곡집, 『갈닙피리』(1929)에 수록

길 일흔 까마귀 이정호 작, 정순철 곡, 동요곡집 『갈닙피리』(1929)에 수록

녀름비　방정환 역, 정순철 곡, 동요곡집 『갈닙피리』(1929)에 수록

봄　한정동 작, 정순철 곡, 동요곡집 『갈닙피리』(1929)에 수록

나무닙배　방정환 작, 정순철 곡, 동요곡집 『갈닙피리』(1929)에 수록

늙은 잠자리　방정환 작, 정순철 곡, 동요곡집 『갈닙피리』(1929)에 수록,

18 〈형제별〉이 방정환이 작사한 것으로 전해지는 것에 대해 신현득이 "나리타 다메소오의 작품을 번역 소개한 것이라고 잡지 『부인(婦人)』 4호(1922년 9월호)에서 소파 스스로 밝히고 있다."(『월간문학』, 2006년 5월호)는 주장은 받아들여야 한다고 생각한다. 이 작품의 악보가 게재된 『어린이』 1권 8호에도 작사자가 방정환이라고 나와 있지 않다. 작사자는 명기되어 있지 않다. 또한 심명숙은 「다시 쓰는 방정환 동요 연보」(『아침햇살』 19, 1998년 가을호)에서 정인섭의 『색동회 어린이운동사』에 나오는 글을 인용하여 "나까가와라는 일본인이 작곡한 〈형제별〉을 정순철이 다시 우리 노래로 작곡한 듯 싶다"고 주장하고 있다.

『어린이』 제7권 제8호(1929.10월호에 다시 수록)

물ㅅ새 허일봉 작, 정순철 곡, 동요곡집 『갈닙피리』(1929)에 수록

헌 모자 황세관 작, 정순철 곡, 동요곡집 『갈닙피리』(1929)에 수록

갈닙피리 한정동 작, 정순철 곡, 동요곡집 『갈닙피리』(1929)에 수록

우리애기행진곡 윤석중 작, 정순철 곡, 동요곡집 『갈닙피리』(1929)에 수록

눈 방정환 요, 정순철 곡, 『어린이』 제8권 제7호(1929.8)에 수록

참새 정인섭 요, 정순철 곡, 동요집 『참새의 노래』(1932)에 수록

꿈노루 정인섭 요, 정순철 곡, 동요집 『참새의 노래』(1932)에 수록

코끼리코 정인섭 요, 정순철 곡, 동요집 『참새의 노래』(1932)에 수록

처마끗헤새한마리 정인섭 요, 정순철 곡, 동요집 『참새의 노래』(1932)에 수록

버들피리 이경로 요, 정순철 곡, 동요집 『참새의 노래』(1932)에 수록

암탉세마리 독일 요, 정순철 곡, 동요집 『참새의 노래』(1932)에 수록

어미새 작사자 없음, 정순철 곡, 동요집 『참새의 노래』(1932)에 수록, 『어린이』 제11권 제5호(1933.5)에 다시 수록

애보는애기 조성문 요, 정순철 곡, 동요집 『참새의 노래』(1932)에 수록

기럭이 윤복진 요, 정순철 곡, 동요집 『참새의 노래』(1932)에 수록[19]

도라오는배 윤복진 요, 정순철 곡, 동요집 『참새의 노래』(1932)에 수록

고향집 윤복진 요, 정순철 곡, 동요집 『참새의 노래』(1932)에 수록

굴뚝쟁이 정인섭 요, 정순철 곡, 동요집 『참새의 노래』(1932)에 수록

19 "울 밋헤 귓도람이 우는 달밤에 / 길을 일흔 기럭이 날아감니다." 이렇게 시작되는 이 노래 〈기럭이〉는 박태준 작곡의 〈가을밤〉과 곡이 같다. 1932년 1월 20일 동덕여자고등학교에 재직하고 있을 때 만든 노래집 『참새의 노래』에는 정순철의 곡으로 실려 있다. 더 고증이 필요하겠지만 박태준 곡을 잘못 기록한 게 아닌가 싶다.

가을나　　　정인섭 요, 정순철 곡, 동요집 『참새의 노래』(1932)에 수록

이약이　　　윤복진 요, 정순철 곡, 동요집 『참새의 노래』(1932)에 수록, 『어린이』 제11권 제2호(1933.2)에 다시 수록

떠러진아기별 실명(失名) 요, 정순철 곡, 동요집 『참새의 노래』(1932)에 수록

설날　　　정인섭 요, 정순철 곡, 동요집 『참새의 노래』(1932)에 수록

골까치　　　이헌구 요, 정순철 곡, 동요집 『참새의 노래』(1932)에 수록

헐버슨인형　　이헌구 요, 정순철 곡, 동요집 『참새의 노래』(1932)에 수록

풀벌레합창　　박로아 요, 정순철 곡

어린이 노래　윤석중 작사, 정순철 작곡

새 나라의 어린이　윤석중 작사, 정순철 작곡

졸업식 노래　윤석중 작사, 정순철 작곡, 1948

이 34곡(중복 2곡)의 노래 외에도 『조선동요백곡집』 상권(1946, 조선아동문화협회 발행)에 수록된 〈시골밤〉, 〈아기별〉, 〈어깨동무〉, 〈진달래〉 등을 합하면 40여 곡의 노래가 정순철에 의해 작곡되었음을 알 수 있다.

이 중에 〈우리 아기 행진곡〉은 나중에 〈짝자꿍〉으로 바뀌어 경성중앙방송국 전파를 타고 라디오에서 방송되어 전국 방방곡곡에서 어른-아이 가리지 않고 따라 부를 만큼 대단한 인기를 끌었다. 방송국에는 재방송 요청이 들어오고 유치원과 소학교의 학예회와 나들이 놀이에서 이 곡에 맞추어 유희하는 것이 유행이었다고 한다.

정순철은 1930년 초에 색동회 회원인 정인섭, 이헌구와 함께 '녹양회'(綠陽會)라는 동요동극단체를 만들어 「색동저고리」, 「백설희」, 「에밀레종」, 「허수아비」 등의 동극을 발표했다. 정인섭이 각본을 쓰고 정순철이 작곡과 노래지도를 하고 이헌구가 동극을 지도하였다. 〈반달〉의 윤극영, 〈짝자꿍

〉의 정순철, 〈오빠생각〉의 박태준, 〈봉선화〉의 홍난파 이들은 1920년대 우리나라를 표하는 동요작곡가였다. 1924년 윤극영이 작곡한 〈반달〉과 같은 동요는 어린이 노래를 넘어 누구나 부르는 보편적인 노래가 되어 있었다. 우리나라 최초의 대중가요인 〈사의찬미〉를 윤심덕이 레코드에 취입한 때가 1927년인 것을 생각하면 당시에는 동요가 곧 국민 모두가 부르는 노래였다고 해도 지나친 말이 아닐 것이다. 이들과 함께 〈새야새야 파랑새야〉의 김성태, 〈누가누가 잠자나〉의 박태현에 이르기까지 많은 동요들이 채보되고 작곡되어 불리자 총독부가 제동을 걸기 시작했고 1938년에는 아예 어린이날 행사를 전면 중단시켜 버렸다.

Ⅴ. 근대적 음악교육과 정순철 그리고 6·25

정순철은 "1931년부터 1934년까지 경성보육학교에 재직하였으며, 1939년부터 1941년까지 두 번째로 음악공부를 하러 동경에 들렀다. 1942부터 1946년까지 중앙학교 전신인 중앙보육학교를 거쳐 1947년에는 서울 무학여고, 1948년에는 서울 성신여고에서 교직생활을 했다."[20] 학교에 재직할 때 그의 별명은 '한국의 베토벤', '면도칼'이었다고 한다. '면도칼'은 대쪽같은 성품과 불의를 보고는 못 참는 불같은 성격 때문에 붙여졌다고 한다.

그는 훌륭한 음악교사이기도 했다. 그는 〈옛이야기〉라는 노래에 대해 쓴 글에서 "그 노래의 내용(내적 생명) 모든 문제는 생각할 필요도 없이 자기의

20 차웅렬, 위의 글, 118-119쪽.

목소리만 아름답게 내고자 한다면 그 노래는 생명을 잊어버린 노래가 되고 마는 동시에 생명 없는 노래를 하는 성악가도 생명이 없는 것입니다." 라고 말했다. "명석한 머리, 풍부한 지식, 예민한 감정과 감각 그리고 열렬한 열정과 통찰력"을 가지고 "노래의 온 생명을 다시 재현시키는"[21] 노래를 하라고 가르쳤다.

음악에 대한 원론적인 생각과 자세만 바르게 가르친 게 아니라 구체적으로 노래하는 방법을 가르치는 데도 그는 자상하고 분명했다.

> 이 노래 전체를 노래하는 음색(音色)은 명요하야서도 안 되며 슯허서도 안 됩니다. 조금 조용한 음량(音量)으로 음의 폭(幅)을 넓혀 입에서 내는 소리보다는 목넘어소리로 부르십시오.
>
> 처음 버선 깁는 우리 엄마 졸라졸라서….
>
> 이 멜로듸를 부를 때 … 성량을 적게하고 타임(拍子 - 템포)은 천천히 시작하십시요 그리고 다음 줄
>
> 옛이야기 한마듸만 해달냇드니….
>
> 여긔와서 소리를 조곰 크게 그러나 최초의 음색을 잊어버리지 말고서 「옛이야기 한 마듸만」을 불른 뒤에 「해달냇드니」는 점점 크게 소리의 폭을 더 넓혀서 부르고 다음
>
> 저긔저긔 아랫마을 살구나무집….
>
> 「저긔저긔 아랫마을」 이 여덟 자의 노래는 강하게 그러나 전체의 긔분을 버서나지 안는 모든 조건에서 노래하여야 합니다. 그리고 음색(홍분)을

21 정순철, 「노래 잘 부르는 법」, 『어린이』 제11권 2호, 1933년 2월, 22-23쪽.

달리 소리가 좀 뒷처서 나오게 하여야 합니다.

「살구나무집」- 은 조용히 저긔저긔 아랫마을이(큰소리로 하얏슴으로) 천천히(듸미넨도) 적게 소리가 하행(下行) 하여야 그 줄의 멜로듸 아니 전체의 노래가 바란스(平衡)가 되는 것이니 「살구나무집」이 멜로듸에서 이야기하는 그 이야기의 자미가 절정에 이른 것과 갇치 긴장한 태도 천천히 차차 하행하십시요.[22]

한 소절 한 소절을 어떻게 노래 불러야 하는지 왜 그렇게 불러야 하는지를 자상하게 설명하는 이 글은 우리 음악사에서도 귀중한 자료이다. 1930년 초에 상당히 근대적인 방식으로 음악교육을 하였음을 알 수 있다. 그는 노래가 멜로디만으로 끝나지 않고 노랫말이 지니는 의미를 음미하고 해석하며 부를 것을 강조하기도 했으며 노래가 주는 정서적이고 정신적인 힘에 해서도 매우 중요하게 생각하고 있었다.

노래는 쓸쓸한 사람에게는 충실하고 유순한 동모가 되어 주고 호올로 외로울 때 마음이 아푸고 괴로울 때 그 외로움과 괴로움을 잠재여도 줍니다.

때로는 끝업는 히망을 말해주며 우리의 하는 가지가지 일에 「리즘」을 주는 다시 업는 친한 친구가 되여줍니다.[23]

이처럼 정순철은 노래가 가지는 정신적 힘과 위안에 대해 잘 알고 있었고, 노래의 사회적 효용과 어린이의 삶에서 우러난 동요에 해서도 깊이 생각하

22 정순철, 위의 글, 23-24쪽.
23 정순철, 위의 글, 20쪽.

고 고민하는 사람이었다. 어린이들과 어머니들이 가장 즐겨 부르는 노래 중의 하나가 〈짝자꿍〉이었다면 〈졸업식 노래〉는 이 땅에 태어나 학교를 다닌 사람들이면 누구나 불러본 노래이다. 정순철의 노래 중에 음악적으로도 좋은 평가를 받고 사회적으로도 널리 알려진 노래 중에는 윤석중의 동시나 노랫말을 작곡한 노래가 많은데 〈졸업식 노래〉도 윤석중이 노랫말을 썼다.

"1948년 당시 문교부 최현배 편수국장이 윤석중을 불러 급히 각급학교의 졸업식 노래를 빨리 작사하고 작곡까지 부탁하여 가사가 순식간에 만들어졌으며 작곡은 정순철이 탁월한 악상을 띄우면서 불멸의 명곡을 탄생시켰다. 일제하에서 졸업식 노래는 '반딧불'이라는 스코틀랜드의 민요곡에 가사만 바꾸어 불렀는데, 우리 나라의 독특한 졸업식 노래가 나왔으니 그 기쁨은 이루 헤아릴 수 없었다. 그 중에서 '꽃다발을 한아름 선사합니다.'란 구절은 서글픈 노래 가사만 있던 당시로서는 획기적으로 아름답고 화사한 느낌을 주는 대목이었다."[24]

이 글에 의하면 〈졸업식 노래〉는 매우 급한 정황 속에서 만들어진 것으로 보인다. 그러나 급하게 작사 작곡 되었지만 잘 만들어진 노래 중의 하나가 되었다.

6.25전쟁이 터졌을 때 그는 성신여고에 있었는데 이숙종 교장이 피난을 가면서 정순철에게 학교를 부탁해서 학교에 남아 있었다. 장남 정문화 옹은 아버지가 집에 와서 학교를 "인수하러 온 인민군이 제자더라."는 말을 하는 걸 들었다고 한다. 그리고 9.28수복 이후 인민군이 후퇴할 때 그 제자에 의해 납북되었고 그 뒤의 종적은 알 수 없게 되고 만 것이다.[25] 가족들은 정순

24 차웅렬, 앞의 글, 118쪽.

25 호적에는 1950년 8월 19일에 사망한 것으로 정리가 되어 있다.

철이 끌려간 날인 9월 29일을 제삿날로 삼고 지금까지 제사를 지내왔다. 전쟁과 분단의 비극이 아니었다면 그는 많은 이들의 사랑을 받는 작곡가로 우리 곁에 있었을 것이다.

북의 음악사에서도 정순철은 홍난파, 박태준, 윤극영 등과 함께 1920년대 말 30년대 초의 중요한 동요작가로 다루어진다.

> 1920년대 말 1930년대 초에 이르러 우리 나라에서는 량심적인 음악가들에 의하여 동요창작이 활발하게 진행되였다. … 이 시기 동요를 많이 창작한 작곡가들은 홍란파, 박태준, 윤극영, 안기영, 권태호, 정순철 등이다,
>
> 이 시기 창작된 동요들은 행복한 미래에 대한 끝없는 동경과 갈망을 노래한 것, 미래의 조선을 꽃피우기 위한 큰 뜻 품고 씩씩하게 자라는 어린이들의 모습을 주제로 한 것 등 민족적이며 애국적인 것, 부모형제들에 대한 애정과 가난한 사람들에 대한 동정을 반영한 것, 어린이들의 천진한 유희생활을 반영한 것, 자연을 통하여 지능을 계발시켜 주기 위한 것 등 그 주제는 매우 다양하다. 그리고 선율형상에서 밝고 명랑하며 구조형식이 간결하고 민족적 향기도 그윽하다.[26]

계몽기 가요예술을 "덮어놓고 부정하지 말고 우리 민족의 발전 력사와 련관시켜 보아야 한다"는 지침이 있고 난 뒤부터 계몽가요, 동요, 예술가요, 신민요 등의 자료적 가치를 평가하며 발행된 이 책은 홍난파 등 6명의 작곡가를 그 당시의 중요한 작곡가로 꼽고 있다. 그리고 이 책의 동요편에는 정

26 윤수동, 「동요에 대하여」, 『계몽기가요선곡집』, 문학예술출판사, 2001, 52-53쪽.

순철이 작곡한 새 나라의 어린이 〈형제별〉, 〈짝자꿍〉 세 편의 노래가 실려 있다. 그중에 〈형제별〉은 정순철 작사로 되어 있다. 작사자에 대한 정확한 검증 없이 싣고 있는 것으로 보인다.

2003년에 발행된 『민족 수난기의 가요들을 더듬어』에도 동요편에 〈형제별〉이 수록되어 있는데 역시 정순철 작사 작곡으로 되어 있는 걸 보면 북에서는 이렇게 알고 있는 것으로 보인다. 이 책에도 1920년대 이후에 창작된 표적인 동요로 리원수 작사 홍란파 작곡인 〈고향의 봄〉, 윤복진 작사 박태준 작곡인 〈가을밤〉, 윤석중 작사 작곡의 〈반달〉 등과 함께 정순철 작사 작곡의 〈할미꽃〉을 거론하고 있다.[27] 그러나 정순철이 어떤 활동을 하다 언제 어떻게 사망하였는지 지금으로서는 알 수 없다.

VI. 맺음말

필자는 이 글을 통해 근대 동요운동의 선구자 정순철의 생애와 어린이 문화운동가로서의 업적, 그리고 그의 동요에 대해 조명해 보고자 하였다. 그러나 전쟁 기간 중에 많은 자료가 소실되었고 분단 이후 57년간 너무 오랜 시간 동안 방치되다시피한 정순철의 자료를 찾고 악보를 구하는 일은 쉽지 않았다. 다행히 천도교와 언론사 등을 통해 유가족을 만날 수 있었고, 작지만 기초적인 자료를 확보할 수 있었다. 『어린이』를 통해 정순철이 직접 쓴 글들을 찾은 것 역시 다행스러운 일이었다. 그 자료를 통해 정순철의 성장

27 최창호, 『민족수난기의 가요들을 더듬어』, 평양출판사 2003, 135쪽. 정순철이 작사 · 작곡하였다는 〈할미꽃〉은 악보를 보지 못하였다.

기의 정신적 상황을 알 수 있었으며 그가 누구보다 앞서 근대적 음악교육을 실시한 훌륭한 음악교사라는 점을 확인할 수 있었다.

색동회 자료나 『소파방정환문집』 등을 통해 그가 방정환 등과 함께 어린이운동, 어린이문화운동에 얼마나 선구적인 업적을 남긴 인물이었는가를 알 수 있었다. 방정환 못지않게 우리나라 초기 어린이문화운동사에서 중요한 비중을 차지하는 인물임에도 불구하고 제대로 평가받지 못하고 있다는 것을 확인할 수 있었다.

그러나 이 글은 식민지와 분단 그리고 6.25전쟁으로 이어지던 시기를 살다간 비극적 운명의 작곡가 정순철에 대한 초보적 수준의 논문이다. 더 많은 연구를 통해 그의 생애와 업적이 재조명되어야 할 것이다. 〈형제별〉의 작사자에 대한 논란은 그동안 진전된 논의가 있어왔지만 작곡자에 대한 논의는 추론에 머물고 있는 상태이다. 최근에 모방송사가 정순철에 한 다큐멘터리 프로그램을 제작[28]하면서 일본의 음악인들을 찾아가 이 노래에 대해 조사하고 연구하여 상당한 성과를 거두었지만 학문적으로도 정확한 정리가 필요한 시점이다.

그리고 정순철 동요의 음악적 평가, 우리나라 근대 음악사에서 정순철 동요가 차지하는 위상, 동시대 음악인들과의 비교연구 등 음악적 측면에서의 연구가 필요하다. 뿐만 아니라 납북 이후 북한에서의 활동에 한 연구가 현재로서는 문헌을 통한 방법 외에는 다른 자료를 확인할 수가 없는 실정이다. 문헌을 통한 확인 역시 매우 제한적일 수밖에 없어서 이 부분에 한 연구 역시 앞으로 꾸준히 조사하고 보완해야 할 영역이다.

28 CJB 창사 10주년 특집 다큐멘터리 〈갈닙피리-동요. 세 작곡가 정순철〉 김경아 PD에 의해 제작되어 2007년 10월 21일 TV로 방송되었다.

부 록

충청도 옥천
동학농민혁명유적지

출처 : 동학농민혁명기념재단의 협조로 〈동학농민혁명 유적지 및 기념시설 현황조사-옥천〉의 일부를 발췌함.

갑오년동학농민혁명전적지 기념비

충북 옥천군 군북면 증약리 994(철도부지)

1894년 10월 15일 동학농민군 진압에 본격적으로 나선 일본군 후비보병 독립 제19대대는 용산역을 출발하여 동로, 중로, 서로의 세 방향으로 나누어 남하하였다. 10월 24일 청주성에 도착한 중로(石黑 大尉 지휘) 부대는 문의지역에 농민군이 나타난다는 정보를 듣고 그날 밤 문의에 도착하였다. 여기서 다시 농민군들이 지명(至明)에 주둔해 있다는 소식을 듣고 지명으로 가서 사방을 둘러싼 산위에 진을 치고 있던 300여 명의 농민군을 증약부근으로 격퇴하였다. 이들은 다음날 출발할 계획이었으나 공주로부터 형세가 극히 위험하니 속히 와서 구해달라는 급보가 있었다. 그러나 문의 증약 일대의 농민군이 배후를 칠 우려가 있었기 때문에 1개 지대만 공주로 보내기로 했다.

이보다 먼저 문의에서 미야모토(官本行五郎)소위 인솔 하에 지대(교도 중대 1개 소대와 제18대대의 하사 이하 약간 명)를 증약 · 영동 · 옥천 방면으로 내보냈는데, 이들의 보고에 따르면 당시 증약 부근으로 퇴각했던 농민군은 다시 모여 문의를 습격했다고 하자 증약으로 갔던 지대는 청주로 철수했다. 이와 같이 증약부근 농민군의 기세가 만만치 않자 중로군 제2중대는 공주를 구원하려던 계획을 포기하고 이 지역 농민군을 진압하기 위해 증약 · 옥천 방향으로 전진하기로 결정하였다.

10월 29일 마야모토 소위가 이끄는 좌측 지대는 제18대대 하사 이하 17명, 교도중대 1개 소대를 이끌고 오전 9시 양덕을 출발하여 증약에 인근한 주안(周安)으로 출발하여 오전 11시 20분에 도착했다. 여기서 일본군은 크고 작은 깃발로 800m 앞까지 가까이 다가가자, 농민군은 세 방향으로부터 일제히 사격을 가하였다. 이에 따라 일본군은 교도중대 병력을 합세시켜 농민군 본진에 집중 사격을 가하였다. 이 전투에서 농민군은 110여 명의 사상자를 내고 문의방면으로 퇴각하였다.

옥천 증약 지역의 농민군이 여전히 활발하게 활동하자 일본군은 다시 증약으로 향하여 중로군 제3중대 병력(약 40명)과 교도중대가 11월 4일 증약에 도착하였다. 다음날 증약역에서 농민군과 전투를 벌였으며, 이 전투에서도 일본군 40명의 공격을 받은 농민군은 사망자 40명을 내고 퇴각하였으며, 일본군도 1명의 전사자를 내었다. 그 전투의 치열함을 헤아릴 수 있다.

갑오년동학농민혁명전적지 기념비

동학혁명군재기포기념비

충북 옥천군 청산면 교평리 201-1

동학농민혁명이 발발한 이후 당시 동학교단의 최고지도자였던 제2세 교주 최시형(崔時亨)은 줄곧 농민군의 기포에 대해 부정적이었다. 『천도교회사초고』에는 7월경까지만 해도 폭력을 사용하지 말라고 하여 왔다. 그러나 도처에서 무고한 동학교도까지 살육당할 뿐만 아니라 일본군까지 침략의도를 노골화하자 더 이상 미룰 수 없게 되었고, 9월 10일경 전라도 농민군들이 삼례에서 사실상 재기포에 돌입하면서 교단에도 동참할 것을 요청하자 교단 지도부의 여러 사람들로부터 기포 요구가 이어졌기 때문일 것으로 보인다.

9월 18일 최시형은 각 포의 접주들을 청산(한곡리)에 불러 모으고, "교도들을 동원하여 전봉준과 협력하여, 선사(先師)의 숙원(宿寃)을 쾌신(快伸)하고 종국(宗國)의 급난(急難)에 동부(同赴)할" 것을 지시하였다. 함께 기포하자는 전봉준의 요청을 받아들인 것이다. 이에 따라 북접에서도 법소(法所)와 도소(都所)를 창의소(倡義所)로 개칭하였으며, "우리 접주들은 힘을 합하여 왜적(倭賊)을 쳐야겠다"는 통문을 돌리고 반일항쟁에 동참하게 된다. 기포령(起包令)을 내린 것이다. 전국의 동학 조직이 무장봉기하여 일본을 축출하기 위한 군사활동을 하라는 지시를 내린 것이다.

『백범일지』에 따르면 당시 해월 최시형은 "호랑이가 물러 들어오면 가만히 앉아 죽을까. 참나무 몽둥이라도 들고 나서서 싸워야지"라는 말로 동원령을 내렸다고 하였다. 이 기포령에 따라 전라도 이외에도 충청도, 경상도, 강원도, 황해도 등 가히 전국에서 농민군이 일어나게 된다. 북접교단에서는 10월 11일 청산에서 대규모 대회를 개최하여 전열을 정비하였으며, 손병희를 통령으로 삼아 공주로 보내 전봉준 부대와 합류하여 공주 공방전을 시작으로 보국안민과 광제창생을 위한 투쟁을 시작하게 되었다.

1997년 11월 7일 동학 제2세 교주 최시형의 순도 100주년을 기념하여 천도교중앙총부에서 건립하였다. 이곳은 최시형이 기포령을 내린 한곡리(문바위 마을)

와 가까운 곳에 위치한다. 기념비의 제자(題字)는 당시 천도교 김재중 교령이 하였으며, 당시 천도교 상주선도사 고 표영삼 선생이 비문을 작성하였다.

동학혁명군재기포기념비

청산 문바위/안내판

충북 옥천군 청산면 한곡리 298-3 일대

한곡리는 동학농민혁명의 제2차 기포 당시인 9월 18일 최시형(崔時亨)이 각 포의 접주들을 불러 모으고 "교도들을 동원하여 전봉준과 협력하여, 선사(先師)의 숙원(宿寃)을 쾌신(快申)하고 종국(宗國)의 급난(急難)에 동부(同赴)할" 것을 지시하며 기포령을 내린 곳이다. 마을 바로 위에 있는 7~8m 가량의 문바위에는 이 지역 동학농민혁명에 앞장섰던 박회근(朴晦根)·김정섭(金定燮)·박맹호(朴孟浩)·김영규(金永圭)·김재섭(金在燮)·박창근(朴昌根)·신필우(申弼雨) 등 목숨을 건 투쟁을 결의한 7명의 이름이 음각되어 있다. 당시 한곡리 문바위는 수천 명의 농민군이 모인다 해서 '새 서울'이라고 불리기도 했다.

한곡리에는 문바위 외에도 당시 제2세 교주 최시형이 머물면서 동학교단을 지휘한 집이 남아 있는데, 당시 청산 동학접주로 활동하던 김낙현(金樂賢, 1858~1898)의 집이었다. 본명이 낙현이고, 최시형에게 39살에 "성원"이라는 호를 받았다. 이곳에서 최시형은 대접주들을 소집해 항일전쟁을 위한 동원령을 내렸다. 또한 아들 최봉주의 묘(추정), 동학교도들이 훈련했던 훈련장 터 등의 동학농민혁명 관련 유적이 남아있다.

옥천군은 동학농민혁명 당시 농민군들이 사용했던 훈련장(현재 마을 위쪽의 문암저수지 옆)을 원형 그대로 복원하고, 마을 입구에 동학의 유래와 유적을 설명하는 안내판을 설치하는 등 동학혁명 유적지인 '문바위' 일대를 복원할 계획을 세워두고 있다. 고증을 거쳐 농민군이 사용했던 훈련장에는 돌담을 쌓고 유적지 주위에는 소나무 등 조경수를 심을 계획이다. 또 청산면 교평리에 있는 〈동학혁명군재기포기념비〉도 문바위마을로 옮겨 명실상부한 동학농민혁명 유적지로 개발키로 했다.

문바위 전경

문바위에 새겨진 이름, 김영규라고 새겨진 글자가 보인다

참고문헌

옥천 지역 동학의 전파와 조직화 과정 고찰 / 성강현

『東學書』
『本教歷史』
『시천교종역사』
『천도교서』
『천도교회사초고』
『해월선생문집』
『운수재문집·통장』
『청암권병덕선생자서전』
『聚語』
『천도교창건록』
『白石書牘』
『갑오동학란』
『駐韓日本公使館記錄』
『갑오군정실기』
『東學黨視察日記』
『사범품보』

동학학회, 『충청도 영동 동학농민혁명』, 모시는사람들, 2018.

배항섭, 『조선 후기 민중운동과 동학농민전쟁의 발흥』, 경인문화사, 2002.

조경달, 『이단의 민중반란』(박맹수 역), 역사비평사, 2008.

표영삼, 『동학1』, 통나무, 2004.

표영삼, 『동학2』, 통나무, 2005.

표영삼, 『표영삼의 동학혁명운동사』, 모시는사람들, 2018.

황현, 『오하기문』(김종익 역), 역사비평사, 1995.

신영우, 「북접농민군의 충주 황산 집결과 괴산 전투」, 『한국근현대사연구』 제55집, 한국근현대사연구회, 2010.12.

신영우, 「북접농민군의 충청도 귀환과 영동 용산전투」, 『동학학보』 제24호, 동학학회, 2012.3.

신영우, 「북접농민군의 공주 우금치·연산·원평·태인전투」, 『한국사연구』 제154집, 한국사연구회, 2011.9.

배항섭, 「충청지역 동학농민군의 동향과 동학교단-『홍양기사』와 『금반집략』을 중심으로-」, 『백제문화』 제23집, 공주대학교 백제문화연구소, 1994.

양진석, 「충청지역 농민전쟁의 전개양상」, 『백제문화』 제23집, 공주대학교 백제문화연구소, 1994.

임형진, 「해월 최시형의 동학재건과 영동 지역의 포덕」, 『충청도 영동 동학농민혁명』, 모시는사람들, 2018.

채길순, 「옥천 청산 지역 동학농민혁명사의 전개 과정과 역사적 의미」, 『해월신사순도 120주년 옥천학술대회자료집』, 천도교중앙총부, 2018.

채길순, 「동학혁명의 전개과정과 보은」, 『동학연구』 제13집, 한국동학학회, 2003.
표영삼, 「충청도 금산 지역의 동학혁명운동」, 『표영삼의 동학혁명운동사』, 모시는사람들, 2018.
표영삼, 「신사 최시형의 생애」, 『동학연구』 제7집, 한국동학학회, 2000.
동학농민혁명기념재단(www.1894.or.kr.)
한국사데이터베이스(http://db.history.go.kr.)

충청북도 중남부 지역 동학농민혁명 전개 과정 / 채길순

1865, 수운행록
1879, 최선생문집도원기서
1920, 천도교회사초고
1926, 동학사
1933, 천도교창건사
1938, 동학사(간행본)
1893, 聚語
1894, 兩湖右先鋒日記(東學亂記錄)
1894, 巡撫先鋒陳謄錄(東學亂記錄)
1895-1900 東學判決文集
1898-1907 司法稟報
김의환, 동학사상의 사회적 기반과 사상적 배경, 『한국사상』 총서Ⅲ, 1980.
노태구, 『동학혁명의 연구』, 백산서당, 1982.
박맹수, 동학혁명의 문화사적 의미, 『문학과 사회』 25, 문학과 지성사, 1994.2.
______, 최시형 연구, 한국정신문화연구원, 박사학위논문, 1996.
배항섭, 동학농민전쟁의 배경, 『근현대사강좌』 5, 한울, 1994.10.
신복용, 동학사상과 갑오농민혁명, 평민사, 1985.
______, 동학사상과 한국민족주의, 평민사, 1982.
신영우, 충청도지역 동학농민전쟁의 전개과정, 『동학농민혁명의 지역적 전개와 사회변동』, 새길, 1995.4.
______, 충청도의 동학교단과 농민전쟁, 『백제문화』 23, 공주대 백제문화연구소, 1994.11.
신용하, 동학과 갑오농민전쟁의 민족주의, 『한국학보』 제47집, 1987.
신일철, 동학사상의 전개, 『동학사상논총』 제1집, 1982.
이이화, 동학혁명의 선구 이필제, 『학원』 1, 학원사, 1995.
이현희, 3 · 1민주혁명에 관한 연구, 『동학사상논총』 제1집, 1982.
______, 『동학사상과 동학혁명』, 청아출판사, 1984.
조기간(一然), 東學史話-승주목사에게 욕 퍼부은 원인으로 죽다가 살아난 애기접주, 『신인간』70호, 1933.8.
채길순, 동학기행,《충청일보》, 1994.3~12.
채길순, 동학농민혁명의 현장을 찾아서(1)-(26),《충청일보》, 2007.3~10.
최동희, 수운의 기본사상과 그 상황,『한국사상총서』IV, 1980.
최현식, 갑오동학혁명사, 신아출판사, 1994.
표영삼, 해월신사연표,『신인간』427호, 1985. 3 · 4.
______, 성지순례,『신인간』352호, 1977.12-357, 1978.5.
______, 해월신사발자취,『신인간』358호, 1978.6-393, 1981.11 · 12.

옥천의 동학농민혁명과 청산기포의 의의 / 임형진

『갑오군정실기』
『고종실록』
『금산피화록(錦山被禍錄)』
『大橋金氏家甲午避難錄』
『동학난기록』
『동학사』
『수록(隨錄)』
『侍天教宗繹史』
『주한일본공사관기록』
『천도교임실교구사』
『天道教會史草稿』
『해월신사문집』
『甲午東學亂』
『錦山東徒作擾來歷』
『김낙봉이력(金洛鳳履歷)』
『東匪討錄』
「순무선봉진등록(巡撫先鋒陣謄錄)」
『속음청사』
『時聞記』
『일성록』
『天道教書』
『天道教創建史』
『취어』

금산군지편찬위원회,『금산군지(錦山郡誌)』, 1987.
성주현,「동학농민혁명에 대한 해월 최시형의 인식과 역할」,『해월신사순도 120주년 옥천 학술대회』, 2018, 발표 논문.
성주현,『동학과 동학농민혁명』, 선인, 2019.
신영우,「북접농민군의 전투방식과 영동 용산전투」,『동학학보』 제48호.
이병규,『금산 진산지역의 동학농민혁명 연구』, 원광대학교 대학원 박사학위논문, 2003.
임형진,「해월 최시형의 동학재건과 영동지역의 포덕」,『동학학보』 제48호, 2018.
채길순,「옥천 청산지역 동학농만혁명사의 전개과정과 역사적 의의」,『해월신사순도 120주년 옥천학술대회』, 2018, 발표 논문.
천도교중앙총부 교사편찬위원회,「天道教百年略史(上)』, 1981.
표영삼,「금산 지역 동학농민혁명」,『교사교리연구』1, 천도교중앙총부, 1999.
표영삼,「접포 조직과 남북접의 실상」,『신인간』, 1995년 8월-9월호,

표영삼, 「남 · 북접의 실상」, 『신인간』, 1998년 9월호.
황현, 『오하기문』, 수필; 『동학농민사료총서』 1, 사운연구소, 1996.
황현 저, 이민수 역, 『동학란-동비기략초고-』, 을유문화사, 1985.
《독립신문》, 1898년 12월 8일자.
《아주경제》, 2020, 4, 22일자.
《천도교회월보》, 1932년 11월호.

옥천 지역 동학농민혁명과 진압군 활동 / 정을경

김양식, 「충북지역 동학농민혁명 유적지 보존과 활용방안」, 『동학학보』 28, 동학학회, 2013.
김양식, 「동학농민군의 저항문화와 상징」, 『역사학연구소』, 2018.
박걸순, 「옥천 지역 근대의 기억과 독립운동가」, 『중원문화연구』 24, 충북대학교 중원문화연구소, 2016.
성주현, 「원주지역 동학농민혁명의 배경」, 『역사와 교육』 10, 역사와 교육학회, 2010.
신영우, 「1894年 日本軍 中路軍의 鎭壓策과 東學農民軍의 對應」, 『역사와실학』 33, 역사실학회, 2007.
옥천군지편찬위원회, 『옥천군지』, 옥천군지편찬위원회, 1978.
이상면, 「호서동학군의 결성과 공주 출정」, 『동학학보』 48, 동학학회, 2018.
임형진, 「해월 최시형의 동학재건과 영동지역의 포덕」, 『동학학보』 48, 동학학회, 2018.
충청북도지편찬위원회, 『충청북도지』, 충청북도지편찬위원회, 1992.

동학혁명운동 당시 금강 중상류 척왜항전 / 이상면

권병덕(權秉悳), 「갑오동학란(甲午東學亂)」, 『이조전란사』 (1935).
성해응(成海應), 『동국명산기(東國名山記)』 (정조년간).
용담연원, 『동학 · 천도교사』 (1990).
임동호(林東豪), 『균암장임동호씨약력(均菴丈林東豪氏略歷)』.
「계초존안(啓草存案)」, 『갑오군정실기(甲午軍政實記)』, 『총서(叢書)』 17.
「선유방문병동도상서지등서(宣諭榜文並東徒上書志謄書)」, 『동학란기록(東學亂記錄)』 하, 377-380쪽.
「전봉준공초(全琫準供招)」, 『동학란기록(東學亂記錄)』 하, 521-561쪽.
「전봉준상서(全琫準上書)」, 『동학란기록(東學亂記錄)』 하, 383-384쪽.
『공산초비기(公山剿匪記)』 「이인지전(利仁之戰)」 『총서(叢書)』 9.
『공산초비기(公山剿匪記)』 「효포지전(孝浦之戰)」 『총서(叢書)』 9.
『기문록(記聞錄)』 『총서(叢書)』 6.

『선봉진일기(先鋒陣日記)』『동학란기록(東學亂記錄)』 상, 219-257쪽.
『선봉진정보첩(先鋒陣呈報牒)』『동학란기록(東學亂記錄)』 하, 125-277쪽.
『순무선봉등록(巡撫先鋒陣謄錄)』『동학란기록(東學亂記錄)』 상, 381-693쪽.
『양호우선봉일기(兩湖右先鋒日記)』『동학란기록(東學亂記錄)』 상. 259-334쪽.
『순무사정보첩(巡撫使呈報牒)』, 『총서(叢書)』 16.
『순무선봉진등록(巡撫先鋒陣謄錄』『총서(叢書)』 13.
『주한일본공사관기록』 1, 七, (1) 「문암양산부근전투상보(文岩 · 梁山附近 戰鬪詳報)」, 1) 「문암부근전투상보(文岩附近 戰鬪詳報)」. 1894년 12월 4일 [갑오년 11월 8일].
『주한일본공사관기록』 1, 七, (1) 「문암양산부근전투상보(文岩 · 梁山附近 戰鬪詳報)」, 2) 「양산부근전투상보(梁山附近 戰鬪詳報)」. 1894년 12월 4일 [갑오년 11월 8일].
『주한일본공사관기록』 1, 七, (3) 「금산부근전투상보(錦山縣附近戰鬪詳報)」, 1894년 12월 5일 [갑오년 11월 9일].
『주한일본공사관기록』 1, 六, (5) 「승전곡부근전투상보(勝戰谷附近戰鬪祥報)」, 1894년 11월 21일 [갑오년 10월 24일].
『주한일본공사관기록』 1, 七, (7) 「연산전투상보(連山戰鬪詳報)」, 1894년 12월 10일 [갑오년 11월 14일].
『주한일본공사관기록』 1, 六, 각지동학당정토(各地東學黨征討)에 관한 제보고(諸報告), (8) 「문의부근전투상보(文義附近戰鬪祥報)」 1894년 11월 23일 [갑오년 10월 26일].
『주한일본공사관기록』 1, 六, (11) 「증약부근전투상보(增若附近戰鬪詳報)」. 1894년 11월 26일 [갑오년 10월 29일].
『주한일본공사관기록』 1, 六, (14) 충청도동학당토벌상황(忠淸道東學黨討伐狀況) 및 전황보고사본송부(戰況報告寫本送付), 1894년 11월 27일 [갑오년 11월 2일].
『주한일본공사관기록』 1, 六, (15) 「홍주적도격퇴상황(洪州賊徒擊退狀況) 보고(報告) 및 원병요청(援兵要請), 별지(別紙)」 1894년 11월 28일 [갑오년 11월 2일]
『주한일본공사관기록』 1, 六, (20) 「석성부근전투상보(石城附近戰鬪詳報)」, 1894년 12월 1일 [갑오년 11월 5일].
『주한일본공사관기록』 1, 六, (30) 「홍주부근(洪州附近) 동학당정토(東學黨征討) 및 시찰소견(視察所見)에 관한 야마무라(山村) 대위(大尉)의 보고사본(報告寫本) 송부(送付)」. 1894년 12월 25일 [갑오년 11월 29일].
『주한일본공사관기록』 6, 二, 각지동학당정토(各地東學黨征討)에 관한 제보고(諸報告), (2) 동학당정토약기(東學黨征討略記), (1895년 5월).
『주한일본공사관기록』 6, 二, 각지동학당정토(各地東學黨征討)에 관한 제보고(諸報告), (3) 각지(各地) 전투상보(戰鬪詳報) 및 동학당정토책(東學黨征討策) 실시보고서(實施報告書) 송부(送付)의 건(件), 1895년 5월 13일 [을미년 6월 5일].

1893, 聚語
1894, 巡撫先鋒陳謄錄(東學亂記錄)
1894, 兩湖右先鋒日記(東學亂記錄)
1895~1900 東學判決文集
1898~1907 司法稟報
1933, 천도교창건사
1938, 동학사(간행본)
최류현, 『시천교역사』, 1920.
천도교청년교리강연부, 『천도교회사초고(天道敎會史草稿)』, 1920.
오지영, 『동학사』, 1939.
옥천군군지편찬위원회, 〈옥천군지〉, 1996.
소모일기(召募日記)1
소모사실(召募事實)2
토비대략(討匪大略)3
김양식, 충북하늘 위에 피어난 녹두꽃 : 충북동학농민혁명사, 청주: 직지, 2011.
박맹수, 최시형 연구, 한국정신문화연구원, 박사학위논문, 1996.
배항섭, 동학농민전쟁의 배경, 『근현대사강좌』5, 한울, 1994.10.
신영우, 북접농민군의 충청도 귀환과 영동 용산전투, 동학학회, 2012.
신영우, 충청도지역 동학농민전쟁의 전개과정, 동학농민혁명의 지역적 전개와 사회변동, 새길, 1995.4.
이현희, 동학사상과 동학혁명, 청아출판사, 1984.
차용걸, 신영우, 조상기, 김영근 공저, 〈보은 종곡 동학유적〉 - 북실전투 및 관련유적과 집단 매장지 조사 - 영동 용산지역 동학관련 유적, 충북대학교 중원문화연구소, 연구총서 제6책, 1993.
채길순, 동학기행(기행), 충청일보, 1994.3~12. 〈동학의 현장〉 - ⑦ 영동 황간, 1994.5.24. / 〈동학의 현장〉 - ⑧ 영동 황간, 1994.6.1.
채길순, 동학농민혁명의 현장을 찾아서(1)—(26), 충청일보, 2007.3~10월, 2007.5.27.
채길순, 충청북도 중남부 지역 동학혁명사 연구, 충북학연구소,
최현식, 갑오동학혁명사, 신아출판사, 1994.
표영삼, 성지순례, 『신인간』 352호, 1977.12-357, 1978.5.

〈기타 인터넷 자료〉
동학농민혁명기념재단 www.1894.or.kr/m_kr/main.php?mc=&sub=
http://www.ccdailynews.com/news/articleView.html?idxno=6868

《충청일보》, 동학농민혁명 현장을 찾아서-동학농민혁명 현장을 찾아(11)-〈옥천편〉 옥천 · 청산 문바위골은 동학교도 작은 장안 http://blog.daum.net/wellbeingmarket/3836196

정순철 동요집의 음악적 연구 / 김정희

〈단행본〉

도종환, 『정순철 평전』, 옥천: 충청북도 · 옥천군 · 정순철기념사업회, 2011.

민경찬, 『(청소년을 위한) 한국음악사』, 서울: 두리미디어, 2006.

이상금, 『사랑의 선물-소파 방정환의 생애』, 서울: 한림출판사, 2005.

이상현, 『아동문학 강의』, 서울: 일지사, 1987.

이유선, 『양악백년사』, 서울: 中央大學校 出版部, 1976.

이재철, 『한국 현대 아동문학 작가 작품론』, 서울: 집문당, 1996.

정인섭, 『색동회어린이운동사』, 서울: 學園社, 1975.

최제우 · 최시형 · 손병희, 『天道敎經典』, 서울: 천도교중앙총부, 2017.

한용희, 『한국동요음악사』, 서울: 세광음악출판사, 1988.

〈잡지〉

『부인』 제1권 제4호, 서울: 개벽사, 1922.

『어린이』 제1권 제8호, 서울: 개벽사, 1923.

〈논문〉

김정희, 「《천도교회월보》에 나타난 일제강점기 천덕송」, 『공연문화연구』 제35집, 2017, 125-174쪽.

_____, 「민요 음조직론과 음조직명에 대한 제언」, 『한국민요학』 제53집, 한국민요학회, 2018, 69-110쪽.

도종환, 「어린이 노래운동의 선구자, 정순철」, 『아동청소년문학연구』 제1호, 한국아동청소년문학학회, 2007, 170-183쪽.

_____, 「동요 작곡가 정순철과 방정환」, 『창비어린이』 Vol.10 No.1, 창비어린이, 2012, 202-204쪽.

박영기, 「동요에 바친 한 인생, 정순철 연구」, 『한국아동문학연구』 제19호, 한국아동문학학회, 2010, 39-68쪽.

손태룡, 「박태준의 작곡집 고찰」, 『음악문헌학』 제3권, 한국음악문헌학회, 2012, 9-74쪽.

신현득, 「방정환 바로알기」, 『월간문학』, 2006년 5월호, 29-30쪽.

염희경, 『소파(小波) 방정환(方定煥) 연구』, 인하대학교 박사학위논문, 2007.

윤수동, 「동요에 대하여」, 『계몽기가요선곡집』, 평양: 문학예술종합출판사, 2001.

장유정, 「정순철의 동요곡집 『갈닙피리』 연구」, 『방정환연구』 Vol.1 No.1, 방정환연구소,

2019, 175-193쪽.
정순철,「동요를 권고합니다」,《신여성》 제2권 제6호, 서울:개벽사, 1924, 52-53쪽.
______,「노래 잘 부르는 법: 동요「옛이야기」를 발표하면서」,『어린이』 제11권 제2호, 서울:개벽사, 1933, 20~24쪽.

〈인터넷 사이트〉
NAVER 뉴스라이브러리. https://bit.ly/3jn0HRI
Wikipedia. https://bit.ly/3eKEiKC
다음백과. https://100.daum.net/
문화원형백과. https://bit.ly/2YPYrKc
소리꾼 전병훈 [종로네거리]. https://bit.ly/3gRZvnm
한국민족문화대백과. http://encykorea.aks.ac.kr/

어린이 노래운동의 선구자, 정순철 / 도종환

〈자료〉
『어린이』
『신인간』
『온세종교』

〈논문 및 단행본〉
김용휘,『우리 학문으로서의 동학』, 책세상, 2007.
김응조,「졸업식 노래 작곡가는 해월의 외손자」-김응조 편찬위원이 풀어쓰는 천도교 비화 ①,『온세종교』 2호, 2006.
방정환,「아동문제 강연 자료」,『소파방정환문집』 상, 하한출판사, 2000.
심명숙,「다시 쓰는 방정환 동요 연보」,『아침햇살』 19, 1998년 가을호.
윤극영,「인간 소파상」,『소파방정환문집』 상, 하한출판사, 2000.
윤수동,「동요에 대하여」,『계몽기가요선곡집』, 문학예술출판사, 2001.
이정호,「백호를 내이면서. 창간 당시의 추억」,『어린이』 제10권 9호, 1932년 9월.
정순철,「노래 잘 부르는 법」,『어린이』 제11권 2호, 1933년 2월.
진장섭,「눈과 소파」,『어린이』 제9권 7호, 1931년 7월.
차웅렬,「잊혀진 이름, 동요 작곡가 정순철」,『신인간』, 신인간사, 2001년 10월호.
최창호,『민족수난기의 가요들을 더듬어』, 평양출판사, 2003.

찾아보기

[ㄹ]

[ㅁ]

[ㅂ]

[ㅈ]

[ㅊ]

[ㅌ]

[ㅍ]

[ㅎ]